DIE REDEN GEGEN VERRES

TUSCULUM STUDIENAUSGABEN
Wissenschaftliche Beratung:
Gerhard Fink, Niklas Holzberg, Rainer Nickel,
Bernhard Zimmermann

MARCUS TULLIUS CICERO

DIE REDEN GEGEN VERRES
IN C. VERREM

Actio prima
Actio secunda: Liber quartus

Erste Verhandlung
Zweite Verhandlung: Viertes Buch

Lateinisch – deutsch

Herausgegeben und übersetzt
von Manfred Fuhrmann

ARTEMIS & WINKLER

Bibliographische Information der Deutschen Bibliothek

Die Deutsche Bibliothek verzeichnet diese Publikation
in der Deutschen Nationalbibliographie;
detaillierte bibliographische Daten sind im Internet
unter http://dnb.ddb.de abrufbar.

INHALT

IN C. VERREM

DIE REDEN GEGEN VERRES

IN C. VERREM ACTIO PRIMA

Quod erat optandum maxime, iudices, et quod unum ad
invidiam vestri ordinis infamiamque iudiciorum sedan-
dam maxime pertinebat, id non humano consilio sed
prope divinitus datum atque oblatum vobis summo rei
publicae tempore videtur. Inveteravit enim iam opinio
perniciosa rei publicae vobisque periculosa, quae non
modo apud nos sed apud exteras nationes omnium sermone percrebruit, his iudiciis quae nunc sunt pecunio-
sum hominem, quamvis sit nocens, neminem posse damnari. Nunc in ipso discrimine ordinis iudiciorumque
vestrorum, cum sint parati qui contionibus et legibus
hanc invidiam senatus inflammare conentur, reus in iudicium adductus est C. Verres, homo vita atque factis omnium iam opinione damnatus, pecuniae magnitudine sua
spe et praedicatione absolutus.

Huic ego causae, iudices, cum summa voluntate et ex-
spectatione populi Romani actor accessi, non ut augerem
invidiam ordinis, sed ut infamiae communi succurrerem.
Adduxi enim hominem in quo reconciliare existimationem iudiciorum amissam, redire in gratiam cum populo
Romano, satis facere exteris nationibus possetis, depecu-
latorem aerari, vexatorem Asiae atque Pamphyliae, praedonem iuris urbani, labem atque perniciem provinciae
Siciliae. De quo si vos severe ac religiose iudicaveritis,
auctoritas ea quae in vobis remanere debet haerebit; sin

ERSTE REDE GEGEN C. VERRES

Nicht menschliches Planen, sondern geradezu göttliche Fügung scheint euch jetzt, da es höchste Zeit für den Staat ist, gewährt und dargeboten zu haben, ihr Richter, was man sich am meisten wünschen mußte und was allein in höchstem Maße geeignet war, den Unwillen über euren Stand und den üblen Ruf der Gerichte zu mildern. Denn schon hatte sich die für den Staat verderbliche und für euch gefährliche Meinung eingenistet und sich bei uns und bei den auswärtigen Völkerschaften[1] in aller Mund verbreitet, von den Gerichten, wie sie jetzt sind, könne kein reicher Mann verurteilt werden, und sei er auch noch so schuldig. Jetzt, im kritischen Augenblick für euren Stand und eure Gerichtsbarkeit, da Leute bereitstehen und versuchen, durch Volksversammlungen und Gesetzesanträge den Haß gegen den Senat zu schüren[2], wird als Angeklagter C. Verres vor Gericht gestellt, ein Mann, seines Lebens und Treibens wegen bereits in aller Augen verurteilt, doch durch sein vieles Geld, wie er selber hofft und prahlt, schon freigesprochen.

Ich aber, ihr Richter, habe diese Sache unter lebhafter Billigung und Erwartung des römischen Volkes als Ankläger übernommen, nicht um den Unwillen über den Senatorenstand zu steigern, sondern um der allgemeinen Schmach zu steuern. Denn ich habe einen Menschen zur Verantwortung gezogen, bei dem ihr die verlorene Ehre der Gerichte zurückgewinnen, euch mit dem römischen Volk wieder aussöhnen und den auswärtigen Nationen Genugtuung verschaffen könnt: den Plünderer der Staatskasse, den Peiniger Asiens und Pamphyliens, den Ausbeuter der städtischen Gerichtsbarkeit, das Unheil und Verderben der Provinz Sizilien[3]. Wenn ihr über diesen Mann streng und gewissenhaft urteilt, dann wird das Ansehen, das euch bleiben muß, von Dauer

istius ingentes divitiae iudiciorum religionem veritatem-
que perfregerint, ego hoc tamen adsequar, ut iudicium
potius rei publicae quam aut reus iudicibus aut accusator
reo defuisse videatur.

Equidem ut de me confitear, iudices, cum multae mihi
a C. Verre insidiae terra marique factae sint, quas partim
mea diligentia devitarim, partim amicorum studio offi-
cioque reppulerim, numquam tamen neque tantum periculum mihi adire visus sum neque tanto opere pertimui
ut nunc in ipso iudicio. Neque tantum me exspectatio   4
accusationis meae concursusque tantae multitudinis,
quibus ego rebus vehementissime perturbor, commovet
quantum istius insidiae nefariae, quas uno tempore mihi,
vobis, M'. Glabrioni, populo Romano, sociis, exteris nationibus, ordini, nomini denique senatorio facere cona-
tur; qui ita dictitat, iis esse metuendum qui quod ipsis
solis satis esset surripuissent, se tantum eripuisse ut id
multis satis esse possit; nihil esse tam sanctum quod non
violari, nihil tam munitum quod non expugnari pecunia
possit.

Quodsi quam audax est ad conandum tam esset ob-   5
scurus in agendo, fortasse aliqua in re nos aliquando
fefellisset; verum hoc adhuc percommode cadit, quod
cum incredibili eius audacia singularis stultitia coniuncta
est; nam ut apertus in corripiendis pecuniis fuit, sic in spe
corrumpendi iudici perspicua sua consilia conatusque
omnibus fecit. Semel ait se in vita pertimuisse – tum

sein; wenn jedoch sein ungeheurer Reichtum die richterliche Gewissenhaftigkeit und Wahrheitsliebe zu Fall bringen sollte, dann werde ich wenigstens zeigen können, daß eher dem Staat ein wirklicher Gerichtshof als den Richtern ein Angeklagter oder dem Angeklagten ein Ankläger gefehlt hat.

Was mich betrifft, so muß ich gestehen, ihr Richter: C. Verres hat mir zwar zu Lande und zur See zahlreiche Anschläge bereitet, die ich teils durch meine Vorsicht vereiteln, teils durch den Eifer und die Hilfsbereitschaft meiner Freunde zunichte machen konnte[4]; dennoch sah ich mich niemals einer so großen Gefahr gegenüber, und niemals habe ich so viel Bangigkeit empfunden wie gerade jetzt in dieser Verhandlung. Dabei ist es nicht so sehr die allgemeine Erwartung hinsichtlich meiner Anklage und das Zusammenströmen einer so großen Volksmenge, was mich besorgt macht (obwohl mir auch das in höchstem Maße zusetzt) – vielmehr sind es die verbrecherischen Anschläge, die Verres zu gleicher Zeit mir, euch und dem M'. Glabrio, dem römischen Volk, den Bündnern und den auswärtigen Nationen[5], schließlich dem Stand und Namen der Senatoren zu bereiten sucht; er äußert immer wieder, nur wer nicht mehr zusammengerafft habe, als allein für ihn selbst genug sei, müsse sich fürchten; er aber habe so viel geraubt, daß es wohl für viele ausreiche; nichts sei so heilig, was Geld nicht zu entweihen, nichts so fest verschanzt, was es nicht zu erobern vermöge.

Wäre er ebenso verschmitzt in der Ausführung wie frech im Wagen, so hätte er uns vielleicht bei irgendeiner Gelegenheit hinters Licht geführt. Indes, es trifft sich äußerst günstig, daß sich mit seiner unglaublichen Frechheit eine einzigartige Dummheit verbindet. Denn ebenso offen, wie er beim Raub der Gelder vorging, hat er auch, in der Hoffnung, das Gericht zu bestechen, alle Welt seine Pläne und Anschläge erkennen lassen. Einmal in seinem Leben, sagt er, habe er sich sehr ge-

cum primum a me reus factus sit; quod, cum e provincia recens esset, invidiaque et infamia non recenti sed vetere ac diuturna flagraret, tum ad iudicium, corrumpendum tempus alienum offenderet. Itaque cum ego diem inqui- 6 rendi in Siciliam perexiguam postulavissem, invenit iste qui sibi in Achaiam biduo breviorem diem postularet; non ut is idem conficeret diligentia et industria sua quod ego meo labore et vigiliis consecutus sum – etenim ille Achaicus inquisitor ne Brundisium quidem pervenit, ego Siciliam totam quinquaginta diebus sic obii ut omnium populorum privatorumque litteras iniuriasque cognosce- rem; ut perspicuum cuivis esse posset hominem ab isto quaesitum esse non qui reum suum adduceret, sed qui meum tempus obsideret.

Nunc homo audacissimus atque amentissimus hoc 7 cogitat. Intellegit me ita paratum atque instructum in iudicium venire ut non modo in auribus vestris, sed in oculis omnium sua furta atque flagitia defixurus sim; videt senatores multos esse testis audaciae suae, videt multos equites Romanos, frequentis praeterea civis atque socios, quibus ipse insignis iniurias fecerit, videt etiam tot tam gravis ab amicissimis civitatibus legationes cum publicis auctoritatibus convenisse. Quae cum ita sint, 8 usque eo de omnibus bonis male existimat, usque eo se- natoria iudicia perdita profligataque esse arbitratur, ut hoc palam dictitet, non sine causa se cupidum pecuniae fuisse, quoniam in pecunia tantum praesidium experia- tur esse; sese, id quod difficillimum fuerit, tempus ipsum

fürchtet: damals, als ich Anklage gegen ihn erhoben hätte; da sei er frisch aus der Provinz zurückgekehrt, doch der Haß und die Schande, die ihn bedrängten, seien nicht frisch, sondern alt und von langer Hand gewesen; so habe er eine unpassende Zeit angetroffen, das Gericht zu bestechen. Als ich daher eine sehr kurze Frist für meine Ermittlungen in Sizilien beantragt hatte, wußte er jemanden ausfindig zu machen, der für Achaia zwei Tage weniger forderte[6] – nicht, damit er durch Sorgfalt und Fleiß ebensoviel ausrichte, wie ich unter Mühen und schlaflosen Nächten zustandegebracht habe (dieser achäische Ermittler gelangte ja nicht einmal bis Brundisium[7]; ich dagegen bin fünfzig Tage lang in ganz Sizilien so ausgiebig umhergereist, daß ich von allen Schriftstücken Kenntnis erhielt, die das an Gemeinden und Privatpersonen begangene Unrecht beweisen); vielmehr konnte jedermann klar erkennen, daß der von Verres hervorgeholte Mensch nicht seinen Angeklagten vor Gericht stellen, sondern meinem Termin in die Quere kommen sollte.

Nun glaubt dieser tolldreiste und völlig wahnwitzige Bursche folgendes. Er bemerkt, daß ich so gut vorbereitet und gerüstet vor Gericht erscheine, daß ich seine Diebereien und Schandtaten nicht nur euren Ohren einprägen, sondern vor aller Augen stellen werde; er sieht viele Senatoren, sieht viele römische Ritter als Zeugen seiner Dreistigkeit und außerdem zahlreiche Bürger und Bundesgenossen, denen kein anderer als er schweres Unrecht zugefügt hat; er sieht ferner, daß sich hier so viele und so gewichtige Abgesandte eng befreundeter Staaten mit öffentlicher Vollmacht eingefunden haben. Trotzdem aber denkt er so schlecht von allen Rechtschaffenen, hält er die senatorischen Gerichtshöfe für so verkommen und verderbt, daß er immer wieder öffentlich erklärt, nicht ohne Grund sei er auf Geld versessen gewesen; zeige ihm doch die Erfahrung, welch mächtiger Schutz im Gelde liege. Er habe

emisse iudici sui, quo cetera facilius emere postea posset;
ut, quoniam criminum vim subterfugere nullo modo
poterat, procellam temporis devitaret. Quodsi non modo   9
in causa, verum in aliquo honesto praesidio aut in alicuius eloquentia aut gratia spem aliquam conlocasset,
profecto non haec omnia colligeret atque aucuparetur;
non usque eo despiceret contemneretque ordinem senatorium ut arbitratu eius deligeretur ex senatu qui reus fieret, qui, dum hic quae opus essent compararet, causam
interea ante eum diceret.

Quibus ego rebus quid iste speret et quo animum in-   10
tendat facile perspicio; quam ob rem vero se confidat aliquid proficere posse hoc praetore et hoc consilio intellegere non possum. Unum illud intellego, quod populus
Romanus in reiectione iudicum iudicavit, ea spe istum
fuisse praeditum ut omnem rationem salutis in pecunia
constitueret, hoc erepto praesidio ut nullam sibi rem ad-
iumento fore arbitraretur.

Etenim quod est ingenium tantum, quae tanta facultas dicendi aut copia, quae istius vitam tot vitiis flagitiisque convictam, iam pridem omnium voluntate iudicio-
que damnatam, aliqua ex parte possit defendere? Cuius   11
ut adulescentiae maculas ignominiasque praeteream,
quaestura, primus gradus honoris, quid aliud habet in se
nisi Cn. Carbonem spoliatum a quaestore suo pecunia
publica, nudatum et proditum consulem, desertum exercitum, relictam provinciam, sortis necessitudinem reli-

sogar – was äußerst schwierig gewesen sei – den Termin seiner
Verhandlung gekauft[8], um später desto leichter alles andere
kaufen zu können; er wollte, wenn er schon der Wucht der
Schuldvorwürfe auf keine Weise ausweichen konnte, wenigstens die Aufwallung des ersten Augenblicks vermeiden.
Wenn er, ich will nicht sagen auf seine Sache, sondern auf
irgendeinen ehrenhaften Beistand oder auf jemandes Beredsamkeit oder Gunst einige Hoffnung gegründet hätte,
wahrhaftig, er liefe und jagte nicht all diesen Machenschaften
nach; er würde den Senatorenstand nicht derart gering-
schätzen und verachten, daß nach seinem Gutdünken ein
Mitglied des Senates ausersehen wurde, den Angeklagten zu
spielen und sich, bis er selbst alles Nötige zusammenbrächte,
unterdessen vor ihm dem Gericht zu stellen.

Was er sich hiervon erhofft und wohin seine Absicht zielt,
durchschaue ich leicht; weshalb er jedoch glaubt, vor diesem
Prätor und diesem Richterrate etwas auszurichten, das vermag ich nicht einzusehen. Ich sehe nur so viel (was auch das
römische Volk bei der Ablehnung der Richter bekundet hat[9]),
daß er der Hoffnung frönte, jede Art der Rettung auf das
Geld setzen zu können, und daß er glaubte, keinerlei Hilfe
mehr zu haben, wenn ihm dieser Schutz entrissen sei.

Denn wo fände sich ein so großes Talent, wo eine solche
Gewandtheit und Fülle des Vortrags, das Leben dieses Mannes, das derart mit Lastern und Missetaten beladen, das
schon längst durch aller Wunsch und Urteil verdammt ist, in
irgendeinem Punkte zu rechtfertigen? Um die Schande und
Schmach seiner Jugendzeit beiseite zu lassen: was trug sich
in seiner Quästur, der ersten Ämterstufe, anderes zu, als daß
Cn. Carbo von seinem eigenen Quästor der öffentlichen Mittel
beraubt, daß der Konsul ausgeplündert und verraten, das
Heer im Stich gelassen, die Provinz ihrem Schicksal preisgegeben und die heilige, durch das Los begründete Bindung mit

gionemque violatam? cuius legatio exitium fuit Asiae
totius et Pamphyliae, quibus in provinciis multas domos,
plurimas urbis, omnia fana depeculatus est, tum cum in
Cn. Dolabellam suum scelus illud pristinum renovavit et
instauravit quaestorium, cum eum, cui et legatus et pro
quaestore fuisset, et in invidiam suis maleficiis adduxit,
et in ipsis periculis non solum deseruit, sed etiam op-
pugnavit ac prodidit; cuius praetura urbana aedium sa-   12
crarum fuit publicorumque operum depopulatio, simul
in iure dicundo bonorum possessionumque contra omnium instituta addictio et condonatio.

   Iam vero omnium vitiorum suorum plurima et maxima constituit monumenta et indicia in provincia Sicilia,
quam iste per triennium ita vexavit ac perdidit ut ea resti-
tui in antiquum statum nullo modo possit, vix autem per
multos annos innocentisque praetores aliqua ex parte
recreari aliquando posse videatur. Hoc praetore Siculi   13
neque suas leges neque nostra senatus consulta neque
communia iura tenuerunt: tantum quisque habet in Sicilia quantum hominis avarissimi et libidinosissimi aut
imprudentiam subterfugit aut satietati superfuit. Nulla
res per triennium nisi ad nutum istius iudicata est, nulla
res tam patria cuiusquam atque avita fuit quae non ab eo
imperio istius abiudicaretur. Innumerabiles pecuniae ex
aratorum bonis novo nefarioque instituto coactae, socii
fidelissimi in hostium numero existimati, cives Romani
servilem in modum cruciati et necati, homines nocentis-

Füßen getreten wurde? Sein Legatenamt war das Verderben von ganz Asien und Pamphylien, hat er doch in diesen Provinzen viele Häuser, sehr viele Gemeinden und sämtliche Heiligtümer ausgeplündert. Zudem erneuerte und wiederholte er damals gegenüber Cn. Dolabella seinen altbewährten Quästoren-Streich, indem er ihn, dessen Legat und Proquästor er gewesen war, zuerst durch seine Missetaten verhaßt machte und ihn dann, als es zum Prozesse kam, nicht nur im Stich ließ, sondern sogar anfiel und verriet. Seine Stadtprätur brachte die Verwüstung der Heiligtümer und der öffentlichen Bauten; zugleich war sie in der Rechtsprechung ein einziges Zuerkennen und Verschenken von Vermögen und Besitz wider jegliches Herkommen[10].

Doch von allen seinen Lastern hat er die meisten und größten Denkmäler und Wahrzeichen in der Provinz Sizilien errichtet, die er drei Jahre lang so schlimm heimsuchte und verwüstete, daß sie den alten Zustand überhaupt nicht mehr zu erreichen vermag, ja daß es scheint, sie werde sich in vielen Jahren und unter redlichen Statthaltern kaum einmal wieder einigermaßen erholen. Unter diesem Prätor konnten die Sizilier weder ihre eigenen Gesetze noch unsere Senatsbeschlüsse noch die allgemeinen Rechtsgrundsätze geltend machen: in Sizilien hat ein jeder nur das, was dem habgierigsten und begehrlichsten aller Menschen versehentlich entging oder aus Überdruß zu viel wurde. Keine Sache hat man drei Jahre lang anders entschieden als nach seinem Gutdünken; kein Besitz, und mochte er vom Vater oder Großvater stammen, war jemandem so sicher, daß er ihm nicht auf Befehl des Verres aberkannt wurde. Unzählbare Geldbeträge hat er aus den Gütern der zehntpflichtigen Landwirte durch ein neues, schändliches Verfahren erpreßt, die treuesten Bundesgenossen wie Staatsfeinde behandelt, römische Bürger gleich Sklaven gefoltert und getötet, noch so Schuldige für

simi propter pecunias iudicio liberati, honestissimi atque integerrimi absentes rei facti indicta causa damnati et eiecti, portus munitissimi, maximae tutissimaeque urbes piratis praedonibusque patefactae, nautae militesque Siculorum, socii nostri atque amici, fame necati, classes optimae atque opportunissimae cum magna ignominia populi Romani amissae et perditae.

Idem iste praetor monumenta antiquissima partim re- **14** gum locupletissimorum, quae illi ornamento urbibus esse voluerunt, partim etiam nostrorum imperatorum, quae victores civitatibus Siculis aut dederunt aut reddiderunt, spoliavit nudavitque omnia. Neque hoc solum in statuis ornamentisque publicis fecit, sed etiam delubra omnia sanctissimis religionibus consecrata depeculatus est, deum denique nullum Siculis, qui ei paulo magis adfabre atque antiquo artificio factus videretur, reliquit. In stupris vero et flagitiis nefarias eius libidines commemorare pudore deterreor; simul illorum calamitatem commemorando augere nolo quibus liberos coniugesque suas integras ab istius petulantia conservare non licitum est. "At enim haec ita commissa sunt ab isto ut non **15** cognita sint ab omnibus." Hominem esse arbitror neminem, qui nomen istius audierit, quin facta quoque eius nefaria commemorare possit, ut mihi magis timendum sit ne multa crimina praetermittere quam ne qua in istum fingere existimer. Neque enim mihi videtur haec multitudo, quae ad audiendum convenit, cognoscere ex me causam voluisse, sed ea quae scit mecum recognoscere.

Geld der Gerichtsbarkeit entzogen, die ehrenhaftesten und untadeligsten Männer in Abwesenheit angeklagt und ohne rechtliches Gehör verurteilt und verbannt, die sichersten Häfen, die größten und festesten Städte Seeräubern und Wegelagerern geöffnet, sizilische Matrosen und Soldaten, unsere Freunde und Verbündeten, des Hungertodes sterben lassen, die besten und brauchbarsten Flotten zur großen Schande des römischen Volkes preisgegeben und zugrundegerichtet[11]

Eben dieser Prätor hat noch so alte Kunstdenkmäler – sie stammen teils von den reichsten Königen her, die ihre Städte damit schmücken wollten, teils auch von unseren siegreichen Feldherren, die sie den sizilischen Gemeinden stifteten oder zurückgaben – samt und sonders geplündert und ausgeleert. Und das tat er nicht nur mit öffentlichen Bildwerken und Schmuckstücken, er raubte auch sämtliche durch die heiligsten Riten geweihten Tempel aus; schließlich ließ er den Siziliern kein einziges Götterbild übrig, das ihm auch nur einige Meisterschaft verriet oder mit altbewährter Kunstfertigkeit gearbeitet zu sein schien[12]. Seine schändlichen Gelüste und Ausschweifungen aufzuzählen, hindert mich mein Schamgefühl; zugleich will ich nicht, indem ich davon rede, das Unglück derer schlimmer machen, denen es nicht vergönnt war, ihre Kinder und Frauen unversehrt vor seiner Zudringlichkeit zu bewahren. «Doch all dies hat er wenigstens so verübt, daß nicht jedermann davon erfuhr.» Ich glaube, es gibt keinen Menschen, der den Namen des Verres vernommen hat und nicht auch von seinen Schandtaten reden könnte; ich muß daher eher befürchten, daß man annimmt, ich wolle viele Verbrechen übergehen, als daß ich etwas gegen ihn erfände. Und ich habe auch den Eindruck, daß die große Zahl von Zuhörern, die sich hier versammelt hat, nicht den Sachverhalt von mir erfahren, sondern, was sie schon weiß, noch einmal mit mir durchgehen will.

Quae cum ita sint, iste homo amens ac perditus alia
mecum ratione pugnat. Non id agit ut alicuius eloquen-
tiam mihi opponat; non gratia, non auctoritate cuiusquam, non potentia nititur. Simulat his se rebus confidere; sed video quid agat; neque enim agit occultissime.
Proponit inania mihi nobilitatis, hoc est hominum adro-
gantium nomina, qui non tam me impediunt quod nobiles sunt, quam adiuvant quod noti sunt: simulat se
eorum praesidio confidere, cum interea aliud quiddam
iam diu machinetur. Quam spem nunc habeat in mani-   16
bus et quid moliatur breviter iam, iudices, vobis expo-
nam; sed prius ut ab initio res ab eo constituta sit, quaeso, cognoscite.

Ut primum e provincia rediit, redemptio est huius
iudici facta grandi pecunia. Mansit in condicione atque
pacto usque ad eum finem dum iudices reiecti sunt:
posteaquam reiectio iudicum facta est, quod et in sorti-
tione istius spem fortuna populi Romani perfregerat et in
reiciendis iudicibus mea diligentia istorum impudentiam
vicerat, renuntiata est tota condicio. Praeclare se res habebat. Libelli nominum vestrorum consilique huius in ma-   17
nibus erant omnium; nulla nota, nullus color, nullae
sordes videbantur his sententiis adlini posse, cum iste
repente ex alacri atque laeto sic erat humilis atque de-
missus ut non modo populo Romano, sed etiam sibi ipse
condemnatus videretur. Ecce autem repente his diebus

So stehen die Dinge, und deshalb sucht dieser wahnwitzige und verworfene Mensch auf andere Weise gegen
mich zu kämpfen. Er beabsichtigt nicht, mir das Können
eines Redners entgegenzustellen; er stützt sich nicht auf
jemandes Gunst oder Ansehen und nicht auf Macht. Er tut
zwar so, als ob er hierauf sein Vertrauen setze. Doch ich sehe
wohl, was er plant; er plant es nämlich keineswegs heimlich.
Er droht mir mit den nichtigen Namen Adliger, das heißt
anmaßender Menschen – die aber sind mir weniger hinderlich, weil sie von Adel, als förderlich, weil sie bekannt sind[13];
er gibt vor, sich auf ihre Hilfe zu verlassen, während er schon
lange etwas ganz anderes im Schilde führt. Welche Aussicht
er jetzt zu haben glaubt und was er ins Werk setzt, will ich
euch nunmehr kurz darlegen, ihr Richter; zuvor aber vernehmt bitte, wie er die Sache von Anfang an eingefädelt hat.

Sobald er aus der Provinz zurückgekehrt war, schloß er
wegen dieses Gerichtshofes[14] für einen hohen Geldbetrag
einen Bestechungsvertrag ab. Er blieb bei den vereinbarten
Bedingungen bis zu dem Zeitpunkt, da die Richter abge-
lehnt wurden. Die Ablehnung der Richter fand statt; und
hatte schon bei der Auslosung das gütige Geschick des römischen Volkes die Hoffnungen des Verres durchkreuzt, so
siegte bei der Zurückweisung bestimmter Richter meine
Achtsamkeit über die unverschämten Machenschaften dieser
Leute: da kündigte Verres das ganze Abkommen. Die Sache
stand vorzüglich. Das Verzeichnis mit euren Namen und die
Besetzung dieses Gerichtshofes war in aller Händen; kein
Merkzeichen, keine Farbe, kein Schmutz schien dieses Mal
die Stimmen besudeln zu können[15]. Da verwandelte sich
plötzlich die muntere, fröhliche Laune des Verres in so tiefe
Niedergeschlagenheit, daß er aussah, als hätte ihn nicht nur
das römische Volk, sondern auch er selbst sich schon verurteilt.
Doch siehe da, auf einmal, seit ein paar Tagen, seit die Kon-

paucis comitiis consularibus factis eadem illa vetera consilia pecunia maiore repetuntur, eaedemque vestrae
famae fortunisque omnium insidiae per eosdem homines
comparantur. Quae res primo, iudices, pertenui nobis
argumento indicioque patefacta est: post aperto suspicionis introitu ad omnia istorum consilia sine ullo errore
pervenimus.

Nam ut Hortensius consul designatus domum reduce-   18
batur e campo cum maxima frequentia ac multitudine,
fit obviam casu ei multitudini C. Curio, quem ego hominem honoris potius quam contumeliae causa nominatum volo; etenim ea dicam quae ille, si commemorari
noluisset, non tanto in conventu tam aperte palamque
dixisset; quae tamen a me pedetemptim cauteque dicentur, ut et amicitiae nostrae et dignitatis illius habita ratio
esse intellegatur. Videt ad ipsum fornicem Fabianum in   19
turba Verrem; appellat hominem et ei voce maxima gratulatur; ipsi Hortensio, qui consul erat factus, propinquis
necessariisque eius, qui tum aderant, verbum nullum
facit; cum hoc consistit, hunc amplexatur, hunc iubet
sine cura esse. "Renuntio", inquit, "tibi te hodiernis
comitiis esse absolutum." Quod cum tam multi homines
honestissimi audissent, statim ad me defertur; immo vero
ut quisque me viderat narrabat.

Aliis illud indignum, aliis ridiculum videbatur: ridiculum iis qui istius causam in testium fide, in criminum
ratione, in iudicum potestate, non in comitiis consularibus positam arbitrabantur, indignum iis qui altius perspiciebant et hanc gratulationem ad iudicium corrum-

sulatswahlen stattgefunden haben, werden die alten Pläne mit noch mehr Geldmitteln wieder in Angriff genommen, und dieselben Leute bereiten eurem guten Ruf und der Wohlfahrt aller dieselben Nachstellungen. Das hat sich mir zuerst an einem ganz schwachen Anzeichen und Beweis offenbart, ihr Richter; dann aber, als mein Argwohn erst einen Zugang gefunden hatte, drang ich unfehlbar zu allen ihren geheimsten Absichten vor.

Denn als Hortensius, zum Konsul gewählt, unter Begleitung einer großen Volksmenge vom Marsfeld nach Hause geleitet wurde, begegnete von ungefähr C. Curio dem Zuge, ein Mann, den ich lieber der Ehre halber und nicht, um ihn bloßzustellen, genannt haben möchte[16]. Ich will auch nur berichten, was er, wäre ihm eine Erwähnung unerwünscht gewesen, nicht vor einer so zahlreichen Versammlung so offen und unverhohlen ausgesprochen hätte; ich will jedoch mit Bedacht und Vorsicht davon berichten: man soll sehen, wie sehr ich unserer Freundschaft und seinem Ansehen Rechnung trage. Unmittelbar am Triumphbogen des Fabius[17] erblickt er Verres in der Menge; er begrüßt ihn und wünscht ihm mit lauter Stimme Glück; an Hortensius selbst, der Konsul geworden, und an seine Verwandten und Freunde, die ihn damals begleiteten, richtet er kein Wort; bei Verres bleibt er stehen, ihn umarmt er, ihn heißt er ohne Sorge sein. «Ich verkünde dir», sagt er, «daß du mit den heutigen Wahlen freigesprochen bist.» Diese Worte wurden mir, da so viele höchst ehrenhafte Männer sie gehört hatten, sofort hinterbracht, ja wer immer mich sah, erzählte mir davon.

Einigen schien der Vorfall empörend, anderen lächerlich: lächerlich denen, die meinten, des Verres Sache hänge von der Glaubwürdigkeit der Zeugen, von der Schwere der Verbrechen und der Gewalt der Richter ab, nicht von den Konsulwahlen; empörend denen, die tiefer blickten und erkann-

pendum spectare videbant. Etenim sic ratiocinabantur,   20
sic honestissimi homines inter se et mecum loquebantur,
aperte iam et perspicue nulla esse iudicia. Qui reus pridie iam ipse se condemnatum putabat, is, posteaquam
defensor eius consul est factus, absolvitur? Quid igitur?
quod tota Sicilia, quod omnes Siculi, omnes negotiato-
res, omnes publicae privataeque litterae Romae sunt, ni-
hilne id valebit? Nihil invito consule designato. Quid?
iudices non crimina, non testis, non existimationem populi Romani sequentur? Non; omnia in unius potestate
ac moderatione vertentur.

Vere loquar, iudices. Vehementer me haec res commovebat; optimus enim quisque ita loquebatur "Iste quidem
tibi eripietur, sed nos non tenebimus iudicia diutius;
etenim quis poterit Verre absoluto de transferendis iudiciis recusare?" Erat omnibus molestum; neque eos tam   21
istius hominis perditi subita laetitia quam hominis amplissimi nova gratulatio commovebat. Cupiebam dissi-
mulare me id moleste ferre, cupiebam animi dolorem
vultu tegere et taciturnitate celare.

Ecce autem illis ipsis diebus, cum praetores designati
sortirentur et M. Metello obtigisset ut is de pecuniis repetundis quaereret, nuntiatur mihi tantam isti gratulationem esse factam ut is domum quoque pueros mitteret
qui uxori suae nuntiarent. Sane ne haec quidem mihi res   22
placebat; neque tantopere quid in hac sorte metuendum

ten, daß mit diesem Glückwunsch die Bestechung des Gerichtes gemeint war. Denn das folgerten, das äußerten die angesehensten Leute untereinander und im Gespräch mit mir: offenbar und augenscheinlich gebe es keine Gerichte mehr. Der Angeklagte, der sich tags zuvor schon selbst für verurteilt hielt, wird freigesprochen, nachdem sein Verteidiger Konsul geworden? Wie denn? Daß sich ganz Sizilien, daß sich alle Sizilier, alle Geschäftsleute, alle öffentlichen und privaten Urkunden in Rom befinden, das soll nichts gelten? Nichts, wenn der künftige Konsul es nicht will. Wie? Die Richter werden sich nicht an die Anschuldigungen, an die Zeugen, an die Meinung des römischen Volkes halten? Nein, alles wird von der Macht und Leitung eines Einzigen abhängen.

Ich will offen zu euch sprechen, ihr Richter. Die Sache erregte mich heftig; denn alle anständigen Leute sagten: «Den wird man dir sicher entreißen, doch wir[18] werden die Gerichte nicht länger behalten; denn wer könnte sich gegen einen Wechsel des Richteramtes sträuben, wenn ein Verres freigesprochen wird?» Das war für alle bedrückend, und dabei empörte sie nicht so sehr die plötzliche Ausgelassenheit dieses abscheulichen Menschen wie der neuartige Glückwunsch eines hochangesehenen Mannes. Gerne hätte ich meine Betroffenheit verborgen, gerne den Schmerz in meiner Brust hinter meiner Miene versteckt und in Schweigen eingehüllt.

Doch gebt acht, gerade in diesen Tagen, als die künftigen Prätoren mit dem Los ihre Amtsbereiche verteilten und dem M. Metellus der Gerichtshof für Erpressungen zufiel, da ließ man mich wissen, Verres habe so überschwengliche Glückwünsche empfangen, daß er sogar Boten nach Hause geschickt habe, um seine Frau davon zu benachrichtigen. Das gefiel mir nun gar nicht; andererseits sah ich nicht ganz ein, was ich bei diesem Ergebnis der Verlosung zu befürchten

mihi esset intellegebam. Unum illud ex hominibus certis, ex quibus omnia comperi, reperiebam, fiscos compluris cum pecunia Siciliensi a quodam senatore ad equi-
tem Romanum esse translatos; ex his quasi X fiscos ad
senatorem illum relictos esse comitiorum meorum nomine; divisores omnium tribuum noctu ad istum vocatos.
Ex quibus quidam, qui se omnia mea causa facere debe- 23
re arbitrabatur, eadem illa nocte ad me venit; demonstrat
qua iste oratione usus esset; commemorasse istum quam
liberaliter eos tractasset iam antea, cum ipse praeturam
petisset, et proxumis consularibus praetoriisque comitiis;
deinde continuo esse pollicitum quantam vellent pecuniam, si me aedilitate deiecissent. Hic alios negasse
audere, alios respondisse non putare id perfici posse; inventum tamen esse fortem amicum ex eadem familia,
Q. Verrem Romilia, ex optima divisorum disciplina,
patris istius discipulum atque amicum, qui HS quingentis milibus depositis id se perfecturum polliceretur, et
fuisse tamen non nullos qui se una facturos esse dicerent.
Quae cum ita essent, sane benivolo animo me ut mag-
nopere caverem praemonebat.

Sollicitabar rebus maximis uno atque eo perexiguo 24
tempore. Urgebant comitia, et in his ipsis oppugnabar
grandi pecunia; instabat iudicium, ei quoque negotio fis-
ci Sicilienses minabantur. Agere quae ad iudicium perti-
nebant libere comitiorum metu deterrebar; petitioni toto animo servire propter iudicium non licebat; minari denique divisoribus ratio non erat, propterea quod eos

hätte. Nur das eine erfuhr ich durch zuverlässige Leute, die mir von allem Nachricht gaben: mehrere Körbe mit sizilischem Geld seien von einem gewissen Senator zu einem römischen Ritter befördert worden; ungefähr zehn dieser Körbe habe man bei dem Senator für meine Wahl zurückgelassen; die Geldausteiler aller Wahlbezirke seien bei Nacht zu Verres bestellt.worden[19]. Einer von ihnen, der mir jede Hilfe schuldig zu sein glaubte, kommt noch in derselben Nacht zu mir; er berichtet mir, welche Äußerungen Verres getan hatte: er habe daran erinnert, wie großzügig er sich ihnen schon früher erzeigt habe, bei seiner eigenen Bewerbung um die Prätur sowie bei den letzten Konsul- und Prätorwahlen; darauf habe er ihnen sogleich Geld versprochen, so viel sie wollten, wenn sie meine Wahl zum Ädilen verhinderten. Da hätten die einen gesagt, sie wagten es nicht; andere hätten geantwortet, sie hielten es für unmöglich. Gleichwohl habe sich ein wackerer Freund aus seiner eigenen Sippe gefunden, Q. Verres vom romilischen Bezirk[20], ein Geldausteiler bester Schule, ein Schüler und Freund des Vaters von Verres[21]; der habe versprochen, die Sache gegen Hinterlegung von 500000 Sesterzen zustande zu bringen, und dann seien doch noch einige dagewesen, die ihre Teilnahme zusagten. So standen die Dinge, und deshalb erteilte mir der Mann mit größtem Wohlwollen den Rat, mich ja in acht zu nehmen.

Zur gleichen Zeit – und meine Zeit war sehr beschränkt – wurde ich durch die wichtigsten Dinge in Atem gehalten. Die Wahlen drängten, und gerade hierbei bekämpfte man mich mit großem Geldaufwand; der Prozeß stand vor der Tür, und auch diesem Unternehmen drohten die sizilischen Geldkörbe. Die Furcht vor den Wahlen hinderte mich, in Sachen des Prozesses ohne Scheu vorzugehen; mich mit ganzer Seele der Bewerbung zu widmen, war mir des Prozesses wegen versagt. Schließlich war es auch nicht ratsam, den

intellegere videbam me hoc iudicio districtum atque obligatum futurum. Atque hoc ipso tempore Siculis denuntiatum esse audio primum ab Hortensio, domum ad illum ut venirent; Siculos in eo sane liberos fuisse, qui quam ob rem arcesserentur cum intellegerent, non venisse. Interea comitia nostra, quorum iste se, ut ceterorum hoc anno comitiorum, dominum esse arbitrabatur, haberi coepta sunt. Cursare iste homo potens cum filio blando et gratioso circum tribus; paternos amicos, hoc est divisores, appellare omnis et convenire. Quod cum esset intellectum et animadversum, fecit animo libentissimo populus Romanus ut, cuius divitiae me de fide deducere non potuissent, ne eiusdem pecunia de honore deicerer.   25

Posteaquam illa petitionis magna cura liberatus sum, animo coepi multo magis vacuo ac soluto nihil aliud nisi de iudicio agere et cogitare. Reperio, iudices, haec ab istis consilia inita et constituta ut, quacumque opus esset ratione, res ita duceretur ut apud M. Metellum praetorem causa diceretur. In eo esse haec commoda: primum M. Metellum amicissimum, deinde Hortensium consulem, neque Hortensium solum, sed etiam Q. Metellum, qui quam isti sit amicus attendite; dedit enim praerogativam suae voluntatis eius modi ut isti pro praerogativis iam reddidisse videatur.   26

An me taciturum tantis de rebus existimavistis, et me in tanto rei publicae existimationisque meae periculo cuiquam consulturum potius quam officio et dignitati   27

Geldausteilern zu drohen, denn wie ich wohl sah, merkten sie, daß mich der Prozeß sehr beschäftigen und in Anspruch nehmen würde[22]. Und genau in dieser Zeit, höre ich, ließ zuerst Hortensius den Siziliern sagen, sie sollten zu ihm in sein Haus kommen; die Sizilier aber, die den Grund der Einladung erkannten, hätten sich als wirklich freie Leute erzeigt und seien nicht erschienen. Inzwischen fingen meine Wahlen an, die Verres ebenso wie die übrigen Wahlen dieses Jahres zu beherrschen glaubte. Der vielvermögende Mann lief mit seinem freundlichen und liebenswürdigen Sohne bei den Wahlbezirken umher; er begrüßte und besuchte die väterlichen Freunde, das heißt die Geldausteiler. Als das bemerkt und erkannt wurde, verhinderte das römische Volk mit der größten Bereitwilligkeit, daß mich das Geld des Mannes von einem Amte ausschloß, dessen Reichtum mich nicht von meiner Pflichttreue hatte abbringen können.

Sobald die große Sorge der Bewerbung von mir genommen war, begann ich viel freier und ruhiger mein Tun und Trachten ganz auf den Prozeß zu richten. Ich entdecke, ihr Richter, daß die Gegner ihren Plan folgendermaßen gefaßt und festgesetzt haben: die Sache sollte auf jede erdenkliche Weise so lange hinausgezögert werden, daß man sich erst vor dem Prätor M. Metellus verantworten müsse. Hiervon versprach man sich folgende Vorteile: erstens habe man an M. Metellus einen sehr guten Freund, zweitens sei Hortensius dann Konsul, und nicht nur Hortensius, sondern auch Q. Metellus – und beachtet wohl, wie eng *der* mit Verres befreundet ist! Er hat nämlich von seiner Gesinnung schon ein Vorzeichen gegeben, in der Weise, daß er dem Verres bereits für die zuerst stimmenden Zenturien gedankt zu haben scheint[23].

Oder habt ihr etwa geglaubt, ich würde zu so wichtigen Dingen schweigen, ich würde in dieser Gefahr für den Staat und meinen Ruf an etwas anderes denken als an meine Pflicht

meae? Arcessit alter consul designatus Siculos; veniunt non nulli, propterea quod L. Metellus esset praetor in Sicilia. Cum iis ita loquitur, "se consulem esse; fratrem suum alterum Siciliam provinciam obtinere, alterum esse quaesiturum de pecuniis repetundis; Verri ne noceri possit multis rationibus esse provisum."

Quid est, quaeso, Metelle, iudicium conrumpere, si 28 hoc non est, testis, praesertim Siculos, timidos homines et adflictos, non solum auctoritate deterrere, sed etiam consulari metu et duorum praetorum potestate? Quid faceres pro innocente homine et propinquo, cum propter hominem perditissimum atque alienissimum de officio ac dignitate decedis, et committis ut quod ille dictitat alicui qui te ignoret verum esse videatur? Nam hoc Ver- 29 rem dicere aiebant, te non fato, ut ceteros ex vestra familia, sed opera sua consulem factum.

Duo igitur consules et quaesitor erunt ex illius voluntate. "Non solum effugiemus", inquit, "hominem in quaerendo nimium diligentem, nimium servientem populi existimationi, M'. Glabrionem; accedet etiam nobis illud. Iudex est M. Caesonius, conlega nostri accusatoris, homo in rebus iudicandis spectatus et cognitus, quem minime expediat esse in eo consilio quod conemur aliqua ratione conrumpere, propterea quod iam antea, cum iudex in Iuniano consilio fuisset, turpissimum illud facinus non solum graviter tulit, sed etiam in medium protulit. Hunc iudicem ex Kalendis Ianuariis non habe-

und mein Ansehen? Der zweite Konsul des kommenden Jahres läßt die Sizilier rufen; einige erscheinen, weil ja L. Metellus Prätor in Sizilien sei. Mit ihnen redet er so: er sei Konsul, einer seiner Brüder verwalte die Provinz Sizilien, der andere werde dem Gerichtshof für Erpressungen vorstehen; daß man dem Verres nicht schaden könne, dafür sei auf vielfache Weise gesorgt.

Was, ich bitte dich, Metellus, heißt rechtswidrig ein Verfahren beeinflussen, wenn nicht dies: Zeugen, noch dazu Sizilier, ängstliche und niedergeschlagene Leute, nicht allein durch persönliches Ansehen, sondern auch durch die Furcht vor dem Konsul und durch die Amtsgewalt zweier Prätoren einzuschüchtern? Was würdest du erst für einen Unschuldigen und dir Nahestehenden tun, wenn du schon wegen eines ganz verworfenen und dir ganz fremden Menschen von Pflicht und Ehre abweichst und nicht verhinderst, daß jemand, der dich nicht kennt, die Äußerungen des Verres für wahr hält? Denn Verres erklärte, so hieß es, du seiest nicht durch das Schicksal, wie die anderen aus deiner Familie, Konsul geworden, sondern durch seine Hilfe[24].

Beide Konsuln also und der Vorsitzende des Gerichtshofes werden ganz nach seinem Wunsche sein. «Nicht allein», sagt Verres, «entgehen wir dann dem allzu gewissenhaften Untersuchungsleiter, dem allzu willigen Diener der Volksmeinung, dem M'. Glabrio; es kommt uns noch anderes zugute. Einer der Richter ist M. Caesonius, ein Amtsgenosse meines Anklägers, in Rechtssachen erprobt und bewährt; es ist gar nicht von Vorteil, daß er in dem Gerichtshof sitzt, den wir auf diese oder jene Weise zu bestechen suchen. Hat er doch schon früher, als er Mitglied des junianischen Gerichtshofs war, jene schändliche Tat nicht nur übel aufgenommen, sondern auch allgemein bekannt gemacht. Ihn werden wir vom 1. Januar an nicht mehr zum Richter haben[25]. Auch

bimus; Q. Manlium et Q. Cornificium, duos severissi- 30
mos atque integerrimos iudices, quod tribuni plebis tum
erunt, iudices non habebimus; P. Sulpicius, iudex tristis
et integer, magistratum ineat oportet Nonis Decembri-
bus; M. Crepereius ex acerrima illa equestri familia et disciplina, L. Cassius ex familia cum ad ceteras res tum ad
iudicandum severissima, Cn. Tremellius, homo summa
religione et diligentia, tres hi homines veteres tribuni mi-
litares sunt designati; ex Kalendis Ianuariis non iudica-
bunt. Subsortiemur etiam in M. Metelli locum, quoniam
is huic ipsi quaestioni praefuturus est. Ita secundum Ka-
lendas Ianuarias et praetore et prope toto commutato
consilio magnas accusatoris minas magnamque exspecta-
tionem iudici ad nostrum arbitrium libidinemque elude-
mus."

Nonae sunt hodie Sextiles; hora VIII convenire coe- 31
pistis; hunc diem iam ne numerant quidem. Decem dies
sunt ante ludos votivos, quos Cn. Pompeius facturus est;
hi ludi dies quindecim auferent; deinde continuo Romani consequentur. Ita probe XL diebus interpositis tum
denique se ad ea quae a nobis dicta erunt responsuros esse
arbitrantur; deinde se ducturos et dicendo et excusando
facile ad ludos Victoriae; cum his plebeios esse coniunctos, secundum quos aut nulli aut perpauci dies ad agen-
dum futuri sunt: ita defessa ac refrigerata accusatione rem
integram ad M. Metellum praetorem esse venturam.
Quem ego hominem, si eius fidei diffisus essem, iudicem

Q. Manlius und Q. Cornificius, zwei überaus strenge und lautere Geschworene, werden nicht über uns urteilen, weil sie dann Volkstribunen sind. P. Sulpicius, ein ernster und unbestechlicher Richter, muß am 5. Dezember sein neues Amt antreten. M. Crepereius, aus einer strengen Ritterfamilie mit strengen Grundsätzen stammend, L. Cassius, aus einem Hause, das, wie in anderen Dingen, so gerade in der Rechtspflege unnachgiebig ist, Cn. Tremellius, ein Mann von größter Gewissenhaftigkeit und Sorgfalt: diese drei dem alten Brauch verpflichteten Männer sind zu Militärtribunen gewählt; vom 1. Januar an werden sie nicht mehr Recht sprechen[26]. Auch für M. Metellus müssen wir einen Ersatzmann auslosen; er ist ja dann Vorsitzender eben dieses Gerichtshofs. Folglich können wir nach dem 1. Januar, wenn der Prätor und fast das ganze Richterkollegium gewechselt haben, die heftigen Drohungen des Anklägers und die lebhafte Erwartung, die man an den Prozeß knüpft, nach unserem Wunsch und Belieben vereiteln.»

Heute ist der 5. Sextilis; um die achte Stunde seid ihr zusammengetreten[27]; diesen Tag zählen sie schon gar nicht mehr. Zehn Tage sind es noch bis zu den Votivspielen, die Cn. Pompeius veranstalten wird; diese Spiele beanspruchen fünfzehn Tage. Dann folgen sogleich die Römischen Spiele. Auf diese Weise glauben sie, erst nach beinahe vierzigtägiger Unterbrechung auf das antworten zu müssen, was ich vorbringe; dann lasse sich die Sache durch Reden und Ausflüchte leicht bis zu den Spielen der Victoria hinziehen; daran schlössen sich die Plebejischen Spiele an, nach deren Ablauf überhaupt keine oder nur sehr wenige Tage zur Verhandlung übrigblieben[28]. So werde die Anklage um ihre Kraft und Wirkung gebracht, und die Sache könne ohne Entscheidung an den Prätor M. Metellus gelangen. Diesen Mann aber hätte ich, wenn ich an seiner Rechtlichkeit zweifelte,

non retinuissem; nunc tamen hoc animo sum ut eo iudi-   32
ce quam praetore hanc rem transigi malim, et iurato
suam quam iniurato aliorum tabellas committere.

Nunc ego, iudices, iam vos consulo quid mihi faciendum putetis; id enim consili mihi profecto taciti dabitis
quod egomet mihi necessario capiendum intellego. Si
utar ad dicendum meo legitimo tempore, mei laboris industriae diligentiaeque capiam fructum, et hac accusatione perficiam ut nemo umquam post hominum memoriam paratior, vigilantior, compositior ad iudicium
venisse videatur. Sed in hac laude industriae meae reus ne
elabatur summum periculum est. Quid est igitur quod
fieri possit? Non obscurum, opinor, neque absconditum.
Fructum istum laudis, qui ex perpetua oratione percipi   33
potuit, in alia tempora reservemus: nunc hominem tabulis, testibus, privatis publicisque litteris auctoritatibus-
que accusemus. Res omnis mihi tecum erit, Hortensi.
Dicam aperte. Si te mecum dicendo ac diluendis criminibus in hac causa contendere putarem, ego quoque in
accusando atque in explicandis criminibus operam con-
sumerem: nunc quoniam pugnare contra me instituisti
non tam ex tua natura quam ex istius tempore et causa,
necesse est istius modi rationi aliquo consilio obsistere.
Tua ratio est ut secundum binos ludos mihi respondere   34

nicht als Richter beibehalten; andererseits ist nunmehr meine
Auffassung die, daß ich den Prozeß lieber, während er noch
Richter ist, als unter seiner Prätur entschieden wissen möch-
te; denn ich will eher dem Vereidigten nur die eigene als dem
Unvereidigten [29] die Stimmen aller anderen anvertrauen.

Jetzt frage ich euch, ihr Richter: was, glaubt ihr, soll ich
tun? Sicherlich wollt ihr mir stillschweigend eben den Rat
erteilen, den ich, wie ich wohl sehe, notgedrungen befolgen
muß. Wenn ich für meinen Vortrag die mir von Gesetzes
wegen zustehende Zeit beanspruche, dann kann ich gewiß die
Früchte meiner Mühe, Beharrlichkeit und Sorgfalt ernten
und durch diese Anklage dartun, daß seit Menschengedenken
nie jemand schlagfertiger, achtsamer und besser gerüstet vor
Gericht erschienen ist. Doch bei all dem Lob für meinen
Eifer besteht die dringende Gefahr, daß mir der Angeklagte
entschlüpft. Was kann man also tun? Nichts, meine ich, was
dunkel und verborgen wäre. Den Genuß des Lobes, den ich
mir durch einen zusammenhängenden Vortrag verschaffen
könnte, will ich mir für ein andermal aufsparen: doch jetzt
will ich den Mann mit Hilfe von Rechnungsbüchern, Zeugen,
privaten und öffentlichen Schriftstücken und gewichtigen
Beweisen anklagen. Hierbei habe ich es allein mit dir zu tun,
Hortensius. Ich will offen sprechen. Wenn ich glaubte, du
wollest in diesem Prozeß mit deinem Plädoyer und der Wi-
derlegung der Schuldvorwürfe gegen mich streiten, dann
würde auch ich auf die Anklagerede und die Erörterung der
Vorwürfe Mühe wenden. Nun bist du aber entschlossen,
nicht so sehr, wie es deinem Wesen entspricht, sondern wie
es die Umstände und die Lage des Verres erfordern, gegen
mich zu kämpfen; da ist es unumgänglich, einem derartigen
Vorhaben mit irgendeiner Maßregel zu begegnen. Dein Plan
sieht vor, daß du erst nach Beendigung zweier Festzeiten an-
fangen wirst, mir zu antworten, meiner hingegen, daß ich

incipias, mea ut ante primos ludos comperendinem. Ita
fiet ut tua ista ratio existimetur astuta, meum hoc consilium necessarium.

Verum illud quod institueram dicere, mihi rem tecum
esse, huius modi est. Ego cum hanc causam Siculorum
rogatu recepissem, idque mihi amplum et praeclarum
existimassem, eos velle meae fidei diligentiaeque periculum facere qui innocentiae abstinentiaeque fecissent,
tum suscepto negotio maius quiddam mihi proposui, in
quo meam in rem publicam voluntatem populus Romanus perspicere posset. Nam illud mihi nequaquam dig-   35
num industria conatuque meo videbatur, istum a me in
iudicium iam omnium iudicio condemnatum vocari,
nisi ista tua intolerabilis potentia, et ea cupiditas qua
per hosce annos in quibusdam iudiciis usus es, etiam
in istius hominis desperati causa interponeretur. Nunc
vero, quoniam haec te omnis dominatio regnumque
iudiciorum tanto opere de ectat, et sunt homines quos
libidinis infamiaeque suae neque pudeat neque taedeat,
qui quasi de industria in odium offensionemque populi
Romani inruere videantur, hoc me profiteor suscepisse
magnum fortasse onus et mihi periculosum, verum
tamen dignum in quo omnis nervos aetatis industriaeque
meae contenderem.

Quoniam totus ordo paucorum improbitate et auda-   36
cia premitur et urgetur infamia iudiciorum, profiteor
huic generi hominum me inimicum accusatorem, odio-
sum, adsiduum, acerbum adversarium. Hoc mihi sumo,
hoc mihi deposco, quod agam in magistratu, quod agam

noch vor Beginn der ersten Festzeit den Termin für die zweite Verhandlung erwirke. So wird man denn deinen Plan für schlau, meinen Gegenplan jedoch für unumgänglich halten. Ich sagte soeben, ich hätte es mit dir zu tun. Hiermit verhält es sich so: Ich habe diesen Prozeß auf Bitten der Sizilier übernommen, und ich rechnete es mir als eine hohe Ehre an, daß dieselben Leute meine Zuverlässigkeit und Sorgfalt erproben wollten, die zuvor meine Rechtschaffenheit und selbstlose Handlungsweise erprobt hatten. Da habe ich mir denn bei der Übernahme dieser Sache ein noch höheres Ziel gesteckt, aus dem das römische Volk meine Bereitschaft für den Staat sollte ersehen können. Denn es schiene mir keineswegs meiner Mühe und Anstrengung wert, diesen Mann, der nach allgemeinem Urteil schon gerichtet ist, vor Gericht zu fordern, wenn mir nicht auch deine unerträgliche Macht und Parteilichkeit, wie du sie während der letzten Jahre in verschiedenen Prozessen geübt hast, bei der Sache dieses heillosen Menschen in den Weg träte. Nun aber, da dir diese Tyrannei und schrankenlose Herrschaft über die Gerichte so viel Vergnügen bereitet und da es Leute gibt, die angesichts ihrer Übergriffe und ihres schlechten Rufes nicht Scham noch Ekel verspüren, die sich geradezu mit Vorsatz in den Haß und Unwillen des römischen Volkes zu stürzen scheinen, nunmehr erkläre ich öffentlich: ich habe diese Last auf mich genommen, eine womöglich große und für mich gefährliche Last, die es aber wert ist, daß ich alle Spannkraft meiner Jahre und meiner Leistungsfähigkeit darauf wende.

Da der ganze Stand [30] unter der Skrupellosigkeit und Frechheit von wenigen leidet und der üble Ruf der Gerichte auf ihm drückt, erkläre ich, daß ich für diese Sorte von Leuten ein unnachsichtiger Ankläger, ein haßerfüllter, hartnäckiger und erbitterter Widersacher sein werde. Das nehme ich mir vor, das beanspruche ich; das will ich in meiner Amtszeit,

ex eo loco ex quo me populus Romanus ex Kalendis
Ianuariis secum agere de re publica ac de hominibus improbis voluit; hoc munus aedilitatis meae populo Romano amplissimum pulcherrimumque polliceor. Moneo,
praedico, ante denuntio: qui aut deponere aut accipere
aut recipere aut polliceri aut sequestres aut interpretes
corrumpendi iudici solent esse, quique ad hanc rem aut
potentiam aut impudentiam suam professi sunt, abstine-
ant in hoc iudicio manus animosque ab hoc scelere nefario. Erit tum consul Hortensius cum summo imperio et   37
potestate, ego autem aedilis, hoc est paulo amplius quam
privatus; tamen haec huius modi res est quam me ac-
turum esse polliceor, ita populo Romano grata atque
iucunda, ut ipse consul in hac causa prae me minus
etiam, si fieri possit, quam privatus esse videatur.

Omnia non modo commemorabuntur, sed etiam
expositis certis rebus agentur, quae inter decem annos,
posteaquam iudicia ad senatum translata sunt, in rebus
iudicandis nefarie flagitioseque facta sunt. Cognoscet ex   38
me populus Romanus quid sit quam ob rem, cum eques-
ter ordo iudicaret, annos prope quinquaginta continuos
in nullo iudice ne tenuissima quidem suspicio acceptae
pecuniae ob rem iudicandam constituta sit; quid sit
quod, iudiciis ad senatorium ordinem translatis sublata-
que populi Romani in unum quemque vestrum potes-

will ich von dem Platze aus vollbringen, auf den mich das römische Volk gestellt hat und an dem ich vom 1. Januar an über das öffentliche Wohl und über die verantwortungslosen Mitbürger mit ihm verhandeln soll[31]; dies, versichere ich, ist das größte und schönste Geschenk, das mein Ädilenamt dem römischen Volke darbringen wird. Ich warne, ich erkläre, ich gebe im voraus bekannt: diejenigen, die Gelder zu hinterlegen, anzunehmen, zu verbürgen oder zu versprechen oder sich zu Mittelsmännern oder Unterhändlern bei der Bestechung der Gerichtshöfe herzugeben pflegen[32] und die hierfür ihre Macht oder ihre Unverschämtheit angeboten haben, sie mögen in diesem Verfahren ihre Hände und Gedanken von einem derart ruchlosen Frevel fernhalten. Dann wird Hortensius Konsul sein und die höchste Gewalt und Amtsbefugnis innehaben; ich aber bin dann Ädil, das heißt nicht viel mehr als ein Privatmann. Dennoch ist die Sache, für die ich einzutreten verspreche, von der Art, ist sie dem römischen Volke so erwünscht und willkommen, daß in dieser Angelegenheit im Vergleich zu mir selbst der. Konsul wenig bedeuten wird, ja womöglich weniger als ein Privatmann.

Alles soll nicht nur hergesagt, sondern unter Darlegung bestimmter Tatsachen gründlich erörtert werden, was sich in den letzten zehn Jahren, seit die Rechtsprechung auf den Senat übergegangen ist, an schändlichen und entehrenden Vorfällen in der Gerichtspraxis zugetragen hat. Erfahren soll das römische Volk durch mich, was es damit auf sich hat, daß in den nahezu fünfzig Jahren, da dem Ritterstand ununterbrochen die Rechtspflege oblag, auch nicht der leiseste Verdacht auf einen Richter fiel, er habe für einen Urteilsspruch Geld genommen; erfahren soll es, was eine Äußerung des Q. Calidius bedeutet, die er getan hat, nachdem das Gerichtswesen auf den senatorischen Stand übertragen und alle Gewalt des römischen Volkes über einen jeden von euch aufge-

tate, Q. Calidius damnatus dixerit minoris HS triciens
praetorium hominem honeste non posse damnari; quid
sit quod, P. Septimio senatore damnato Q. Hortensio
praetore de pecuniis repetundis, lis aestimata sit eo nomine, quod ille ob rem iudicandam pecuniam accepisset.
Quid? quod in C. Herennio, quod in C. Popilio, senato- 39
ribus, qui ambo peculatus damnati sunt, quod in M. Ati-
lio, qui de maiestate damnatus est, hoc planum factum
est, eos pecuniam ob rem iudicandam accepisse, quod
inventi sunt senatores qui C. Verre praetore urbano sor-
tiente exirent in eum reum quem incognita causa con-
demnarent, quod inventus est senator qui, cum iudex
esset, in eodem iudicio et ab reo pecuniam acciperet
quam iudicibus divideret, et ab accusatore ut reum con-
demnaret. Iam vero quo modo ego illam labem ignomi- 40
niam calamitatemque totius ordinis conquerar, hoc factum esse in hac civitate, cum senatorius ordo iudicaret,
ut discoloribus signis iuratorum hominum sententiae
notarentur? Haec omnia me diligenter severeque ac-
turum esse polliceor.

Quo me tandem animo fore putatis, si quid in hoc ipso
iudicio intellexero simili aliqua ratione esse violatum
atque commissum? cum praesertim planum facere multis testibus possim C. Verrem in Sicilia multis audientibus saepe dixisse se habere hominem potentem cuius
fiducia provinciam spoliaret; neque sibi soli pecuniam
quaerere, sed ita triennium illud praeturae Siciliensis dis-
tributum habere ut secum praeclare agi diceret si unius

hoben worden war (Calidius sagte nämlich nach seiner Verurteilung, für weniger als drei Millionen Sesterzen dürfe
anständigerweise kein ehemaliger Prätor verurteilt werden);
erfahren soll es, wie es kommt, daß man damals, als man den
Senator P. Septimius unter der Prätur des Q. Hortensius
wegen Erpressung verurteilt hatte, die Geldbuße mit der
Begründung festsetzte, er habe für einen Urteilsspruch Geld
genommen[33]. Wie? Daß man bei C. Herennius und C. Popilius, bei Senatoren, die beide wegen Unterschleifs, daß man
bei M. Atilius, der wegen eines Staatsverbrechens verurteilt
wurde, klar beweisen konnte, sie hätten für einen Urteilsspruch Geld genommen; daß sich, da C. Verres als Stadt-
prätor die Geschworenen ausloste, Senatoren fanden, die
über den Angeklagten herfielen, um ihn ohne Kenntnis der
Sachlage zu verurteilen; daß sich sogar ein Senator fand, der
als Richter in demselben Verfahren zuerst vom Angeklagten
Geld nahm, damit er es unter die Richter ausstreue, und dann
vom Ankläger, damit er den Angeklagten verurteile[34]? Doch
wie werde ich erst den Sturz, die Schande und den Nieder-
gang des ganzen Standes beklagen: das sei in diesem Staate
vorgekommen, daß, während der Senatorenstand die Gerichtsbarkeit ausübte, die Stimmen der Geschworenen mit
verschiedenfarbigen Kennzeichen versehen wurden[35]? Ich
verspreche euch: mit alledem will ich mich gründlich und
unnachsichtig abgeben.

Wie, glaubt ihr wohl, wird mir erst zumute sein, wenn ich
feststellen muß, daß man in diesem Prozesse hier auf ähnliche
Weise das Recht verletzt und mißachtet habe? Zumal ich ja
durch viele Zeugen beweisen könnte, daß C. Verres in Sizilien vor zahlreichen Zuhörern oft genug erklärt hat: er habe
eine mächtige Stütze, auf die er sich verlassen könne, wenn
er die Provinz ausplündere; auch trachte er nicht nur für sich
nach Geld, er habe vielmehr die drei Jahre seiner sizilischen

anni quaestum in rem suam converteret, alterum patronis et defensoribus traderet, tertium illum uberrimum quaestuosissimumque annum totum iudicibus reservaret.

Ex quo mihi venit in mentem illud dicere, quod apud   41
M'. Glabrionem nuper cum in reiciundis iudicibus commemorassem intellexi vehementer populum Romanum commoveri, me arbitrari fore uti nationes exterae legatos ad populum Romanum mitterent, ut lex de pecuniis repetundis iudiciumque tolleretur; si enim iudicia nulla sint, tantum unum quemque ablaturum putant quantum sibi ac liberis suis satis esse arbitretur; nunc, quod eius modi iudicia sint, tantum unum quemque auferre quantum sibi, patronis, advocatis, praetori, iudicibus satis futurum sit; hoc profecto infinitum esse; se avarissimi hominis cupiditati satis facere posse, nocentissimi victoriae non posse.

O commemoranda iudicia praeclaramque existimatio-   42
nem nostri ordinis, cum socii populi Romani iudicia de pecuniis repetundis fieri nolunt, quae a maioribus nostris sociorum causa comparata sunt! An iste umquam de se bonam spem habuisset, nisi de vobis malam opinionem animo imbibisset? Quo maiore etiam, si fieri potest, apud vos odio esse debet quam est apud populum Romanum, cum in avaritia, scelere, periurio vos sui similis esse arbitretur.

Cui loco, per deos immortalis, iudices, consulite ac   43
providete! Moneo praedicoque id quod intellego, tempus hoc vobis divinitus datum esse ut odio, invidia, infamia,

Prätur so eingeteilt, daß er sehr gut abzuschneiden glaube, wenn er den Gewinn des ersten Jahres für sich verwende, das zweite seinen Anwälten und Beschützern überlasse, das dritte jedoch, das reichste und ergiebigste, ganz für seine Richter aufspare.

Dabei kommt mir in den Sinn, die Äußerung zu wiederholen, die ich neulich vor M'. Glabrio bei der Richterablehnung getan habe; denn ich sah, daß sie auf das römische Volk einen starken Eindruck machte. Ich könne mir denken, erklärte ich, daß die auswärtigen Nationen [36] noch Gesandte an das römische Volk schicken würden, um die Abschaffung des Gesetzes und Gerichtshofs gegen Erpressungen zu erwirken. Wenn es nämlich keine Prozesse mehr gebe, dann werde, meinen sie, ein jeder nur so viel rauben, als er für sich und seine Kinder zu benötigen glaube; doch jetzt, da diese Prozesse bestünden, raffe ein jeder zusammen, was für ihn selbst, für seine Anwälte und Rechtsbeistände, für den Prätor und die Richter ausreichen solle; da gebe es wahrhaftig keine Grenzen; sie vermöchten der Habsucht eines noch so großen Ausbeuters Genüge zu tun, nicht aber dem Siege eines noch so argen Missetäters.

Welch bemerkenswerte Gerichtshöfe und welch herrlicher Ruf unseres Standes, wenn die Bundesgenossen des römischen Volkes keine Prozesse gegen Erpressungen mehr haben wollen, die doch von unseren Vorfahren der Bundesgenossen wegen eingeführt worden sind! Hätte Verres je gute Aussichten für sich erhofft, wenn er nicht, was euch betrifft, von einer schlechten Meinung durchdrungen wäre? Um so mehr muß er – wenn das noch möglich ist – bei euch verhaßt sein als beim römischen Volke, hält er euch doch für ebenso habgierig, skrupellos und eidbrüchig wie sich selbst.

Dieser Lage, bei den unsterblichen Göttern, ihr Richter, wendet eure Einsicht und Vorsorge zu! Ich schärfe euch ein und mache kund, was für mich feststeht: göttliche Fügung

turpitudine totum ordinem liberetis. Nulla in iudiciis severitas, nulla religio, nulla denique iam existimantur esse iudicia. Itaque a populo Romano contemnimur, despicimur; gravi diuturnaque iam flagramus infamia.

Neque enim ullam aliam ob causam populus Romanus 44 tribuniciam potestatem tanto studio requisivit; quam cum .poscebat, verbo illam poscere videbatur, re vera iudicia poscebat. Neque hoc Q. Catulum, hominem sapientissimum atque amplissimum, fugit, qui Cn. Pompeio, viro fortissimo et clarissimo, de tribunicia potestate referente cum esset sententiam rogatus, hoc initio est summa cum auctoritate usus, patres conscriptos iudicia male et flagitiose tueri; quodsi in rebus iudicandis populi Romani existimationi satis facere voluissent, non tanto opere homines fuisse tribuniciam potestatem desideraturos. Ipse denique Cn. Pompeius cum primum contionem 45 ad urbem consul designatus habuit, ubi, id quod maxime exspectari videbatur, ostendit se tribuniciam potestatem restituturum, factus est in eo strepitus et grata contionis admurmuratio. Idem in eadem contione cum dixisset populatas vexatasque esse provincias, iudicia autem turpia ac flagitiosa fieri; ei rei se providere ac consulere velle; tum vero non strepitu, sed maximo clamore suam populus Romanus significavit voluntatem.

hat euch jetzt Gelegenheit gegeben, den ganzen Stand von
Haß, Anfeindung, schlechtem Leumund und Schande zu
befreien. Man glaubt bei den Gerichten an keine Strenge,
keine Skrupel mehr, ja nicht einmal, daß sie noch Gerichte
sind. Deshalb werden wir [37] vom römischen Volk verachtet
und geringgeschätzt, und auf uns lastet schwere, lang schon
dauernde Schmach.

Denn aus keinem anderen Grunde hat das römische Volk
mit solcher Heftigkeit die tribunizische Gewalt zurückver-
langt; als es sie forderte, schien es dem Wortlaut nach sie
selbst zu fordern, doch forderte es in Wahrheit die Gerichtsbarkeit. Das entging auch dem Scharfblick des erlauchten
Q. Catulus nicht; als unser tatkräftiger und hochberühmter
Cn. Pompeius die Frage der tribunizischen Gewalt vor den
Senat brachte und Catulus gebeten wurde, seine Meinung
zu äußern, da ließ er gleich zu Anfang die folgenden höchst
bedeutsamen Worte vernehmen: es sei ärgerlich und schand-
bar, wie die versammelten Väter die Gerichtsbarkeit ausübten; wären sie bereit gewesen, bei ihren Urteilssprüchen
den Erwartungen des römischen Volkes Genüge zu tun, dann
hätten die Leute nicht so lebhaft die tribunizische Gewalt
vermißt [38]. Als schließlich Cn. Pompeius selbst in der ersten
Versammlung, die er, der künftige Konsul, vor den Toren
der Stadt abhielt [39], das ankündigte, was man am meisten von
ihm zu erwarten schien, die Wiedereinsetzung der tribunizischen Gewalt, da erhob sich unter den Teilnehmern ein
Raunen und beifälliges Gemurmel. Doch als er erst in derselben Versammlung erklärte, man habe die Provinzen ausgeplündert und schwer heimgesucht, das Gerichtswesen
werde schändlich und schmachvoll verwaltet, für diesen
Mißstand wolle er Rat und Abhilfe schaffen, da bekundete
das römische Volk nicht durch ein Raunen, sondern durch
lautes Geschrei seine Zustimmung.

Nunc autem homines in speculis sunt; observant quem   46
ad modum sese unus quisque nostrum gerat in retinen-
da religione conservandisque legibus. Vident adhuc post
legem tribuniciam unum senatorem vel tenuissimum esse
damnatum; quod tametsi non reprehendunt, tamen
magno opere quod laudent non habent; nulla est enim
laus ibi esse integrum ubi nemo est qui aut possit aut
conetur corrumpere.

Hoc est iudicium in quo vos de reo, populus Romanus   47
de vobis iudicabit; in hoc homine statuetur, possitne
senatoribus iudicantibus homo nocentissimus pecunio-
sissimusque damnari. Deinde est eius modi reus in quo
homine nihil sit praeter summa peccata maximamque
pecuniam, ut, si liberatus sit, nulla alia suspicio nisi ea
quae turpissima est residere possit; non gratia, non cognatione, non aliis recte factis, non denique aliquo me-
diocri vitio tot tantaque eius vitia sublevata esse videbuntur. Postremo ego causam sic agam, iudices, eius   48
modi res, ita notas, ita testatas, ita magnas, ita manifestas
proferam, ut nemo a vobis ut istum absolvatis per gratiam conetur contendere. Habeo autem certam viam
atque rationem qua omnis illorum conatus investigare et
consequi possim; ita res a me agetur ut in eorum consi-
liis omnibus non modo aures hominum, sed etiam oculi
populi Romani interesse videantur.

Vos aliquot iam per annos conceptam huic ordini   49
turpitudinem atque infamiam delere ac tollere potestis.
Constat inter omnis post haec constituta iudicia, quibus

Jetzt aber steht man auf der Lauer; man gibt acht, wie sich ein jeder von uns aufführt, wie er seinen Eid befolgt und die Gesetze handhabt. Man sieht, daß bisher, seit Erlaß des tribunizischen Gesetzes[40], ein einziger, ganz unbedeutender Senator verurteilt worden ist. Das tadelt man zwar nicht, doch hat man auch nicht sonderlich Ursache, es zu loben. Es ist ja nichts Lobenswertes, da uneigennützig zu sein, wo sich niemand findet, der zu bestechen vermöchte oder Anstalten dazu machte.

Doch dies ist ein Prozeß, in dem *ihr* über den Angeklagten, das römische Volk über *euch* zu Gericht sitzt. Bei diesem Menschen wird sich zeigen, ob es möglich ist, daß ein ebenso schuldiger wie reicher Mann von senatorischen Richtern verurteilt wird. Überdies handelt es sich um einen Angeklagten, der nichts aufzuweisen hat als schwerste Verfehlungen und sehr viel Geld; geht er also frei aus, so kann sich kein anderer Verdacht festsetzen als der allerschimpflichste: nicht Ansehen, nicht Verwandtschaft, nicht anderweitige, rechtmäßige Handlungen, ja nicht einmal ein nur gewöhnlicher Fehler wird als Ausgleich für so viele und so schwere Verbrechen gelten. Schließlich werde ich meine Sache so führen, ihr Richter: ich werde solche Tatsachen vorbringen, die so bekannt, so gut bezeugt, so erheblich und so offenkundig sind, daß niemand versuchen soll, durch seinen Einfluß die Freisprechung des Verres von euch zu erwirken. Ich habe auch sichere Mittel und Wege, alle Versuche dieser Leute aufzudecken und zu fassen; ich werde so vorgehen, daß nicht nur die Ohren der Zuhörer, sondern gleichsam auch die Augen des ganzen römischen Volkes Zeugen aller ihrer Anschläge sind.

Es liegt in eurer Macht, die Schmach und Schande, mit der dieser Stand schon seit einigen Jahren behaftet ist, zu tilgen und aus der Welt zu schaffen. Man ist allgemein überzeugt,

nunc utimur, nullum hoc splendore atque hac dignitate
consilium fuisse. Hic si quid erit offensum, omnes homines non iam ex eodem ordine alios magis idoneos,
quod fieri non potest, sed alium omnino ordinem ad res
iudicandas quaerendum arbitrabuntur.

Quapropter primum ab dis immortalibus, quod spe-   50
rare mihi videor, hoc idem, iudices, opto, ut in hoc iudicio nemo improbus praeter eum qui iam pridem inventus est reperiatur; deinde, si plures improbi fuerint, hoc
vobis, hoc populo Romano, iudices, confirmo, vitam
mehercule mihi prius quam vim perseverantiamque ad
illorum improbitatem persequendam defuturam.

Verum quod ego laboribus periculis inimicitiisque   51
meis tum cum admissum erit dedecus severe me perse-
cuturum esse polliceor, id ne accidat tu tua auctoritate,
sapientia, diligentia, M'. Glabrio, potes providere. Suscipe causam iudiciorum; suscipe causam severitatis, inte-
gritatis, fidei, religionis; suscipe causam senatus, ut is hoc
iudicio probatus cum populo Romano et in laude et in
gratia esse possit. Cogita, qui sis, quo loco sis, quid dare
populo Romano, quid reddere maioribus tuis debeas; fac
tibi paternae legis Aciliae veniat in mentem, qua lege populus Romanus de pecuniis repetundis optimis iudiciis
severissimisque iudicibus usus est. Circumstant te sum-   52
mae auctoritates, quae te oblivisci laudis domesticae non
sinant, quae te dies noctesque commoneant fortissimum
tibi patrem, sapientissimum avum, gravissimum socerum

daß seit Einführung der Gerichtshöfe, die wir jetzt haben, kein Richterrat von so viel Glanz und Ansehen umgeben war. Kommt es hier zu einem Ärgernis, so wird jedermann der Meinung sein, daß man nicht mehr besser Geeignete aus demselben Stande – was unmöglich ist –, sondern überhaupt einen anderen Stand mit der Rechtspflege betrauen müsse[41].

Deshalb, ihr Richter, erflehe ich mir von den unsterblichen Göttern vor allem das, was ich auch erwarten zu dürfen glaube: Möge sich in diesem Prozeß kein Schuft finden außer dem einen, der schon längst entlarvt ist! Und weiter: wenn mehrere Schufte da sind, so versichere ich euch und dem römischen Volke, ihr Richter, daß mir wahrhaftig eher das Leben ausgehen wird als die Zähigkeit und· Kraft, diese Schufte zu verfolgen.

Doch wie ich diese Schandtat, falls sie begangen wird, unter Mühen, Gefahren und Anfeindungen unnachsichtig zu verfolgen gelobe, so kannst du, M'.Glabrio, durch dein Ansehen, deine Weisheit und Achtsamkeit dafür sorgen, daß es gar nicht erst hierzu kommt. Mach dich zum Anwalt der Gerichte; mach dich zum Anwalt der Strenge, der Lauterkeit, der Pflichttreue und der Gewissenhaftigkeit; mach dich zum Anwalt des Senates, daß er, in diesem Prozeß sich bewährend, beim römischen Volke wieder zu Ansehen und Gunst gelangen kann. Bedenke, wer du bist, an welcher Stelle du stehst, was du dem römischen Volke zu geben, was du deinen Vorfahren abzustatten verpflichtet bist; rufe dir das Gesetz deines Vaters, das Acilische, ins Gedächtnis, das dem römischen Volke die besten Gerichte und die strengsten Richter über Erpressungen verschafft hat[42]. Du bist von erlauchten Vorbildern umgeben, die dich den Ruhm deiner Familie nicht vergessen lassen, die dich Tag und Nacht daran erinnern, daß du einen ungemein tatkräftigen Vater, einen überaus scharfblickenden Großvater, einen zäh an seinen

fuisse. Quare si Glabrionis patris vim et acrimoniam
ceperis ad resistendum hominibus audacissimis, si avi
Scaevolae prudentiam ad prospiciendas insidias quae
tuae'atque horum famae comparantur, si soceri Scauri
constantiam, ut ne quis te de vera et certa possit senten-
tia demovere, intelleget populus Romanus integerrimo
atque honestissimo praetore delectoque consilio nocenti
reo magnitudinem pecuniae plus habuisse momenti ad
suspicionem criminis quam ad rationem salutis.

Mihi certum est non committere ut in hac causa   53
praetor nobis consiliumque mutetur. Non patiar rem in
id tempus adduci ut quos adhuc servi designatorum consulum non moverunt, cum eos novo exemplo universos
arcesserent, eos tum lictores consulum vocent; ut homines miseri, antea socii atque amici populi Romani, nunc
servi ac supplices, non modo ius suum fortunasque omnis eorum imperio amittant, verum etiam deplorandi
iuris sui potestatem non habeant. Non sinam profecto   54
causa a me perorata, quadraginta diebus interpositis, tum
nobis denique responderi cum accusatio nostra in oblivionem diuturnitatis adducta sit. Non committam ut
tum haec res iudicetur, cum haec frequentia totius Italiae
Roma discesserit, quae convenit uno tempore undique

Grundsätzen festhaltenden Schwiegervater hattest. Gebrauche also die Tatkraft und Entschiedenheit deines Vaters Glabrio, dich gegen die verwegensten Gesellen zu behaupten, den Scharfblick deines Großvaters Scaévola, die Nachstellungen zu durchschauen, die deinem und dem Rufe dieser Männer hier bereitet werden, und die Standhaftigkeit deines Schwiegervaters Scaurus, daß niemand dich von deiner wahren und begründeten Überzeugung abbringen kann [43] – dann wird das römische Volk erkennen, daß vor einem unbestechlichen und ehrenhaften Prätor und vor einem auserwählten Gerichtshof die reichen Geldmittel eines strafwürdigen Angeklagten mehr zum Schuldverdacht beigetragen haben als zur Aussicht auf Rettung.

Ich bin entschlossen, nicht zuzulassen, daß wir in diesem Prozeß einen anderen Prätor und andere Geschworene erhalten. Ich werde nicht dulden, daß man die Sache verschleppt, bis die Leute, die sich bislang von den Bediensteten der künftigen Konsuln nicht haben einschüchtern lassen, als man sie – eine unerhörte Maßnahme – allesamt in einem vorlud, demnächst von den Bütteln der amtierenden Konsuln geholt werden; bis die Beklagenswerten, einst Bundesgenossen und Freunde des römischen Volkes, jetzt Sklaven und Schutzflehende, durch die Machtstellung der Gegner nicht nur ihr Recht und ihr ganzes Vermögen einbüßen, sondern selbst um die Möglichkeit gebracht werden, den Verlust ihres Rechts zu beweinen. Ich werde mich entschieden dagegen wehren, daß man mir nach Beendigung meines Plädoyers erst nach einem Aufschub von vierzig Tagen antwortet, wenn meine Anklage durch die Länge der Zeit bereits der Vergessenheit anheimgefallen ist. Ich werde nicht zugeben, daß es in diesem Prozeß erst dann zur Entscheidung kommt, wenn die zahlreichen Bürger aus ganz Italien Rom wieder verlassen haben, die jetzt der Wahlen, der Spiele und

comitiorum ludorum censendique causa. Huius iudici et
laudis fructum et offensionis periculum vestrum, labo-
rem sollicitudinemque nostram, scientiam quid agatur,
memoriamque quid a quoque dictum sit, omnium puto
esse oportere.

Faciam hoc non novum, sed ab iis qui nunc principes   55
nostrae civitatis sunt ante factum, ut testibus utar statim:
illud a me novum, iudices, cognoscetis, quod ita testis
constituam ut crimen totum explicem, ubi id argumentis atque oratione firmavero, tum testis ad crimen ad-
commodem, ut nihil inter illam usitatam accusationem
atque hanc novam intersit, nisi quod in illa tum cum omnia dicta sunt testes dantur, hic in singulas res dabuntur,
ut illis quoque eadem interrogandi facultas argumentan-
di dicendique sit. Si quis erit qui perpetuam orationem
accusationemque desideret, altera actione audiet; nunc id
quod facimus – ea ratione, ut malitiae illorum consilio
nostro occurramus – necessario fieri intellegat.

Haec primae actionis erit accusatio. Dicimus C. Ver-   56
rem, cum multa libidinose, multa crudeliter in civis
Romanos atque socios, multa in deos hominesque nefarie fecerit, tum praeterea quadringentiens sestertium ex
Sicilia contra leges abstulisse. Hoc testibus, hoc tabulis

der Vermögensschätzung wegen" gleichzeitig von überallher zusammengeströmt sind. In diesem Prozeß muß nach meiner Meinung die Aussicht auf Ruhm und die Gefahr eines Ärgernisses euch, die Sorge und Mühewaltung mir, die Kenntnis dessen, was verhandelt wird, und die Erinnerung an das, was ein jeder gesagt hat, der Allgemeinheit zufallen.

Ich werde kein neues Verfahren anwenden, sondern tun, was diejenigen, die jetzt die ersten Männer in unserem Staate sind, schon früher getan haben: ich werde sofort die Zeugen aufrufen. Doch *eine* Neuerung, ihr Richter, werdet ihr bei mir bemerken: ich will die Zeugen so auftreten lassen, daß ich die Anklage Punkt für Punkt ausbreiten kann. Sobald ich einen Vorwurf durch Erläuterungen und zusammenfassende Worte umschrieben habe, ziehe ich jeweils die hierfür maßgeblichen Zeugen heran. Zwischen der üblichen Art der Anklage und dieser neuen besteht somit nur ein Unterschied: dort werden die Zeugen erst aufgerufen, wenn der ganze Stoff in Vorträgen behandelt ist; hier aber werden sie zu den einzelnen Punkten aufgerufen, mit der Maßgabe, daß auch die Gegenseite in gleicher Weise die Möglichkeit hat, Fragen zu stellen, Schlüsse zu ziehen und sich auszusprechen. Sollte jemand eine zusammenhängende Anklagerede vermissen: er wird sie in der zweiten Verhandlung hören; er muß einsehen, daß unser jetziges Vorgehen, das die Tücke der Gegner durch eine wohlüberlegte Maßnahme zunichte machen soll, aus barer Notwendigkeit entspringt.

Die Anklage in dieser ersten Verhandlung lautet folgendermaßen. Wir behaupten: C. Verres hat nicht nur viele willkürliche, viele grausame Handlungen gegen römische Bürger und gegen Bundesgenossen sowie viele Freveltaten gegen Götter und Menschen verübt; er hat überdies vierzig Millionen Sesterzen widerrechtlich aus Sizilien erpreßt. Das werden wir durch Zeugen, durch private Aufzeichnungen und öffent-

privatis publicisque auctoritatibus ita vobis planum fa-
ciemus ut hoc statuatis, etiamsi spatium ad dicendum
nostro commodo vacuosque dies habuissemus, tamen
oratione longa nihil opus fuisse. Dixi.

liche Urkunden so zwingend beweisen, daß ihr feststellen müßt: es hätte selbst dann, wenn wir zur Genüge über Redezeit und freie Tage geboten hätten, keines ausführlichen Vortrages bedurft. Ich habe gesprochen.

ACTIONIS IN C. VERREM SECUNDAE
LIBER QUARTUS
QUI INSCRIBITUR DE SIGNIS

Venio nunc ad istius, quem ad modum ipse appellat, stu-
dium, ut amici eius, morbum et insaniam, ut Siculi, la-
trocinium; ego quo nomine appellem nescio; rem vobis
proponam, vos eam suo non nominis pondere pendito-
te. Genus ipsum prius cognoscite, iudices; deinde fortasse non magno opere quaeretis quo id nomine appellan-
dum putetis. Nego in Sicilia tota, tam locupleti, tam vetere provincia, tot oppidis, tot familiis tam copiosis,
ullum argenteum vas, ullum Corinthium aut Deliacum
fuisse, ullam gemmam aut margaritam, quicquam ex
auro aut ebore factum, signum ullum aeneum, marmoreum, eburneum, nego ullam picturam neque in ta-
bula neque in textili quin conquisierit, inspexerit, quod
placitum sit abstulerit. Magnum videor dicere: attendite
etiam quem ad modum dicam. Non enim verbi neque
criminis augendi causa complector omnia: cum dico nihil istum eius modi rerum in tota provincia reliquisse,
Latine me scitote, non accusatorie loqui. Etiam planius:
nihil in aedibus cuiusquam, ne in hospitis quidem, nihil
in locis communibus, ne in fanis quidem, nihil apud
Siculum, nihil apud civem Romanum, denique nihil istum, quod ad oculos animumque acciderit, neque privati neque publici neque profani neque sacri tota in Sicilia
reliquisse.

Unde igitur potius incipiam quam ab ea civitate quae
tibi una in amore atque in deliciis fuit, aut ex quo potius
numero quam ex ipsis laudatoribus tuis? Facilius enim

ZWEITE REDE GEGEN C. VERRES
VIERTES BUCH

Ich komme nun zu dem, was Verres selbst eine Liebhaberei nennt, seine Freunde eine Krankheit und Leidenschaft, die Sizilier ein Raubgewerbe. Wie ich es nennen soll, weiß ich nicht. Ich will euch die Sache vorführen; ihr mögt sie nach ihrem wahren Gewicht, nicht nach dem des Namens abwägen. Laßt euch zunächst über den Tatbestand selbst belehren, ihr Richter. Vielleicht braucht ihr dann nicht mehr viel zu fragen, wie ihr ihn nennen sollt. Ich behaupte: in ganz Sizilien, einer so reichen, so alten Provinz, in so vielen Städten, so vielen Häusern, die so vermögend waren, gab es kein silbernes, kein korinthisches oder delisches Gefäß[1], keinen Edelstein, keine Perle, keine Arbeit aus Gold oder Elfenbein, keine Statue von Erz, Marmor, Elfenbein – ich behaupte: es gab kein Gemälde, weder auf Holz noch auf Leinwand, das er nicht aufgestöbert und besichtigt und, wenn es ihm gefiel, weggenommen hätte. Meine Behauptung scheint kühn; beachtet auch, wie ich sie vorbringe. Denn nicht um Worte zu machen oder um das Verbrechen aufzubauschen, will ich keine Ausnahme zugeben. Wenn ich erkläre, Verres habe in der ganzen Provinz nichts von derlei Dingen zurückgelassen, dann müßt ihr wissen, daß ich lateinisch, nicht nach Advokatenart rede. Noch deutlicher: nichts hat er in jemandes häuslichem Besitz, nicht einmal bei einem Gastfreund, nichts an öffentlicher Stätte, nicht einmal in Tempeln, nichts bei einem Sizilier, nichts bei einem römischen Bürger – kurz, gar nichts, worauf sein Blick und Sinn fiel, weder privates noch staatliches Eigentum, weder ungeweihtes noch geweihtes hat er in ganz Sizilien zurückgelassen.

Womit kann ich nun treffender beginnen als mit der Gemeinde, die vor allen dein Liebling und Abgott war[2], oder mit welcher Gruppe treffender als gerade mit deinen Lobrednern?

perspicietur qualis apud eos fueris qui te oderunt, qui ac-
cusant, qui persequuntur, cum apud tuos Mamertinos in-
veniare improbissima ratione esse praedatus. C. Heius est
Mamertinus – omnes hoc mihi qui Messanam accesse-
runt facile concedunt – omnibus rebus illa in civitate or-
natissimus. Huius domus est vel optima Messanae, no-
tissima quidem certe et nostris hominibus apertissima
maximeque hospitalis. Ea domus ante istius adventum
ornata sic fuit ut urbi quoque esset ornamento; nam ipsa
Messana, quae situ moenibus portuque ornata sit, ab his
rebus quibus iste delectatur sane vacua atque nuda est.
Erat apud Heium sacrarium magna cum dignitate in   4
aedibus a maioribus traditum perantiquum, in quo signa
pulcherrima quattuor summo artificio, summa nobilita-
te, quae non modo istum hominem ingeniosum et intel-
legentem, verum etiam quemvis nostrum, quos iste idio-
tas appellat, delectare possent, unum Cupidinis marmoreum Praxiteli; nimirum didici etiam, dum in istum
inquiro, artificum nomina. Idem, opinor, artifex eiusdem
modi Cupidinem fecit illum qui est Thespiis, propter
quem Thespiae visuntur; nam alia visendi causa nulla est.
Atque ille L. Mummius, cum Thespiadas, quae ad aedem
Felicitatis sunt, ceteraque profana ex illo oppido signa
tolleret, hunc marmoreum Cupidinem, quod erat consecratus, non attigit.

Verum ut ad illud sacrarium redeam, signum erat hoc   5
quod dico Cupidinis e marmore, ex altera parte Hercu-
les egregie factus ex aere. Is dicebatur esse Myronis, ut

Denn leichter läßt sich ermessen, wie du dich bei denen benommen hast, die dich hassen, dich anklagen, dich verfolgen, wenn sich herausstellt, daß du bei deinen Mamertinern auf die skrupelloseste Weise Beute gemacht hast. Der Mamertiner C. Heius ist – das werden mir alle, die nach Messana gekommen sind, gern zugeben – in jeder Beziehung der angesehenste Mann dieser Stadt. Sein Haus ist wohl das schönste von Messana, jedenfalls das bekannteste, das unseren Leuten stets offensteht und sie mit größter Gastlichkeit aufnimmt. Dieses Haus war vor der Ankunft des Verres so reich an Schmuck, daß es auch eine Zierde der Stadt ausmachte. Denn Messana zeichnet sich zwar im ganzen durch seine Lage, die Mauer, den Hafen aus, ist jedoch von den Dingen, an denen Verres seine Freude hat, ziemlich leer und entblößt. Im Hause des Heius befand sich ein höchst ehrwürdiges, von den Vorfahren ererbtes uraltes Heiligtum; dort standen vier herrliche Statuen, die mit vollendeter Kunst und in edelstem Stile gearbeitet waren – sie konnten nicht nur diesem kunstverständigen Kenner, sondern auch uns allen, die er Laien nennt, Freude machen. Eine davon, aus Marmor, stellte Cupido dar, ein Werk des Praxiteles; während der Untersuchung gegen Verres habe ich mir nämlich auch die Namen der Künstler eingeprägt. Derselbe Künstler hat, glaube ich, den ganz ähnlichen Cupido zu Thespiai geschaffen, dessentwegen man Thespiai besucht; denn einen anderen Grund, den Ort zu besuchen, gibt es nicht. Und als der berühmte L. Mummius die Thespiaden, die neben dem Tempel der Felicitas stehen, und die übrigen ungeweihten Statuen aus der Stadt wegnahm, da hat er diesen Cupido aus Marmor nicht angerührt, weil er geweiht war[3].

Doch um auf das Heiligtum zurückzukommen: die Statue, von der ich rede, stellte Cupido dar, aus Marmor. Auf der anderen Seite stand ein Herkules, vorzüglich aus Erz gearbeitet.

opinor, et certe. Item ante hos deos erant arulae, quae cuivis religionem sacrari significare possent. Erant aenea duo
praeterea signa, non maxima verum eximia venustate, vir-
ginali habitu atque vestitu, quae manibus sublatis sacra
quaedam more Atheniensium virginum reposita in capi-
tibus sustinebant; Canephoroe ipsae vocabantur; sed
earum artificem – quem? quemnam? recte admones – Po-
lyclitum esse dicebant. Messanam ut quisque nostrum
venerat, haec visere solebat; omnibus haec ad visendum
patebant cotidie; domus erat non domino magis ornamento quam civitati. C. Claudius, cuius aedilitatem mag-   6
nificentissimam scimus fuisse, usus est hoc Cupidine tam
diu dum forum dis immortalibus populoque Romano
habuit ornatum, et, cum hospes esset Heiorum, Mamertini autem populi patronus, ut illis benignis usus est ad
commodandum, sic ipse diligens fuit ad reportandum.
Nuper homines nobilis eius modi, iudices – sed quid dico
"nuper"? immo vero modo ac plane paulo ante vidimus,
qui forum et basilicas non spoliis provinciarum sed ornamentis amicorum, commodis hospitum non furtis
nocentium ornarent; qui tamen signa atque ornamenta
sua cuique reddebant, non ablata ex urbibus sociorum atque amicorum quadridui causa, per simulationem aedilitatis, domum deinde atque ad suas villas auferebant.
Haec omnia quae dixi signa, iudices, ab Heio e sacrario   7
Verres abstulit; nullum, inquam, horum reliquit neque

Hiervon hieß es, er sei ein Werk des Myron[4], glaube ich, und mit Recht. Ferner standen vor diesen Göttern kleine Altäre, die jedem die Heiligkeit der Stätte anzeigen konnten. Außerdem befanden sich dort zwei Bildwerke aus Erz, nicht sehr groß, aber von hervorragender Schönheit, in jungfräulicher Gestalt und Kleidung. Nach Art der athenischen Jungfrauen hielten sie mit erhobenen Händen heilige Gegenstände, die sie auf dem Haupte trugen; man nannte sie Kanephoren. Doch der Künstler – wie hieß er doch, wie? Du erinnerst mich richtig: man sagte, es sei Polyklet[5]. Sowie einer unserer Mitbürger nach Messana kam, pflegte er diese Dinge zu besichtigen; jedem stand täglich der Zutritt dazu offen. Das Haus war ebenso für die Stadt eine Zierde wie für den Besitzer. Wie wir wissen, hat C. Claudius sein Ädilenamt mit großer Pracht begangen[6]; er nahm diesen Cupido so lange in Anspruch, als er das Forum für die unsterblichen Götter und für das römische Volk ausgeschmückt hatte, und da er ein Gastfreund der Heier und Schutzherr der Bevölkerung von Messana war, besaßen sie die Freundlichkeit, ihm das Bildwerk zu leihen, so wie er selbst dafür Sorge trug, daß sie es zurückerhielten. Erst kürzlich, ihr Richter – doch was sage ich kürzlich? Nein, in jüngster Zeit und gerade eben noch haben wir erlebt, wie genauso bekannte Männer das Forum und die Säulenhallen nicht mit dem Raube der Provinzen, sondern mit den Prachtstücken ihrer Freunde und Leihgaben ihrer Gastgeber, und nicht mit dem Diebesgut von Verbrechern ausschmückten. Doch sie gaben die Statuen und Kunstwerke einem jeden Besitzer wieder zurück; sie schafften sie nicht, angeblich auf vier Tage aus Anlaß der Ädilenspiele, aus den Städten der Bundesgenossen und Freunde fort, um sie sodann in ihr Haus und auf ihre Landsitze zu bringen. Alle die genannten Bildwerke, ihr Richter, hat Verres dem Heius aus dem Heiligtum weggenommen; keines davon, sage ich, ließ er zurück und überhaupt nichts

aliud ullum tamen praeter unum pervetus ligneum, Bonam Fortunam, ut opinor; eam iste habere domi suae
noluit.

Pro deum hominumque fidem! quid hoc est? quae haec
causa est, quae ista impudentia? Quae dico signa, ante-
quam abs te sublata sunt, Messanam cum imperio nemo
venit quin viserit. Tot praetores, tot consules in Sicilia
cum in pace tum etiam in bello fuerunt, tot homines cuiusque modi – non loquor de integris, innocentibus, reli-
giosis – tot cupidi, tot improbi, tot audaces, quorum
nemo sibi tam vehemens, tam potens, tam nobilis visus
est qui ex illo sacrario quicquam poscere aut tollere aut
attingere auderet: Verres quod ubique erit pulcherrimum
auferet? nihil habere cuiquam praeterea licebit? tot domus locupletissimas istius domus una capiet? Idcirco
nemo superiorum attigit ut hic tolleret? ideo C. Claudius
Pulcher rettulit ut C. Verres posset auferre? At non requi-
rebat ille Cupido lenonis domum ac meretriciam disci-
plinam; facile illo sacrario patrio continebatur; Heio se a
maioribus relictum esse sciebat in hereditate sacrorum,
non quaerebat meretricis heredem.

Sed quid ego tam vehementer invehor? verbo uno re-   8
pellar. "Emi", inquit. Di immortales, praeclaram defensionem! Mercatorem in provinciam cum imperio ac se-
curibus misimus, omnia qui signa, tabulas pictas, omne
argentum, aurum, ebur, gemmas coemeret, nihil cui-

außer einem sehr alten Bildwerk aus Holz, einer Göttin des Gütigen Geschicks[7], wie ich glaube; die wollte er nicht in seinem Hause haben.

So wahr mir Götter und Menschen helfen mögen, was soll das heißen? Was ist das für eine Sache, was für eine Unverschämtheit? Bevor du die von mir genannten Statuen wegnahmst, hat niemand, der als Inhaber der höchsten Amtsgewalt nach Messana kam, sie nicht besichtigt. So viele Prätoren, so viele Konsuln sind im Frieden wie auch im Kriege auf Sizilien gewesen, so viele Menschen jeder Art – ich rede nicht von den lauteren, unsträflichen und gewissenhaften Leuten –: so viele habgierige und skrupellose und dreiste Gesellen; doch keiner von ihnen hielt sich für so gewaltig, so mächtig, so hochgestellt, daß er es gewagt hätte, irgend etwas aus diesem Heiligtume zu verlangen oder wegzunehmen oder auch nur anzurühren. Verres aber sollte wegnehmen, was allenthalben das Schönste ist? Niemand sollte außer ihm etwas haben dürfen? Einzig sein Haus sollte in sich fassen, was eine große Zahl der reichsten Häuser enthielt? Hat sich deshalb keiner seiner Vorgänger an diesen Dingen vergriffen, damit er sie wegnähme? Hat C. Claudius Pulcher sie deshalb zurückgegeben, damit C. Verres sie an sich reißen könne? Wahrhaftig, der Cupido trug kein Verlangen nach dem Hause dieses Kupplers und seiner Schule der Unzucht; gern gab er sich mit dem altgewohnten Heiligtum zufrieden; er wußte, daß er dem Heius von den Vorfahren als geheiligtes Erbe hinterlassen war, und fragte nicht nach dem Erben einer Dirne[8].

Doch was fahre ich so heftig drein? Ein Wort wird mich zurücktreiben. «Ich habe sie gekauft», sagt er. Ihr unsterblichen Götter, eine herrliche Rechtfertigung! Einen Handelsmann haben wir mit Oberbefehl und Beilen[9] in die Provinz geschickt; er sollte alle Statuen und Gemälde, alles Silber, Gold, Elfenbein, alle Edelsteine aufkaufen und niemandem etwas

quam relinqueret! Haec enim mihi ad omnia defensio pa-
tefieri videtur, emisse. Primum, si id quod vis tibi ego
concedam, ut emeris – quoniam in toto hoc genere hac
una defensione usurus es –, quaero cuius modi tu iudicia
Romae putaris esse, si tibi hoc quemquam concessurum
putasti, te in praetura atque imperio tot res tam pretio-
sas, omnis denique res quae alicuius preti fuerint, tota ex
provincia coemisse?

Videte maiorum diligentiam, qui nihildum etiam isti-   9
us modi suspicabantur, verum tamen ea quae parvis in rebus accidere poterant providebant. Neminem qui cum
potestate aut legatione in provinciam esset profectus tam
amentem fore putaverunt ut emeret argentum, dabatur
enim de publico; ut vestem, praebebatur enim legibus;
mancipium putarunt, quo et omnes utimur et non prae-
betur a populo: sanxerunt ne quis emeret nisi in demor-
tui locum. Si qui Romae esset demortuus? immo, si quis
ibidem; non enim te instruere domum tuam voluerunt
in provincia, sed illum usum provinciae supplere. Quae   10
fuit causa cur tam diligenter nos in provinciis ab emptionibus removerent? Haec, iudices, quod putabant erep-
tionem esse, non emptionem, cum venditori suo arbitratu vendere non liceret. In provinciis intellegebant, si is
qui esset cum imperio ac potestate quod apud quemque
esset emere vellet, idque ei liceret, fore uti quod quisque
vellet, sive esset venale sive non esset, quanti vellet aufer-
ret.

Dicet aliquis: "Noli isto modo agere cum Verre, noli
eius facta ad antiquae religionis rationem exquirere; con-

übriglassen! Denn diese Entschuldigung, scheint mir, steht
für alles offen: er habe eingekauft. Erstens – gesetzt, ich ließe
deine Behauptung durchgehen, du habest eingekauft (da du
doch bei dieser ganzen Angelegenheit die eine Entschuldigung
vorbringen willst) – erstens frage ich: was hältst du denn von
den Gerichten in Rom, wenn du glaubst, das werde dir jemand zubilligen, daß du als Prätor und höchster Beamter so
viele Kostbarkeiten, ja schlechtweg alle Dinge, die einigen
Wert hatten, aus der ganzen Provinz aufgekauft hast?

Seht die Gewissenhaftigkeit unserer Vorfahren: sie mut-
maßten noch nichts von dieser Art, und trotzdem sorgten sie
vor für das, was sich bei geringfügigen Dingen zutragen
konnte. Denn niemand, der mit unabhängiger Amtsgewalt
oder als Legat[10] in die Provinz gehe, meinten sie, werde so unvernünftig sein, Silber einzukaufen (denn das erhielt er von
der öffentlichen Hand) oder Decken (die bekam er von Gesetzes wegen), wohl aber Sklaven, meinten sie; denn die haben
wir alle nötig, und wir bekommen sie nicht vom Staate. Sie
setzten daher fest, daß niemand einen Sklaven kaufen dürfe,
es sei denn statt eines verstorbenen. Wenn in Rom einer gestorben sei? Nein, nur wenn an Ort und Stelle. Denn sie
wünschten nicht, daß du in der Provinz dein Haus ausstat-
tetest; du solltest nur deinen Bedarf für die Provinz ergänzen.
Was war der Grund, weshalb sie uns so peinlich an Einkäufen
in den Provinzen hinderten? Dies, ihr Richter: sie glaubten,
es sei Raub, kein Kauf, wenn es dem Verkäufer nicht freistehe,
nach eigenem Ermessen zu verkaufen. Sie sahen ein: wenn in
den Provinzen der Inhaber des Oberbefehls und der höchsten
Amtsgewalt kaufen wollte und dürfte, was ein jeder besitzt,
dann würde er, was er nur wollte, es sei käuflich oder nicht,
zu dem von ihm gewünschten Preise an sich bringen.

Man mag mir einwenden: «Gehe nicht so gegen Verres vor,
prüfe seine Taten nicht mit dem Maßstab einstiger Gewis-

cede ut impune emerit, modo ut bona ratione emerit, nihil pro potestate, nihil ab invito, nihil per iniuriam." Sic agam: si, quod venale habuit Heius, id quanti aestimabat tanti vendidit, desino quaerere cur emeris. Quid igitur nobis faciendum est? num argumentis utendum in re eius modi? Quaerendum, credo, est Heius iste num aes alienum habuerit, num auctionem fecerit; si fecit, num tanta difficultas eum rei nummariae tenuerit, tanta egestas, tanta vis presserit ut sacrarium suum spoliaret, ut deos patrios venderet. At hominem video auctionem fecisse nullam, vendidisse praeter fructus suos nihil umquam, non modo in aere alieno nullo, sed in suis nummis multis esse et semper fuisse; si haec contra ac dico essent omnia, tamen illum haec, quae tot annos in familia sacrarioque maiorum fuissent, venditurum non fuisse.

11

"Quid, si magnitudine pecuniae persuasum est ei?" Veri simile non est ut ille homo tam locuples, tam honestus, religioni suae monumentisque maiorum pecuniam anteponeret. "Sunt ista; verum tamen abducuntur homines non numquam etiam ab institutis suis magnitudine pecuniae." Videamus quanta ista pecunia fuerit quae potuerit Heium, hominem maxime locupletem, minime avarum, ab humanitate, a pietate, ab religione deducere. Ita iussisti, opinor, ipsum in tabulas referre: "Haec omnia signa Praxiteli, Myronis, Polycliti HS sex milibus

12

senhaftigkeit; gesteh ihm zu, daß er ungestraft habe kaufen können, wenn es nur in ehrlicher Absicht geschah, nicht mit Hilfe der Amtsgewalt, nicht gegen jemandes Willen, nicht auf widerrechtliche Weise.» So will ich denn auch vorgehen. Wenn Heius etwas zum Kaufe anbot, wenn er es zu dem Preis verkaufte, den er veranschlagt hatte, dann will ich nicht mehr fragen, warum du gekauft hast. Was sollen wir also tun? Sollen wir jetzt in einer Sache dieser Art Beweise beibringen? Wir müssen, glaube ich, fragen, ob unser Heius Schulden gehabt, ob er eine Versteigerung durchgeführt hat, und wenn ja, ob er sich in einer solchen Geldverlegenheit befand, ob solche Armut, solche Not ihn bedrängte, daß er sein Heiligtum plündern, daß er die Götter seiner Väter verkaufen mußte. Doch ich sehe, daß der Mann keine Versteigerung durchgeführt, daß er außer seinen Fruchterträgen nie etwas verkauft hat, daß er völlig schuldenfrei ist, ja daß er viel Bargeld besitzt und stets besaß. Auch wenn von alledem, was ich sage, das Gegenteil zuträfe, dann hätte er trotzdem diese Dinge, die sich so viele Jahre im Besitze der Familie und im Heiligtum der Vorfahren befanden, nicht verkauft.

Wie, wenn er sich durch die Höhe des Preises dazu hätte verleiten lassen? Es ist nicht wahrscheinlich, daß ein so vermögender, ein so achtbarer Mann Geld höher eingeschätzt hätte als seine Ehrfurcht vor den Göttern und die Denkmäler der Vorfahren. «Das ist gewiß wahr; trotzdem lassen sich die Menschen bisweilen durch hohe Geldbeträge auch von ihren Grundsätzen abbringen.» Wir wollen sehen, wie hoch der Betrag war, der den Heius, einen sehr vermögenden, keineswegs habgierigen Mann, von seinem Anstandsgefühl, von seiner Ehrfurcht vor den Ahnen und den Göttern abbringen konnte. Du hast, glaube ich, ihm selbst befohlen, folgendes in seine Bücher einzutragen: «Alle die Statuen des Praxiteles, Myron und Polyklet wurden für 6500 Sesterzen an Verres verkauft.»

quingentis Verri vendita." Sic rettulit. Recita. Ex TABU-
LIS. Iuvat me haec praeclara nomina artificum, quae isti
ad caelum ferunt, Verris aestimatione sic concidisse. Cupidinem Praxiteli HS MDC! Profecto hinc natum est,
"Malo emere quam rogare."

Dicet aliquis: "Quid? tu ista permagno aestimas?" Ego   13
vero ad meam rationem usumque meum non aestimo;
verum tamen a vobis ita arbitror spectari oportere, quanti haec eorum iudicio qui studiosi sunt harum rerum
aestimentur, quanti venire soleant, quanti haec ipsa, si
palam libereque venirent, venire possent, denique ipse
Verres quanti aestimet. Numquam enim, si denariis CCCC
Cupidinem illum putasset, commisisset ut propter eum
in sermonem hominum atque in tantam vituperationem
veniret. Quis vestrum igitur nescit quanti haec aestimen-   14
tur? In auctione signum aeneum non maximum HS $\overline{\text{XL}}$
venire non vidimus? Quid? si velim nominare homines
qui aut non minoris aut etiam pluris emerint, nonne possum? Etenim qui modus est in his rebus cupiditatis, idem
est aestimationis; difficile est finem facere pretio nisi libi-
dini feceris. Video igitur Heium neque voluntate neque
difficultate aliqua temporis nec magnitudine pecuniae
adductum esse ut haec signa venderet, teque ista simu-
latione emptionis vi, metu, imperio, fascibus ab homine
eo quem, una cum ceteris sociis, non solum potestati

So trug er es ein. Lies vor, was in den Büchern steht. Es freut mich, daß die berühmten Künstlernamen, die diese Leute[11] bis in den Himmel erheben, nach der Schätzung des Verres so im Werte gefallen sind. Den Cupido des Praxiteles für 1600 Sesterzen! Wahrhaftig, so ist das Sprichwort entstanden: «Ich will lieber kaufen als bitten[12].»

Vielleicht erwidert man mir: «Wie? Schätzest *du* dieses Zeug sehr hoch ein?» Nein, ich schätze sie nach meinen Verhältnissen und meinem Bedarf nicht hoch ein. Gleichwohl müßt ihr, glaube ich, darauf achten, wie hoch diese Dinge nach dem Urteil derer, die sich aus Liebhaberei damit abgeben, eingeschätzt, wie teuer sie verkauft zu werden pflegen, welchen Preis gerade diese Werke erzielen könnten, wenn sie öffentlich und frei zum Kauf ausgeboten würden, endlich, wie hoch Verres selbst sie einschätzt. Wenn er nämlich geglaubt hätte, der Cupido sei nur 400 Denare[13] wert, dann hätte er sich deswegen niemals dem Gerede der Leute und einer solchen Rüge ausgesetzt. Wer von euch weiß nicht, wie hoch diese Dinge im Preise stehen? Haben wir nicht gesehen, daß eine nicht sonderlich große Erzstatue bei einer Versteigerung 40000 Sesterzen erbrachte? Wie? Könnte ich nicht, wenn ich wollte, Leute nennen, die teils für einen nicht geringeren, teils sogar für einen höheren Preis gekauft haben? Denn soweit bei diesen Dingen die Begierde reicht, so weit reicht auch die Wertschätzung. Es ist schwierig, dem Preis eine Grenze zu setzen, wenn man sie nicht auch dem Verlangen setzt. Ich stelle also fest, daß sich Heius weder freiwillig noch durch schwierige Verhältnisse noch durch die Höhe des Preises bestimmen ließ, diese Statuen zu verkaufen, und daß du sie unter dem Schein eines Kaufes durch Druck, Einschüchterung, Gebot und Befehlsgewalt einem Manne entrissen und weggenommen hast, der mitsamt den übrigen Bundesgenossen vom römischen Volke nicht allein deiner Macht-

tuae sed etiam fidei populus Romanus commiserat eripuisse atque abstulisse.

Quid mihi tam optandum, iudices, potest esse in hoc crimine quam ut haec eadem dicat ipse Heius? Nihil profecto; sed ne difficilia optemus. Heius est Mamertinus; Mamertina civitas istum publice communi consilio sola laudat; omnibus iste ceteris Siculis odio est, ab his solis amatur; eius autem legationis quae ad istum laudandum missa est princeps est Heius – etenim est primus civitatis: ne forte, dum publicis mandatis serviat, de privatis iniuriis reticeat. Haec cum scirem et cogitarem, commisi tamen, iudices, Heio; produxi prima actione, neque id tamen ullo periculo feci. Quid enim poterat Heius respondere, si esset improbus, si sui dissimilis? esse illa signa domi suae, non esse apud Verrem? Qui poterat quicquam eius modi dicere? Ut homo turpissimus esset impudentissimeque mentiretur, hoc diceret, illa se habuisse venalia, eaque sese quanti voluerit vendidisse. Homo domi suae nobilissimus, qui vos de religione sua ac dignitate vere existimare maxime vellet, primo dixit se istum publice laudare, quod sibi ita mandatum esset; deinde neque se habuisse illa venalia neque ulla condicione, si utrum vellet liceret, adduci umquam potuisse ut venderet illa quae in sacrario fuissent a maioribus suis relicta et tradita.

Quid sedes, Verres? quid exspectas? quid te a Centuripina civitate, a Catinensi, ab Halaesina, a Tyndaritana,

vollkommenheit, sondern auch deiner Pflichttreue anvertraut
worden war.

Was könnte mir bei dieser Anschuldigung so wünschens-
wert sein, ihr Richter, als daß Heius selbst sich ebenso äußert?
In der Tat, nichts. Doch wir wollen uns nichts allzu Schwieriges
wünschen. Heius ist Mamertiner. Die Gemeinde der Mamertiner ist die einzige, die den Verres öffentlich in einem allgemeinen Beschluß belobigt[14]. Bei allen übrigen Siziliern ist er
verhaßt; sie allein lieben ihn. Von der Gesandtschaft aber,
die man zu seiner Belobigung abgeordnet hat, ist Heius der
Leiter; er ist ja der erste Mann der Gemeinde. Vielleicht
verschweigt er um der amtlichen Aufträge willen das ihm
persönlich zugefügte Unrecht. Obwohl ich das wußte und
bedachte, habe ich es trotzdem auf Heius ankommen lassen, ihr
Richter; ich habe ihn in der ersten Verhandlung vorgeführt,
und zwar ohne jede Gefahr für mich. Denn was konnte Heius
antworten, wäre er gewissenlos, wäre er sich selbst unähnlich
gewesen? Die Statuen stünden bei ihm zu Hause, nicht bei
Verres? Wie konnte er so etwas behaupten? Wäre er der
schändlichste Gesell und schamloseste Lügner gewesen, dann
hätte er gesagt: er habe sie zum Kauf angeboten und zum gewünschten Preise verkauft. Dieser Mann, der in seiner Heimat
in höchstem Ansehen steht, dem sehr daran liegt, daß ihr von
seiner Gewissenhaftigkeit und anständigen Gesinnung den
richtigen Eindruck erhaltet, er sagte zuerst, er lobe den Verres von Amts wegen, weil er hierzu den Auftrag erhalten habe,
und sodann, er habe die Werke nicht zum Kauf angeboten,
noch hätte er sich, wäre es ihm freigestellt gewesen, unter
irgendeiner Bedingung je bestimmen lassen, die Dinge zu verkaufen, die als Erbe und Hinterlassenschaft seiner Vorfahren
in dem Heiligtum gestanden hätten.

Was sitzest du da, Verres? Worauf wartest du noch? Warum
sagst du, die Gemeinden Centuripae, Catina, Halaesa, Tyn-

Hennensi, Agyrinensi ceterisque Siciliae civitatibus cir-
cumveniri atque opprimi dicis? Tua te altera patria, quem
ad modum dicere solebas, Messana circumvenit – tua, inquam, Messana, tuorum adiutrix scelerum, libidinum testis, praedarum ac furtorum receptrix. Adest enim vir
amplissimus eius civitatis legatus huius iudici causa domo missus, princeps laudationis tuae, qui te publice laudat – ita enim mandatum atque imperatum est; tametsi
rogatus de cybaea tenetis memoria quid responderit:
aedificatam publicis operis publice coactis, eique aedificandae publice Mamertinum senatorem praefuisse. Idem
ad vos privatim, iudices, confugit; utitur hac lege qua
iudicium est, communi arce sociorum. Tametsi lex est de
pecuniis repetundis, ille se negat pecuniam repetere,
quam ereptam non tanto opere desiderat: sacra se maiorum suorum repetere abs te dicit, deos penatis te patrios
reposcit. Ecqui pudor est, ecquae religio, Verres, ecqui   18
metus? Habitasti apud Heium Messanae, res illum divinas apud eos deos in suo sacrario prope cotidiano facere vidisti; non movetur pecunia, denique quae ornamen-
ti causa fuerunt non requirit; tibi habe Canephoros,
deorum simulacra restitue. Quae quia dixit, quia tempore dato modeste apud vos socius amicusque populi
Romani questus est, quia religioni suae non modo in dis
patriis repetendis sed etiam in ipso testimonio ac iure

daris, Henna, Agyrion[15] und die übrigen Städte Siziliens wollten dich heimtückisch überfallen und zu Boden werfen? Deine
zweite Heimat, wie du zu sagen pflegtest, Messana überfällt
dich, dein Messana, sage ich, die Gehilfin deiner Verbrechen,
die Zeugin deiner Ausschweifungen, der Hort deiner erbeuteten und gestohlenen Schätze. Denn hier steht der angesehenste Mann dieser Gemeinde, wegen deines Prozesses von seiner
Heimatstadt als Abgeordneter entsandt, der Wortführer der
dir zugedachten Belobigung, der dir von Amts wegen Lob erteilt. Denn so lautet sein Auftrag und Befehl. Indes, ihr erinnert euch, was er geantwortet hat, als man ihn wegen des
Lastschiffs fragte: es sei von Gemeinde wegen mit öffentlich
angestellten Arbeitskräften gebaut worden, und ein mamertinischer Senator habe von Gemeinde wegen den Bau beaufsichtigt. Derselbe Mann nimmt in eigener Sache zu euch seine
Zuflucht, ihr Richter; er beruft sich auf das Gesetz, nach dem
hier Recht gesprochen wird, auf die gemeinsame Schutzwehr
der Bundesgenossen. Zwar handelt das Gesetz von Ersatz-
zahlungen in Geld; doch er wünscht nicht, den Geldeswert zu
erhalten, einen Raub, der ihn nicht sonderlich bedrückt: die
geweihten Bildwerke seiner Vorfahren, sagt er, wolle er von
dir zurückerhalten; die väterlichen Hausgötter verlangt er
von dir wieder. Hast du noch ein wenig Scham, ein wenig
Ehrfurcht vor den Göttern, Verres, ein wenig Scheu? Du hast
in Messana bei Heius gewohnt, hast gesehen, wie er in seinem
Heiligtum vor diesen Göttern fast täglich seinen Opferdienst
verrichtete; nicht das Geld bestimmt ihn, und er verlangt
nicht einmal zurück, was nur zum Schmucke diente; behalte
die Kanephoren, gib die Götterbilder zurück. Weil er sich so
geäußert, weil er als Bundesgenosse und Freund des römischen
Volkes bei sich bietender Gelegenheit maßvoll vor euch
Klage geführt, weil er sowohl bei der Zurückforderung der
ererbten Götter als auch bei seinem Zeugnis und Eide befolgt

iurando proximus fuit, hominem missum ab isto scitote
esse Messanam de legatis unum – illum ipsum qui navi
istius aedificandae publice praefuit –, qui a senatu pete-
ret ut Heius adficeretur ignominia.

Homo amentissime, quid putasti? impetraturum te? **19**
quanti is a civibus suis fieret, quanti auctoritas eius ha-
beretur ignorabas? Verum fac te impetravisse, fac aliquid
gravius in Heium statuisse Mamertinos: quantam putas
auctoritatem laudationis eorum futuram, si in eum quem
constet verum pro testimonio dixisse poenam constitue-
rint? Tametsi quae est ista laudatio, cum laudator inter-
rogatus laedat necesse est? Quid? isti laudatores tui nonne testes mei sunt? Heius est laudator: laesit gravissime.
Producam ceteros: reticebunt quae poterunt libenter, dicent quae necesse erit ingratiis. Negent isti onerariam navem maximam aedificatam esse Messanae? Negent, si
possunt. Negent ei navi faciundae senatorem Mamertinum publice praefuisse? Utinam negent! Sunt etiam cetera; quae malo integra reservare, ut quam minimum
dem illis temporis ad meditandum confirmandumque
periurium. Haec tibi laudatio procedat in numerum? hi **20**
te homines auctoritate sua sublevent? qui te neque
debent adiuvare si possint, neque possunt si velint; quibus tu privatim iniurias plurimas contumeliasque impo-
suisti, quo in oppido multas familias totas in perpetuum
infamis tuis stupris flagitiisque fecisti.

At publice commodasti. Non sine magno quidem rei
publicae provinciaeque Siciliae detrimento. Tritici modi-

hat, was seine Überzeugung ihm gebot, deshalb, müßt ihr wissen, hat Verres einen der Gesandten nach Messana geschickt, eben den Mann, der von Gemeinde wegen den Bau seines Schiffes beaufsichtigt hat; er sollte beim Gemeinderat beantragen, daß Heius eine Rüge erhalte.

Du Wahnsinnsmensch, was hast du dir dabei gedacht? Du werdest deinen Zweck erreichen? Wußtest du nicht, wieviel er bei seinen Mitbürgern gilt, wie hoch sein Ansehen im Kurs steht? Doch gesetzt, du hättest dein Ziel erreicht, gesetzt, die Mamertiner wären ziemlich hart gegen Heius vorgegangen: welches Gewicht, meinst du, wird man ihrem Lob beimessen, wenn sie dem eine Strafe zuerkennen, der anerkanntermaßen die Wahrheit bezeugt hat? Indes, was ist das für ein Lob, wenn der Lobredner, sobald man ihn befragt, dich belasten muß? Wie? Sind diese Leute, deine Lobredner, nicht meine Zeugen? Heius ist ein Lobredner: er hat dich sehr schwer belastet. Ich will die übrigen vorführen; gern werden sie verschweigen, was sie können, ungern aussagen, was sie müssen. Können sie leugnen, daß sich Verres in Messana ein riesiges Lastschiff hat bauen lassen? Mögen sie's leugnen, wenn sie dazu imstande sind. Können sie leugnen, daß ein mamertinischer Senator von Gemeinde wegen den Bau beaufsichtigt hat? Möchten sie es nur leugnen! Es gibt noch anderes, was ich nicht berühren, sondern lieber aufsparen will, um ihnen möglichst wenig Zeit zum Aushecken und Abschirmen eines Meineids zu lassen. Dieses Lob soll für dich zählen? Diese Leute sollen dir mit ihrem Ansehen helfen? Sie dürfen dich nicht unterstützen, wenn sie können, noch können sie es, wenn sie wollen; du hast einem jeden von ihnen Kränkungen und Mißhandlungen in Menge zugefügt, hast in ihrer Stadt ganze Familien in großer Zahl durch deine Unzucht und deine Schandtaten auf immer entehrt.

Aber der Gemeinde warst du gefällig. Ja; nicht ohne großen Schaden für unseren Staat und für die Provinz Sizilien. Die

um $\overline{\text{LX}}$ empta populo Romano dare debebant et solebant: abs te solo remissum est. Res publica detrimentum fecit quod per te imperi ius in una civitate imminutum est; Siculi, quod ipsum non de summa frumenti detractum est, sed translatum in Centuripinos et Halaesinos, immunis populos, et hoc plus impositum quam ferre possent. Navem imperare ex foedere debuisti; remisisti in triennium; militem nullum umquam poposcisti per tot annos.   21

Fecisti item ut praedones solent; qui cum hostes communes sint omnium, tamen aliquos sibi instituunt amicos, quibus non modo parcant verum etiam praeda quos augeant, et eos maxime qui habent oppidum oportuno loco, quo saepe adeundum sit navibus, nonnumquam etiam necessario. Phaselis illa, quam cepit P. Servilius, non fuerat urbs antea Cilicum atque praedonum; Lycii illam, Graeci homines, incolebant. Sed quod erat eius modi loco atque ita proiecta in altum ut et exeuntes e Cilicia praedones saepe ad eam necessario devenirent, et, cum se ex hisce locis reciperent, eodem deferrentur, adsciverunt sibi illud oppidum piratae primo commercio, deinde etiam societate.

Mamertina civitas improba antea non erat; etiam erat   22 inimica improborum, quae C. Catonis, illius qui consul fuit, impedimenta retinuit. At cuius hominis! Clarissimi ac potentissimi; qui tamen cum consul fuisset, condemnatus est. Ita, C. Cato, duorum hominum clarissimorum

Mamertiner mußten dem römischen Volke 60000 Maß Weizen zu kaufen geben, und hieran pflegten sie sich zu halten; du allein hast ihnen das erlassen[16]. Der Staat erlitt Schaden, weil du die Hoheitsrechte jedenfalls in einer Gemeinde geschmälert hast; die Sizilier, weil das Quantum nicht von der Gesamtmenge des Getreides abgezogen, sondern auf die Centuripiner und Halaesiner, steuerfreie Gemeinden, abgewälzt wurde – denen hast du hiermit mehr auferlegt, als sie zu leisten vermochten. Gemäß dem Bündnisvertrage solltest du den Mamertinern befehlen, ein Schiff zu stellen; du gewährtest ihnen für drei Jahre Dispens. In ebenso vielen Jahren hast du nie einen Soldaten bei ihnen angefordert.

Du hast dasselbe getan, was Räuber zu tun pflegen: die sind zwar die gemeinsamen Feinde aller, doch beschaffen sie sich einige Freunde, die sie nicht nur verschonen, sondern auch mit Beute beschenken, und zwar vor allem Leute, die eine günstig gelegene Stadt bewohnen, die sie oft, zuweilen auch notgedrungen, mit ihren Schiffen anlaufen müssen. Das bekannte Phaselis, das P. Servilius erobert hat, war früher keine Stadt der Kilikier und Seeräuber[17]. Dort wohnten Lykier, Leute von griechischer Abkunft. Doch der Ort hatte eine derartige Lage und erstreckte sich so weit in die See hinaus, daß die Räuber bei der Ausfahrt aus Kilikien oft notgedrungen dort landeten und auch dorthin abgetrieben wurden, wenn sie sich aus unseren Gegenden zurückzogen; daher traten die Räuber in nähere Beziehung zu ihm, zuerst durch Handel, dann auch durch Teilhaberschaft.

Die Gemeinde Messana war früher nicht schlimm; sie war sogar eine Feindin der schlimmen Gesellen: sie hielt das Gepäck des vormaligen Konsuls C. Cato zurück. Doch was für ein Mann war das! Ein hochangesehener und allgewaltiger. Er war Konsul gewesen und wurde trotzdem verurteilt. Ja: C. Cato, der Enkel zweier hochberühmter Männer, des L. Paul-

nepos, L. Pauli et M. Catonis, et P. Africani sororis filius: quo damnato tum, cum severa iudicia fiebant, HS V̄I̅I̅I̅ lis aestimata est. Huic Mamertini irati fuerunt, qui maiorem sumptum quam quanti Catonis lis aestimata est in Timarchidi prandium saepe fecerunt.

Verum haec civitas isti praedoni ac piratae Siciliensi   23 Phaselis fuit; huc omnia undique deferebantur, apud istos relinquebantur; quod celari opus erat, habebant sepositum et reconditum; per istos quae volebat clam imponenda, occulte exportanda curabat; navem denique maximam, quam onustam furtis in Italiam mitteret, apud istos faciundam aedificandamque curavit; pro hisce rebus vacatio data est ab isto sumptus, laboris, militae, rerum denique omnium; per triennium soli non modo in Sicilia verum, ut opinio mea fert, his quidem temporibus in omni orbe terrarum vacui, expertes, soluti ac liberi fuerunt ab omni sumptu, molestia, munere. Hinc illa   24 Verria nata sunt, quod in convivium Sex. Cominium protrahi iussit, in quem scyphum de manu iacere conatus est, quem obtorta gula de convivio in vincla atque in tenebras abripi iussit; hinc illa crux in quam iste civem Romanum multis inspectantibus sustulit, quam non ausus est usquam defigere nisi apud eos quibuscum omnia scelera sua ac latrocinia communicavit.

Laudatum etiam vos quemquam venitis? qua auctoritate? utrum quam apud senatum an quam apud populum Romanum habere debetis? Ecqua civitas est, non modo   25 in provinciis nostris verum in ultimis nationibus, aut tam potens aut tam libera aut etiam tam immanis ac barbara,

lus und M. Cato, und der Schwestersohn des P. Africanus[18].
Damals, bei seiner Verurteilung, als die Gerichte noch Strenge
walten ließen, hat man die Ersatzsumme auf 8000 Sesterzen
festgesetzt. Gegen ihn waren die Mamertiner aufgebracht, sie,
die oft mehr für ein Frühstück des Timarchides aufwenden
mußten, als die Ersatzschuld des Cato betrug.

Diese Stadt nun war für unseren sizilischen Räuber und Piraten ein zweites Phaselis. Dorthin wurde alles von überallher
angefahren, bei ihnen gelagert; was es zu verbergen galt, das
bewahrten sie in unauffindbaren Verstecken; durch sie ließ
Verres, was er wollte, insgeheim verladen und in der Stille
wegschaffen; endlich beauftragte er sie, ein riesiges Schiff, das
er mit seinem Diebesgut beladen nach Italien schicken wollte,
zu bauen und einzurichten. Für diese Bemühungen befreite er
sie vom Aufwand, von Hand- und Kriegsdiensten[19], ja
schlechtweg von allem; drei Jahre lang waren sie als einzige
nicht nur in Sizilien, sondern, wie ich glaube, auf der ganzen
Welt (jedenfalls in dieser Zeit) los und ledig, ungebunden und
frei von jedem Aufwand, von jeder Last und Abgabe. So kam
das berüchtigte Verres-Fest zustande[20]. Während des Fest-
gelages ließ er den Sex. Cominius vor sich schleppen; er versuchte, mit der Hand einen Becher auf ihn zu werfen; er befahl, ihn an der Gurgel zu packen und vom Gelage hinweg in
das Dunkel des Kerkers zu werfen. So erklärt sich das Kreuz,
an das er vor zahlreichen Zuschauern einen römischen Bürger[21] schlagen ließ; das hat er nur bei denen aufzurichten gewagt, mit denen er bei allen seinen Verbrechen und Raubzügen gemeinsame Sache machte.

Ihr erscheint gar, um jemanden zu beloben? Mit welchem
Anrecht? Mit dem, das ihr beim Senat oder beim römischen
Volke haben müßtet? Gibt es irgendeine Gemeinde, nicht in
unseren Provinzen, sondern in den entferntesten Gegenden,
so mächtig oder so unabhängig oder auch so unmenschlich und

rex denique ecquis est qui senatorem populi Romani tec-
to ac domo non invitet? qui honos non homini solum habetur, sed primum populo Romano, cuius beneficio nos
in hunc ordinem venimus, deinde ordinis auctoritati,
quae nisi gravis erit apud socios et exteras nationes, ubi
erit imperi nomen et dignitas? Mamertini me publice
non invitarunt. Me cum dico, leve est: senatorem populi Romani si non invitarunt, honorem debitum detraxe-
runt non homini sed ordini. Nam ipsi Tullio patebat domus locupletissima et amplissima Cn. Pompei Basilisci,
quo, etiamsi esset invitatus a vobis, tamen devertisset;
erat etiam Percenniorum, qui nunc item Pompeii sunt,
domus honestissima, quo Lucius frater meus summa
illorum voluntate devertit. Senator populi Romani, quod
in vobis fuit, in vestro oppido iacuit et pernoctavit in publico. Nulla hoc civitas umquam alia commisit. "Amicum
enim nostrum in iudicium vocabas." Tu quid ego privatim negoti geram interpretabere imminuendo honore
senatorio?

Verum haec tum queremur si quid de vobis per eum   26
ordinem agetur, qui ordo a vobis adhuc solis contemptus
est. In populi Romani quidem conspectum quo ore vos
commisistis? nec prius illam crucem, quae etiam nunc civis Romani sanguine redundat, quae fixa est ad portum
urbemque vestram, revellistis neque in profundum abie-
cistis locumque illum omnem expiastis, quam Romam
atque in horum conventum adiretis? In Mamertinorum

barbarisch, ja gibt es einen König, der nicht einen Senator des
römischen Volkes in sein Haus und seinen Wohnsitz einlüde?
Man erweist diese Ehre nicht nur der Person, sondern vor
allem dem römischen Volke, dessen Gunst uns in diesen Stand
gelangen ließ, und sodann dem Ansehen des Standes – denn
wenn dies bei den Bundesgenossen und auswärtigen Völkern [22]
kein Gewicht hätte, wo bliebe dann der Name und die Gel-
tung unserer Herrschaft? Die Mamertiner haben mich offiziell
nicht eingeladen. Wenn ich sage «mich», so liegt nicht viel
daran; doch wenn sie einen Senator des römischen Volkes
nicht einluden, dann haben sie nicht der Person, sondern dem
Stande die geschuldete Ehre vorenthalten. Denn der Person
des Tullius stand das reichbemittelte und stattliche Haus des
Cn. Pompeius Basiliscus zur Verfügung. Auch wenn er von
euch eine Einladung erhalten hätte, wäre er dort abgestiegen.
Ferner gab es das hochachtbare Haus der Percennier, die jetzt
ebenfalls Pompeier sind [23]; dort ist zu ihrer größten Freude
mein Vetter Lucius [24] abgestiegen. Soviel an euch lag, hätte in
eurer Stadt ein Senator des römischen Volkes auf der Straße
herumlungernd nächtigen müssen. Das hat keine Stadt je über
sich gebracht. «Du wolltest ja unseren Freund vor Gericht ziehen.» Ihr wagt es, was ich als Einzelperson treibe, so zu wenden, daß die Ehre der Senatoren geschmälert wird?

Doch hierüber wollen wir uns dann beschweren, wenn sich
eben der Stand mit euch befaßt, den bislang niemand als ihr
verächtlich gemacht habt. Indes, mit welcher Stirne habt ihr
es gewagt, dem römischen Volke vor Augen zu treten? Ohne
das Kreuz herauszureißen, das noch jetzt von dem Blute eines
römischen Bürgers trieft, das bei eurem Hafen und bei eurer
Stadt aufgerichtet ist, ohne es in den Abgrund zu werfen und
die ganze Stätte durch Opfer zu entsühnen, bevor ihr euch
nach Rom und in diese Versammlung begabt? Auf dem verbündeten und friedlichen Boden der Mamertiner ist ein Denk-

solo foederato atque pacato monumentum istius crudelitatis constitutum est. Vestrane urbs electa est ad quam
cum adirent ex Italia crucem civis Romani prius quam
quemquam amicum populi Romani viderent? quam vos
Reginis, quorum civitati invidetis, itemque incolis vestris, civibus Romanis, ostendere soletis, quo minus sibi
adrogent minusque vos despiciant, cum videant ius civitatis illo supplicio esse mactatum.

Verum haec emisse te dicis. Quid? illa Attalica tota Si-   27
cilia nominata ab eodem Heio emere oblitus est? Licuit
eodem modo ut signa. Quid enim actum est? an litteris
pepercisti? Verum hominem amentem hoc fugit: minus
clarum putavit fore quod de armario quam quod de
sacrario esset ablatum. At quo modo abstulit? Non possum dicere planius quam ipse apud vos dixit Heius. Cum
quaesissem num quid aliud de bonis eius pervenisset ad
Verrem, respondit istum ad se misisse ut sibi mitteret
Agrigentum peripetasmata. Quaesivi misissetne; respondit, id quod necesse erat, se dicto audientem fuisse praetori, misisse. Rogavi pervenissentne Agrigentum; dixit
pervenisse. Quaesivi quem ad modum revertissent; nega-
vit adhuc revertisse. Risus populi atque admiratio omnium vestrum facta est. Hic tibi in mentem non venit iu-   28
bere ut haec quoque referret HS VI milibus D se tibi vendidisse? Metuisti ne aes alienum tibi cresceret, si HS VI
milibus D tibi constarent ea quae tu facile posses vendere HS ducentis milibus? Fuit tanti, mihi crede; haberes

mal von der Grausamkeit des Verres errichtet. Ist eure Stadt ausersehen, daß, wer von Italien kommt, eher das Kreuz eines römischen Bürgers erblickt als einen Freund des römischen Volkes? Ihr pflegt es ja den Reginern, auf deren Bürgerrecht ihr neidisch seid[25], und ebenso den römischen Bürgern, die bei euch wohnen, zu zeigen, damit sie desto weniger für sich beanspruchen und weniger auf euch herabblicken, wenn sie sehen, wie man das Bürgerrecht mit diesem Marterwerkzeug zunichte gemacht hat.

Indes, du sagst, du habest diese Dinge gekauft. Wie? Die pergamenischen Sofadecken[26], die in ganz Sizilien berühmt waren, hast du die demselben Heius abzukaufen vergessen? Du konntest es ebenso machen wie mit den Statuen. Was ist da passiert? Hast du Papier gespart? Denn daran hat der Wahnsinnsmensch nicht gedacht; er glaubte, es würde nicht so bekannt werden, was er aus dem Schrank, wie was er aus dem Heiligtum wegnähme. Aber wie hat er es genommen? Ich kann es nicht deutlicher sagen, als es Heius selbst vor Gericht gesagt hat. Als ich ihn fragte, ob sonst noch etwas von seinen Sachen an Verres gelangt sei, da antwortete er: Verres habe ihn auffordern lassen, ihm die Sofadecken nach Agrigent zu schicken. Ich fragte, ob er sie hingeschickt habe; die Antwort lautete, wie sie lauten mußte: allerdings habe er dem Prätor gehorcht und sie hingeschickt. Ich fragte, ob sie in Agrigent angekommen seien; er sagte: ja. Ich erkundigte mich, auf welche Weise er sie zurückerhalten habe; er erklärte, bislang habe er sie nicht zurückerhalten. Die Zuhörer lachten, und ihr alle habt euch gewundert. Fiel dir da nicht ein, ihm zu befehlen, er solle auch dies noch eintragen: er habe sie dir für 6500 Sesterzen verkauft? Du hast wohl gefürchtet, deine Schulden möchten zu sehr anwachsen, wenn dich 6500 Sesterzen kostete, was du leicht für 200000 Sesterzen hättest verkaufen können? Es wäre der Mühe wert gewesen, glaub mir; du

quod defenderes; nemo quaereret quanti illa res esset; si modo te posses dicere emisse, facile cui velles tuam causam et factum probares; nunc de peripetasmatis quem ad modum te expedias non habes.

Quid? a Phylarcho Centuripino, homine locupleti ac 29 nobili, phaleras pulcherrime factas, quae regis Hieronis fuisse dicuntur, utrum tandem abstulisti an emisti? In Sicilia quidem cum essem, sic a Centuripinis, sic a ceteris audiebam – non enim parum res erat clara: tam te has phaleras a Phylarcho Centuripino abstulisse dicebant quam alias item nobilis ab Aristo Panhormitano, quam tertias a Cratippo Tyndaritano. Etenim si Phylarchus vendidisset, non ei, posteaquam reus factus es, redditurum te promisisses. Quod quia vidisti pluris scire, cogitasti, si ei reddidisses, te minus habiturum, rem nihilo minus testatam futuram: non reddidisti. Dixit Phylarchus pro testimonio se, quod nosset tuum istum morbum, ut amici tui appellant, cupisse te celare de phaleris; cum abs te appellatus esset, negasse habere sese; apud alium quoque eas habuisse depositas, ne qua invenirentur; tuam tantam fuisse sagacitatem ut eas per illum ipsum inspiceres, ubi erant depositae; tum se deprensum negare non potuisse; ita ab se invito phaleras sublatas gratiis.

Iam, ut haec omnia reperire ac perscrutari solitus sit, 30 iudices, est operae pretium cognoscere. Cibyratae sunt

hättest einen Grund zu deiner Rechtfertigung; niemand würde
fragen, wieviel die Sache wert war; wenn du nur vorgeben
könntest, sie gekauft zu haben, dann würdest du leicht jedermann deinen Fall und dein Verhalten annehmbar machen. Jetzt
weißt du nicht, wie du dich aus den Decken herauswickeln sollst.

Wie? Hast du dem Centuripiner Phylarchos, einem vermögenden und vornehmen Manne, den herrlich gearbeiteten
Pferdeschmuck[27], der dem König Hieron gehört haben soll[28],
weggenommen oder abgekauft? Ich jedenfalls vernahm es, als
ich in Sizilien war, so von den Centuripinern und so auch von
den anderen (denn die Sache war nicht wenig bekannt): du
habest dem Centuripiner Phylarchos den Pferdeschmuck ebenso abgenommen, sagten sie, wie dem Aristos aus Panormos
einen anderen, nicht minder schönen, und wie dem Kratippos
aus Tyndaris einen dritten. Wenn dir Phylarchos den seinen
verkauft hätte, dann hättest du ihm nicht die Rückgabe versprochen, nachdem die Anklage gegen dich eingereicht war.
Weil du indes einsahst, daß mehrere davon wußten, hast du
gedacht, daß durch die Rückgabe dein Besitz verringert und
die Sache gleichwohl von Zeugen bestätigt werden würde;
folglich gabst du den Schmuck nicht zurück. Phylarchos erklärte als Zeuge, er habe, weil er deine Krankheit kannte, wie
deine Freunde sich ausdrücken, den Pferdeschmuck vor dir
verheimlichen wollen; als du ihn ansprachest, habe er den Besitz abgestritten; auch habe er den Schmuck einem anderen
zur Verwahrung gegeben, damit er unauffindbar sei; doch du
habest so viel Spürsinn gehabt, daß du ihn mit Hilfe des Mannes besichtigen konntest, der ihn verwahrte; da habe er, nachdem du ihn durchschaut hattest, nicht mehr leugnen können;
so sei ihm der Schmuck wider seinen Willen unentgeltlich abgenommen worden.

Jetzt ist es auch der Mühe wert, zu erfahren, ihr Richter, wie
er gewöhnlich vorging, dies alles zu entdecken und aufzuspü-

fratres quidam, Tlepolemus et Hiero, quorum alterum
fingere opinor e cera solitum esse, alterum esse pictorem.
Hosce opinor, Cibyrae cum in suspicionem venissent suis
civibus fanum expilasse Apollinis, veritos poenam iudici
ac legis domo profugisse. Quod Verrem artifici sui cupidum cognoverant tum, cum iste, id quod ex testibus di-
dicistis, Cibyram cum inanibus syngraphis venerat, domo fugientes ad eum se exsules, cum iste esset in Asia,
contulerunt. Habuit eos secum illo tempore et in legationis praedis atque furtis multum illorum opera consi-
lioque usus est. Hi sunt illi quibus in tabulis refert sese   31
Q. Tadius "dedisse iussu istius, Graecis pictoribus". Eos
iam bene cognitos et re probatos secum in Siciliam duxit. Quo posteaquam venerunt, mirandum in modum
(canis venaticos diceres) ita odorabantur omnia et perves-
tigabant ut, ubi quidque esset, aliqua ratione invenirent.
Aliud minando, aliud pollicendo, aliud per servos, aliud
per liberos, per amicum aliud, aliud per inimicum inve-
niebant; quicquid illis placuerat, perdendum erat. Nihil
aliud optabant quorum poscebatur argentum nisi ut id
Hieroni et Tlepolemo displiceret.

Verum mehercule hoc, iudices, dicam. Memini Pam-   32
philum Lilybitanum, amicum et hospitem meum, nobilem hominem, mihi narrare, cum iste ab sese hydriam
Boethi manu factam, praeclaro opere et grandi pondere,
per potestatem abstulisset, se sane tristem et conturba-

ren. Da waren zwei Brüder aus Kibyra[29], Tlepolemos und Hieron; der eine ließ sich, soviel ich weiß, die Herstellung von Wachsfiguren angelegen sein, der andere war Maler. Die sind, glaube ich, als sie in Kibyra bei ihren Mitbürgern in den Verdacht gerieten, sie hätten einen Tempel des Apoll beraubt, aus Furcht vor dem Prozeß und der Strafe des Gesetzes aus ihrer Heimat geflohen. Sie hatten Verres als Liebhaber ihrer Kunst kennengelernt, als der, wie ihr von den Zeugen vernommen habt, mit ungültigen Wechseln nach Kibyra kam; auf der Flucht aus ihrer Heimatstadt begaben sie sich als Verbannte zu ihm, während er noch in Asien war. Seit der Zeit behielt er sie bei sich und benutzte bei den Raubzügen und Diebstählen seines Legatenamtes oft ihre Hilfe und ihren Rat. Das sind die Leute, von denen Q. Tadius in seinen Büchern vermerkt hat, er habe auf Befehl des Verres an griechische Maler Zahlungen geleistet[30]. Verres nahm sie mit sich nach Sizilien, als er sie schon gut kannte und durch die Tat bewährt fand. Dort angekommen, wußten sie auf wunderbare Weise (man möchte sie für Spürhunde halten) alles so zu beschnüffeln und zu durchstöbern, daß sie stets irgendwie herausfanden, wo es etwas gab. Dies entdeckten sie durch Drohungen, das durch Versprechungen, dies durch Sklaven, das durch Freie, durch einen Freund dies und das durch einen Feind; was bei ihnen Gefallen fand, das mußte man aufgeben. Wer um sein Tafelsilber gebeten wurde, der wünschte nur, es möchte Hieron und Tlepolemos nicht zusagen.

Wahrhaftig, ihr Richter, was ich jetzt erzählen will, ist wirklich vorgefallen. Ich erinnere mich, wie Pamphilos aus Lilybaeum, mein Freund und Gastgeber, ein vornehmer Mann, mir erzählte: Verres habe ihm eine von Boethos[31] verfertigte Kanne, ein herrliches Werk und schwer an Gewicht, gewaltsam weggenommen; da sei er recht traurig und verstört nach Hause zurückgekehrt, weil man ihm ein so schönes Gefäß weg-

tum domum revertisse, quod vas eius modi, quod sibi a patre et a maioribus esset relictum, quo solitus esset uti ad festos dies, ad hospitum adventus, a se esset ablatum. "Cum sederem", inquit, "domi tristis, accurrit Venerius; iubet me scyphos sigillatos ad praetorem statim adferre. Permotus sum", inquit; "binos habebam; iubeo promi utrosque, ne quid plus mali nasceretur, et mecum ad praetoris domum ferri. Eo cum venio, praetor quiescebat; fratres illi Cibyratae inambulabant. Qui me ubi viderunt, 'Ubi sunt, Pamphile', inquiunt, 'scyphi?' Ostendo tristis; laudant. Incipio queri me nihil habiturum quod alicuius esset preti si etiam scyphi essent ablati. Tum illi, ubi me conturbatum vident, 'Quid vis nobis dare ut isti abs te ne auferantur?' Ne multa, HS mille me", inquit, "poposcerunt; dixi me daturum. Vocat interea praetor, poscit scyphos." Tum illos coepisse praetori dicere putasse se, id quod audissent, alicuius preti scyphos esse Pamphili; luteum negotium esse, non dignum quod in suo argento Verres haberet. Ait ille idem sibi videri. Ita Pamphilus scyphos optimos aufert.

Et mehercule ego antea, tametsi hoc nescio quid nu-   33 gatorium sciebam esse, ista intellegere, tamen mirari solebam istum in his ipsis rebus aliquem sensum habere, quem scirem nulla in re quicquam simile hominis habere. Tum primum intellexi ad eam rem istos fratres Cibyratas fuisse, ut iste in furando manibus suis oculis illorum uteretur. At ita studiosus est huius praeclarae existimatio-

genommen hatte, das ihm von seinem Vater und seinen Vorfahren hinterlassen worden war, das er an festlichen Tagen und wenn Gäste kamen zu gebrauchen pflegte. «Wie ich betrübt zu Hause saß», fuhr Pamphilos fort, «da kommt ein Venussklave[32] gelaufen. Er befiehlt mir, ich solle sofort meine mit Figuren verzierten Becher zum Prätor bringen. Ich erschrak», sagte er; «ich hatte deren zwei; ich lasse sie beide hervorholen, um nicht noch größeres Unheil heraufzubeschwören, und mir zum Hause des Prätors nachtragen. Wie ich dort ankomme, ruhte der Prätor sich aus; die Brüder aus Kibyra liefen hin und her. Als sie mich erblickten, riefen sie: ‹Wo sind die Becher, Pamphilos?› Ich zeige sie betrübt vor; sie sind sehr zufrieden. Ich breche in Klagen aus; mir bleibe nichts mehr, was einigen Wert habe, wenn man mir auch die Becher nehme. Da fragen sie mich, wie sie meine Bestürzung sehen: ‹Was willst du uns dafür geben, daß man sie dir nicht wegnimmt?› Kurz», sagte Pamphilos, «sie forderten tausend Sesterzen von mir. Ich sagte zu. Unterdessen ruft der Prätor, er verlangt die Becher.» Da hätten sie begonnen, dem Prätor klarzumachen, sie seien nach dem, was sie gehört, der Meinung gewesen, die Becher des Pamphilos taugten etwas; es sei jedoch belangloser Plunder, nicht wert, daß Verres ihn in seinem Tafelsilber habe. Er sagt, er sei derselben Meinung. So kommt Pamphilos mit seinen herrlichen Bechern davon.

Und wahrhaftig, ich wußte zwar, daß es sozusagen eine Kinderei sei, Kenner von derlei Dingen zu sein; trotzdem wunderte ich mich immer wieder, daß gerade Verres hierfür einiges Verständnis haben sollte, von dem mir doch bekannt war, daß er sonst in keiner Beziehung etwas Menschenähnliches an sich hatte. Jetzt erst begriff ich, daß er für diese Aufgabe die Brüder aus Kibyra mit sich führte, um sich bei seinen Diebstählen zwar der eigenen Hände, aber ihrer Augen zu bedienen. Er ist indes dermaßen erpicht auf den herrlichen Ruf,

nis, ut putetur in hisce rebus intellegens esse, ut nuper –
videte hominis amentiam: posteaquam est comperendi-
natus, cum iam pro damnato mortuoque esset, ludis cir-
censibus mane apud L. Sisennam, virum primarium,
cum essent triclinia strata argentumque expositum in
aedibus, cum pro dignitate L. Sisennae domus esset plena hominum honestissimorum, accessit ad argentum,
contemplari unum quidque otiose et considerare coepit.
Mirari stultitiam alii, quod in ipso iudicio eius ipsius cupiditatis cuius insimularetur suspicionem augeret, alii
amentiam, cui comperendinato, cum tam multi testes
dixissent, quicquam illorum veniret in mentem. Pueri
autem Sisennae, credo, qui audissent quae in istum testi-
monia essent dicta, oculos de isto nusquam deicere neque ab argento digitum discedere. Est boni iudicis parvis   34
ex rebus coniecturam facere unius cuiusque et cupiditatis et continentiae. Qui reus, et reus lege comperendina-
tus, re et opinione hominum paene damnatus, tempera-
re non potuerit maximo conventu quin L. Sisennae argentum tractaret et consideraret, hunc praetorem in
provincia quisquam putabit a Siculorum argento cupiditatem aut manus abstinere potuisse?

Verum ut Lilybaeum, unde digressa est oratio, reverta-   35
mur, Diocles est, Pamphili gener, illius a quo hydria ablata est, Popilius cognomine. Ab hoc abaci vasa omnia,

als Kenner von diesen Dingen zu gelten, daß er neulich – seht
doch, wie verrückt er ist: nachdem man ihn zur zweiten Verhandlung geladen hatte, als er schon einem Verurteilten und
Toten gleich galt, da waren eines Morgens während der Zeit
der Zirkusspiele[33] im Hause des L. Sisenna, eines hervorragenden Mannes, die Tafelpolster bereitet und das Silber ausgestellt, und das Haus hatte sich, dem Rang des L. Sisenna ent-
sprechend, mit hochangesehenen Leuten gefüllt; da ging Verres auf das Silber los und begann, jedes einzelne Stück in Muße
zu betrachten und zu prüfen. Teils wunderte man sich über
seine Torheit: er gab ja während des Prozesses dem Verdacht
Nahrung, gerade der Leidenschaft zu frönen, die ihm vorge-
worfen wurde; teils über seinen Wahnwitz: kam ihm doch,
nachdem die zweite Verhandlung anberaumt war und so viele
Zeugen ausgesagt hatten, überhaupt noch so etwas in den
Sinn. Doch die Diener des Sisenna – sie hatten wohl gehört,
mit was für Zeugenaussagen er belastet worden war – wand-
ten an keiner Stelle die Augen von ihm ab und wichen keinen
Fußbreit von dem Silber. Ein guter Richter sollte aus kleinen
Dingen seine Schlüsse ziehen, wie es mit den Gelüsten und der
Enthaltsamkeit jedes einzelnen steht. Jemand hat es sich als
Angeklagter, und zwar als Angeklagter, dem man nach dem
Gesetz die zweite Verhandlung anberaumt hat, der nach dem
Stand der Dinge und nach allgemeiner Meinung fast schon
verurteilt ist, nicht versagen können, inmitten einer zahlrei-
chen Gesellschaft das Silber des L. Sisenna zu betasten und zu
betrachten: soll man von diesem Manne glauben, er habe als
Prätor in der Provinz seine Gier oder seine Hände von dem
Silber der Sizilier fernhalten können?

Doch um auf Lilybaeum, von wo meine Rede ausging, zurückzukommen: dort lebt Diokles mit dem Beinamen Popilius, der Schwiegersohn jenes Pamphilos, der seine Kanne verlor. Dem nahm Verres alle Gefäße von der Anrichte weg, wie

ut exposita fuerunt, abstulit. Dicat se licet emisse; etenim hic propter magnitudinem furti sunt, ut opinor, litterae factae. Iussit Timarchidem aestimare argentum, quo modo qui umquam tenuissime in donationem histrionum aestimavit. Tametsi iam dudum ego erro qui tam multa de tuis emptionibus verba faciam, et quaeram utrum emeris necne et quo modo et quanti emeris, quod verbo transigere possum. Ede mihi scriptum quid argenti in provincia Sicilia pararis, unde quidque aut quanti emeris. Quid fit? Quamquam non debebam ego abs te   36 has litteras poscere; me enim tabulas tuas habere et proferre oportebat. Verum negas te horum annorum aliquot confecisse. Compone hoc quod postulo de argento, de reliquo videro. "Nec scriptum habeo nec possum edere." Quid futurum igitur est? quid existimas hosce iudices facere posse? Domus plena signorum pulcherrimorum iam ante praeturam, multa ad villas tuas posita, multa deposita apud amicos, multa aliis data atque donata; tabulae nullum indicant emptum. Omne argentum ablatum ex Sicilia est, nihil cuiquam quod suum dici vellet relictum. Fingitur improba defensio, praetorem omne id argentum coemisse; tamen id ipsum tabulis demonstrari non potest. Si, quas tabulas profers, in his quae habes quo modo habeas scriptum non est, horum autem temporum cum te plurimas res emisse dicis tabulas omnino nullas profers, nonne te et prolatis et non prolatis tabulis condemnari necesse est?

sie dort ausgestellt waren. Er mag behaupten, er habe sie gekauft; denn hier hat man, glaube ich, wegen der Größe des
Diebstahls etwas zu Papier gebracht. Er befahl dem Timarchides, das Silber zu schätzen, so niedrig, wie man nur je geschätzt hat, wenn es sich um Geschenke für Schauspieler han-
delte[34]. Indes, schon lange begehe ich den Fehler, so ausführlich über deine Käufe zu reden und zu fragen, ob du gekauft
hast oder nicht und wie und zu welchem Preise du gekauft
hast; dabei kann ich das mit einem Worte abtun. Gib mir ein
Verzeichnis, was du an Silber in der Provinz Sizilien angeschafft und bei wem oder für welchen Preis du jedes Stück gekauft hast. Was geschieht? Zwar hätte ich dieses Verzeichnis
gar nicht erst von dir verlangen dürfen: ich hätte ja Anspruch
darauf, deine Bücher zu besitzen und vorzulegen. Doch du be-
hauptest, du hättest in diesen Jahren[35] gar nicht Buch geführt.
Setz also das von mir gewünschte Verzeichnis für das Silber
auf; um das übrige will ich mich dann schon selber kümmern.
«Ich habe kein Verzeichnis und kann dir auch keins geben.»
Was soll nun werden? Was, meinst du, können die Richter
hier tun? Dein Haus war schon vor deiner Prätur voll von den
schönsten Bildwerken; viele stehen in deinen Landhäusern;
viele sind bei Freunden in Verwahrung; viele hast du anderen
überlassen und geschenkt – doch deine Bücher zeigen keinerlei Kauf an. Alles Silber ist aus Sizilien entführt; niemandem
ist etwas belassen, woran sein Herz hing. Da erfindet man den
niederträchtigen Vorwand, der Prätor habe all das Silber aufgekauft. Doch gerade dies läßt sich nicht durch Bücher erweisen. Wenn du irgendwelche Bücher vorlegst, so steht nicht
darin, wie du erworben hast, was du besitzest; für die Zeit
aber, in der du die meisten Dinge gekauft zu haben erklärst,
legst du überhaupt keine Bücher vor: muß man dich nicht in
gleicher Weise wegen der Bücher, die du vorgelegt, und wegen derer, die du nicht vorgelegt hast, verurteilen?

Tu a M. Coelio, equite Romano, lectissimo adulescen- 37
te, quae voluisti Lilybaei abstulisti, tu C. Cacuri, promp-
ti hominis et experientis et in primis gratiosi, supellec-
tilem omnem auferre non dubitasti, tu maximam et pul-
cherrimam mensam citream a Q. Lutatio Diodoro, qui
Q. Catuli beneficio ab L. Sulla civis Romanus factus est,
omnibus scientibus Lilybaei abstulisti. Non tibi obicio
quod hominem dignissimum tuis moribus, Apollonium,
Niconis filium, Drepanitanum, qui nunc A. Clodius vocatur, omni argento optime facto spoliasti ac depeculatus
es; taceo. Non enim putat ille sibi iniuriam factam,
propterea quod homini iam perdito et collum in laque-
um inserenti subvenisti, cum pupillis Drepanitanis bona
patria erepta cum illo partitus es; gaudeo etiam si quid ab
eo abstulisti, et abs te nihil rectius factum esse dico. A Ly-
sone vero Lilybitano, primo homine, apud quem dever-
satus es, Apollinis signum ablatum certe non oportuit.
Dices te emisse. Scio, HS mille. "Ita opinor." Scio, inquam. "Proferam litteras." Tamen id factum non oportuit. A pupillo Heio, cui C. Marcellus tutor est, a quo
pecuniam grandem eripueras, scaphia cum emblematis
Lilybaei utrum empta esse dicis an confiteris erepta?

Sed quid ego istius in eius modi rebus mediocris iniu- 38
rias colligo, quae tantum modo in furtis istius et damnis
eorum a quibus auferebat versatae esse videantur? Acci-

Du hast in Lilybaeum dem M. Coelius, einem römischen Ritter und ausgezeichneten jungen Manne, weggenommen, was dir beliebte; du hast nicht angestanden, dem C. Cacurius, einem rührigen und unternehmenden und besonders beliebten Manne, den gesamten Hausrat wegzunehmen; du hast in Lilybaeum, wie jedermann weiß, dem Q. Lutatius Diodorus, der durch Verwendung des Q. Catulus von L. Sulla das römische Bürgerrecht erhielt[36], einen ungewöhnlich großen und schönen Tisch aus Zitrusholz[37] weggenommen. Ich werfe dir nicht vor, daß du einem Menschen, der ganz zu deinem Charakter paßt, dem Apollonios aus Drepanon[38], dem Sohne des Nikon, der sich jetzt A. Clodius nennt, all sein herrlich gearbeitetes Silber geraubt und entwendet hast. Ich schweige davon; er glaubt nämlich nicht, daß ihm ein Unrecht geschehen sei. Denn du bist ja dem Mann, der schon verloren war und den Hals in die Schlinge stecken wollte, zu Hilfe gekommen, als du das den Mündeln von Drepanon geraubte väterliche Erbe mit ihm teiltest[39]; ich freue mich sogar, daß du ihm etwas abgenommen hast, und meine, du habest nie etwas Besseres getan. Doch dem Lyson aus Lilybaeum, einem sehr vornehmen Manne, bei dem du Quartier nahmst, hättest du wenigstens die Apollostatue nicht wegnehmen sollen. Du wirst sagen, du habest sie gekauft. Ich weiß, für tausend Sesterzen. «So verhält es sich wirklich, möchte ich meinen.» Ich weiß es, sage ich. «Ich werde Urkunden vorlegen.» Trotzdem hätte es nicht geschehen sollen. Doch dem unmündigen Heius aus Lilybaeum, den du um einen hohen Geldbetrag geschröpft hast (sein Vormund ist C. Marcellus[40]) – willst du behaupten, du habest dem die Trinkschalen mit den Treibarbeiten abgekauft, oder gibst du zu, daß du sie geraubt hast?

Doch was trage ich derart unbedeutende Rechtsverletzungen des Verres zusammen, bei denen es offenbar nur um seine Diebstähle und den Schaden der Beraubten geht? Vernehmt

pite, si vultis, iudices, rem eius modi ut amentiam singularem et furorem iam, non cupiditatem eius perspicere possitis. Melitensis Diodorus est, qui apud vos antea
testimonium dixit. Is Lilybaei multos iam annos habitat,
homo et domi nobilis et apud eos quo se contulit propter virtutem splendidus et gratiosus. De hoc Verri dicitur
habere eum perbona toreumata, in his pocula quaedam,
quae Thericlia nominantur, Mentoris manu summo artificio facta. Quod iste ubi audivit, sic cupiditate inflam-
matus est non solum inspiciendi verum etiam auferendi
ut Diodorum ad se vocaret ac posceret. Ille, qui illa non
invitus haberet, respondit Lilybaei se non habere, Meli-
tae apud quendam propinquum suum reliquisse.

Tum iste continuo mittit homines certos Melitam,   39
scribit ad quosdam Melitensis ut ea vasa perquirant, rogat Diodorum ut ad illum propinquum suum det litteras;
nihil ei longius videbatur quam dum illud videret argentum. Diodorus, homo frugi ac diligens, qui sua servare
vellet, ad propinquum suum scribit ut iis qui a Verre venissent responderet illud argentum se paucis illis diebus
misisse Lilybaeum. Ipse interea recedit; abesse a domo
paulisper maluit quam praesens illud optime factum argentum amittere. Quod ubi iste audivit, usque eo commotus est ut sine ulla dubitatione insanire omnibus ac fu-
rere videretur. Quia non potuerat eripere argentum ipse
Diodoro, erepta sibi vasa optime facta dicebat; minitari

jetzt, wenn ihr einverstanden seid, ihr Richter, ein Ereignis, dessen Verlauf euch nicht nur seine Begierde, sondern bereits seinen beispiellosen Wahnwitz und seine Wut erkennen läßt. Diodoros ist aus Melita[41]; er hat bereits als Zeuge vor euch ausgesagt. Schon seit vielen Jahren wohnt er in Lilybaeum; er genießt in seiner Heimat Ansehen und ist auch dort, wo er sich jetzt aufhält, wegen seiner Verdienste geachtet und beliebt. Über ihn wird dem Verres berichtet, er besitze sehr schöne getriebene Arbeiten, darunter bestimmte Becher, die man therikleische nennt, Meisterwerke von der Hand des Mentor[42]. Als er das hörte, entbrannte er so sehr vor Gier, nicht nur, sie zu betrachten, sondern auch, sie an sich zu nehmen, daß er den Diodoros zu sich rief und sie einforderte. Dem war sein Besitz gar nicht unlieb; er antwortete, er habe die Becher nicht in Lilybaeum, sie seien bei einem Verwandten in Melita geblieben.

Da schickt Verres alsbald zuverlässige Leute nach Melita; er schreibt an einige Melitenser, sie sollten sich nach den Gefäßen erkundigen; er bittet Diodoros, er solle seinen Verwandten brieflich benachrichtigen. Nie verging ihm die Zeit langsamer, als bis er das Silber zu sehen bekäme. Diodoros, ein braver und gewissenhafter Mann, war darauf bedacht, seinen Besitz zu erhalten; er schreibt an seinen Verwandten, er solle den Boten des Verres antworten, er habe das Silber wenige Tage zuvor nach Lilybaeum abgeschickt. Er selbst entfernt sich unterdessen; er wollte lieber eine kurze Zeit von Hause abwesend sein, als durch seine Anwesenheit das herrlich gearbeitete Silber verlieren. Als Verres hiervon erfuhr, geriet er derart in Erregung, daß alle Welt fest davon überzeugt war, er habe den Verstand verloren und sei wahnsinnig. Weil es ihm selbst nicht gelungen war, dem Diodoros das Silber zu rauben, erklärte er, Diodoros habe ihm die herrlichen Gefäße geraubt; er drohte dem Abwesenden, er erhob öffentlich ein

absenti Diodoro, vociferari palam, lacrimas interdum vix
tenere. Eriphylam accepimus in fabulis ea cupiditate ut,
cum vidisset monile, ut opinor, ex auro et gemmis,
pulchritudine eius incensa salutem viri proderet. Similis
istius cupiditas, hóc etiam acrior atque insanior, quod illa
cupiebat id quod viderat, huius libidines non solum oculis sed etiam auribus excitabantur.

Conquiri Diodorum tota provincia iubet: ille ex Sici-   40
lia iam castra commoverat et vasa collegerat. Homo, ut
aliquo modo in provinciam illum revocaret, hanc excogitat rationem, si haec ratio potius quam amentia nomi-
nanda est. Apponit de suis canibus quendam qui dicat se
Diodorum Melitensem rei capitalis reum velle facere. Primo mirum omnibus videri Diodorum reum, hominem
quietissimum, ab omni non modo facinoris verum etiam
minimi errati suspicione remotissimum; deinde esse perspicuum fieri omnia illa propter argentum. Iste non du-
bitat iubere nomen referri, et tum primum ut opinor
istum absentis nomen recepisse. Res clara Sicilia tota,   41
propter caelati argenti cupiditatem reos fieri rerum capi·
talium, neque solum reos fieri, sed etiam absentis.

Diodorus Romae sordidatus circum patronos atque
hospites cursare, rem omnibus narrare. Litterae mittun-
tur isti a patre vehementes, ab amicis item, videret quid
ageret de Diodoro, quo progrederetur; rem claram esse et

großes Geschrei und konnte bisweilen kaum seine Tränen zu-
rückhalten. Eriphyle war, wie uns die Fabel berichtet, so be-
gehrlich, daß sie das Leben ihres Gatten verriet, als sie eine
Halskette (sie bestand, glaube ich, aus Gold und Edelsteinen)
gesehen hatte und von deren Schönheit entbrannt war[43]. So
ähnlich war auch die Gier des Verres, nur um so heftiger und
rasender noch, als Eriphyle begehrte, was sie gesehen hatte,
die Gelüste des Verres aber nicht nur durch die Augen, sondern auch durch die Ohren erregt wurden.

Er läßt in der ganzen Provinz nach Diodoros fahnden. Doch
der hatte sein Lager bereits aus Sizilien verlegt und seine Gerätschaften zusammengepackt[44]. Um ihn nun irgendwie in die
Provinz zurückzubringen, ersinnt der Mensch folgenden Plan,
wenn man das einen Plan und nicht vielmehr eine Wahnsinns-
tat nennen soll. Er stellt einen seiner Spürhunde an[45]; der
sollte sagen, er wolle gegen Diodoros aus Melita wegen eines
Kapitalverbrechens Anklage erheben. Zuerst kam das jedermann sonderbar vor: Diodoros als Angeklagter, ein höchst
friedfertiger Mensch, der jedem Verdacht nicht nur eines Verbrechens, sondern auch der geringsten Übertretung gänzlich
fern stand; doch dann stellte sich heraus, daß dies alles nur
wegen des Silbers geschah. Verres befiehlt ohne Zögern, man
solle die Klage einreichen, und dies war, glaube ich, der erste
Fall, daß er die Klage gegen einen Abwesenden zuließ. In ganz
Sizilien verbreitete sich die Nachricht, daß die Gier nach ge-
triebenen Silberarbeiten zu Kapitalprozessen führe, und nicht
nur in der üblichen Weise, sondern sogar gegen Abwesende.

Diodoros lief in Trauerkleidern bei seinen Schutzherren und
Gastfreunden in Rom umher; er erzählte jedermann von der
Sache. Der Vater richtet scharfe Briefe an Verres und ebenso
die Freunde: er solle sich gut überlegen, was er mit Diodoros
tue, wie weit er es treiben wolle; die Sache sei bekannt und
werde sehr übel aufgenommen; er führe sich auf wie ein Wahn-

invidiosam; insanire hominem, periturum hoc uno crimine, nisi cavisset. Iste etiam tum patrem, si non in pa-
rentis, at in hominum numero putabat; ad iudicium nondum se satis instruxerat; primus annus erat provinciae,
non erat, ut in Sthenio, iam refertus pecunia. Itaque furor
eius paululum non pudore, sed metu ac timore repressus
est. Condemnare Diodorum non audet absentem, de reis
eximit. Diodorus interea praetore isto prope triennium
provincia domoque caruit.

Ceteri, non solum Siculi sed etiam cives Romani, hoc   42
statuerant, quoniam iste tantum cupiditate progrederetur, nihil esse quod quisquam putaret se, quod isti paulo
magis placeret, conservare aut domi retinere posse; postea vero quam intellexerunt isti virum fortem, quem summe provincia exspectabat, Q. Arrium, non succedere,
statuerunt nihil se tam clausum neque tam reconditum
posse habere quod non istius cupiditati apertissimum
promptissimumque esset.

Tum iste ab equite Romano splendido et gratioso, Cn.
Calidio, cuius filium sciebat senatorem populi Romani et
iudicem esse, eculeos argenteos nobilis, qui Q. Maximi
fuerant, aufert. Imprudens huc incidi, iudices; emit   43
enim, non abstulit; nollem dixisse; iactabit se et in his
equitabit eculeis. "Emi, pecuniam solvi." Credo. "Etiam
tabulae proferentur." Est tanti; cedo tabulas. Dilue sane

sinniger; dies eine Verbrechen werde ihn zu Fall bringen, wenn er sich nicht in acht nehme. Verres betrachtete damals noch seinen Vater wenn auch nicht als Vater, so doch als Menschen; er hatte sich noch nicht genügend für einen Prozeß vorbereitet; es war das erste Jahr in der Provinz; noch hatte er nicht, wie bei Sthenius, Geld in Hülle und Fülle[46]. So wurde denn seine Wut zwar nicht durch Schamgefühl, wohl aber durch Furcht und Angst ein wenig gedämpft. Er wagt es nicht, Diodoros in Abwesenheit zu verurteilen; er streicht ihn aus der Liste der Angeklagten. Diodoros mußte unterdessen während der Prätur des Verres, fast drei Jahre lang, die Provinz und sein Haus meiden.

Alle anderen, nicht nur die Sizilier, sondern auch die römischen Bürger, waren jetzt überzeugt: da Verres in seiner Gier so weit gehe, dürfe niemand glauben, er könne einen Gegenstand, an dem dieser Mensch auch nur einiges Gefallen finde, retten oder bei sich zu Hause behalten; nachdem sie aber erfahren hatten, daß der tüchtige Q. Arrius, den die Provinz sehnlichst erwartete, nicht sein Nachfolger werde[47], da stand für sie fest, man könne nichts so gut verschlossen und versteckt halten, daß es für seine Begierde nicht frei zugänglich und mühelos erreichbar sei.

Dann nimmt er dem angesehenen und beliebten römischen Ritter Cn. Calidius, dessen Sohn, wie er wußte, Senator des römischen Volkes und Richter ist, wertvolle silberne Pferdchen[48] weg, die dem Q. Maximus gehört hatten. Ich habe mich versehentlich so ausgedrückt, ihr Richter; er hat sie nämlich gekauft, nicht weggenommen. Ich wollte, ich hätte das nicht gesagt; jetzt wird er sich in die Brust werfen und auf diesen Pferdchen herumreiten. «Ich habe sie gekauft, habe Geld dafür bezahlt.» Gewiß. «Ich werde auch die Belege vorweisen.» Das ist der Mühe wert; bitte zeig mir die Belege. Du magst immerhin den Vorwurf wegen des Calidius entkräften,

crimen hoc Calidianum, dum ego tabulas aspicere possim. Verum tamen quid erat quod Calidius Romae que-
reretur se, cum tot annos in Sicilia negotiaretur, a te solo ita esse contemptum, ita despectum ut etiam una cum
ceteris Siculis despoliaretur? Si emeras, quid erat quod
confirmabat se abs te argentum esse repetiturum, si id
tibi sua voluntate vendiderat? Tu porro posses facere ut
Cn. Calidio non redderes? praesertim cum is L. Sisenna,
defensore tuo, tam familiariter uteretur, et cum ceteris
familiaribus Sisennae reddidisses. Denique non opinor   44
negaturum esse te homini honesto, sed non gratiosiori
quam Cn. Calidius est, L. Curidio, te argentum per Po-
tamonem, amicum tuum, reddidisse. Qui quidem ceterorum causam apud te difficiliorem fecit. Nam cum te
compluribus confirmasses redditurum, posteaquam Curidius pro testimonio dixit te sibi reddidisse, finem red-
dendi fecisti, quod intellexisti praeda te de manibus emis-
sa testimonium tamen effugere non posse.

Cn. Calidio, equiti Romano, per omnis alios praetores
licuit habere argentum bene factum, licuit posse domesticis copiis, cum magistratum aut aliquem superiorem in-
vitasset, ornare et apparare convivium. Multi domi Cn.
Calidi cum potestate atque imperio fuerunt: nemo inventus est tam amens qui illud argentum tam praeclarum
ac tam nobile eriperet, nemo tam audax qui posceret, nemo tam impudens qui postularet ut venderet. Superbum   45
est enim, iudices, et non ferendum dicere praetorem in
provincia homini honesto, locupleti, splendido, "Vende

wenn ich nur die Belege zu sehen bekomme. Doch wie erklärt sich, daß sich Calidius in Rom beschwerte, er, der seit so vielen Jahren in Sizilien Handel treibe, sei von dir allein so geringschätzig, so anmaßend behandelt worden, daß man ihn ebenso wie die Sizilier ausgeplündert habe? Wenn du sie gekauft hattest, warum versicherte er, er werde sein Silber von dir zurückverlangen – wenn er es doch freiwillig verkauft hatte? Doch du hast es dann über dich gebracht, dem Cn. Calidius nichts zurückzugeben? Zumal er doch mit L. Sisenna, deinem Verteidiger, so eng befreundet war und du Sisennas übrigen Freunden das Ihrige zurückgegeben hast. Schließlich wirst du, glaube ich, nicht leugnen, daß du dem angesehenen L. Curidius, der jedoch nicht beliebter ist als Cn. Calidius, durch Vermittlung deines Freundes Potamo[49] sein Silber zurückgegeben hast. Der hat freilich die Lage der übrigen bei dir verschlechtert. Denn du hattest ja mehreren die Rückgabe zugesichert; doch nachdem Curidius als Zeuge ausgesagt hatte, du habest ihm das Seine zurückerstattet, da hörtest du mit der Rückerstattung auf. Du sahst nämlich ein, daß du deine Beute aus der Hand geben würdest und gleichwohl dem Zeugnis nicht entrinnen könntest.

Alle übrigen Prätoren ließen zu, daß der römische Ritter Cn. Calidius sein schön gearbeitetes Silber behielt; sie ließen zu, daß er, wenn er einen Oberbeamten oder sonst eine Persönlichkeit von Rang einlud, das Gastmahl mit den Schätzen seines Hauses schmücken und ausstatten konnte. Viele Inhaber der höchsten Amtsgewalt und des Oberbefehls waren im Hause des Cn. Calidius; niemand erwies sich als so wahnwitzig, daß er ihm so herrliche und so wertvolle Silbersachen wegnahm, niemand als so dreist, daß er sie ihm abverlangte, niemand als so schamlos, daß er ihn zum Verkauf aufforderte. Denn es ist eine Anmaßung, ihr Richter, und unerträglich, daß ein Prätor in der Provinz einem ehrenhaften, vermögenden

mihi vasa caelata"; hoc est enim dicere, "Non es dignus
tu qui habeas quae tam bene facta sunt, meae dignitatis
ista sunt." Tu dignior, Verres, quam Calidius? qui, ut non
conferam vitam neque existimationem tuam cum illius —
neque enim est conferenda; hoc ipsum conferam quo tu
te superiorem fingis; quod HS $\overline{\text{CCC}}$ divisoribus ut praetor
renuntiarere dedisti, trecenta accusatori ne tibi odiosus
esset, ea re contemnis equestrem ordinem et despicis? ea
re tibi indignum visum est quicquam, quod tibi placeret,
Calidium potius habere quam te?

Iactat se iam dudum de Calidio, narrat omnibus emis-   46
se se. Num etiam de L. Papinio, viro primario, locupleti
honestoque equite Romano, turibulum emisti? qui pro
testimonio dixit te, cum inspiciendum poposcisses, evul-
so emblemate remisisse; ut intellegatis in homine intelle-
gentiam esse non avaritiam, artifici cupidum non argenti fuisse. Nec solum in Papinio fuit hac abstinentia; tenuit
hoc institutum in turibulis omnibus quaecumque in Sicilia fuerunt. Incredibile est autem quam multa et quam
praeclara fuerint. Credo tum cum Sicilia florebat opibus
et copiis magna artificia fuisse in ea insula. Nam domus
erat ante istum praetorem nulla paulo locupletior qua in
domo haec non essent, etiamsi praeterea nihil esset argenti, patella grandis cum sigillis ac simulacris deorum,
patera qua mulieres ad res divinas uterentur, turibulum

und angesehenen Manne sagt: «Verkauf mir die Gefäße mit den Treibarbeiten.» Denn das heißt so viel wie: «Du verdienst nicht, so schön gearbeitete Dinge zu besitzen; das kommt nur meiner Stellung zu.» Du verdienst es eher, Verres, als Calidius? Der – doch ich will dein Leben und deinen Ruf nicht mit dem seinigen vergleichen; denn hier verbietet sich jeder Vergleich; ich will nur auf das hinweisen, worin du einen Vorzug zu haben vermeinst: weil du 300000 Sesterzen an die Geldausteiler gezahlt hast, um zum Prätor gewählt zu werden, und 300000 an den Ankläger, daß er dir keine Schwierigkeiten mache[50], deswegen behandelst du den Ritterstand mit Geringschätzung und Verachtung? Deswegen hieltest du es für unwürdig, daß Calidius etwas, was dir gefiel, eher besitzen sollte als du?

Schon lange weiß er sich wegen des Calidius nicht genugzutun; er erzählt jedermann, er habe die Sachen gekauft. Hast du etwa auch dem L. Papinius, einem vortrefflichen, begüterten und ehrenhaften römischen Ritter, das Weihrauchgefäß abgekauft? Der hat als Zeuge ausgesagt, du habest es zur Ansicht verlangt, die eingelegten Reliefs herausgerissen und es dann zurückgeschickt; hieraus könnt ihr ersehen, daß Kennerschaft, nicht Habgier in dem Menschen steckt, daß er das Kunstwerk, nicht das Silber haben wollte. Nicht nur bei Papinius bewies er so viel Zurückhaltung. Er befolgte diesen Grundsatz bei allen Weihrauchgefäßen, die es in Sizilien gab. Es ist jedoch unglaublich, wie viele und wie herrliche vorhanden waren. Einst, als Sizilien noch in der Blüte seiner Macht und seines Reichtums stand, haben sich, glaube ich, große Kunstschätze auf der Insel befunden. Denn es gab dort vor der Prätur des Verres kein einigermaßen vermögendes Haus, das nicht, wenn es auch sonst nichts an Silber besaß, folgende Dinge gehabt hätte: eine große Schüssel mit Figuren und Götterbildern, eine Schale, die die Frauen beim Opfern gebrauch-

– haec autem omnia antiquo opere et summo artificio
facta, ut hoc liceret suspicari, fuisse aliquando apud Siculos peraeque pro portione cetera, sed, quibus multa
fortuna ademisset, tamen apud eos remansisse ea quae religio retinuisset.

Dixi, iudices, multa fuisse fere apud omnis Siculos: ego   47
idem confirmo nunc ne unum quidem esse. Quid hoc
est? quod hoc monstrum, quod prodigium in provinciam
misimus? Nonne vobis id egisse videtur ut non unius li-
bidinem, non suos oculos, sed omnium cupidissimorum
insanias, cum Romam revertisset, expleret? Qui simul atque in oppidum quodpiam venerat, immittebantur illi
continuo Cibyratici canes, qui investigabant et perscru-
tabantur omnia. Si quod erat grande vas et maius opus
inventum, laeti adferebant; si minus eius modi quidpiam
venari potuerant, illa quidem certe pro lepusculis capie-
bantur, patellae, paterae, turibula. Hic quos putatis fletus mulierum, quas lamentationes fieri solitas esse in hisce rebus? quae forsitan vobis parvae esse videantur, sed
magnum et acerbum dolorem commovent, mulierculis
praesertim, cum eripiuntur e manibus ea quibus ad res
divinas uti consuerunt, quae a suis acceperunt, quae in
familia semper fuerunt.

Hic nolite exspectare dum ego haec crimina agam   48
ostiatim, ab Aeschylo Tyndaritano istum pateram abstulisse, a Thrasone item Tyndaritano patellam, a Nympho-
doro Agrigentino turibulum. Cum testis ex Sicilia dabo,

ten, und ein Weihrauchgefäß. Dies alles aber war von alter Arbeit und mit größter Kunst ausgeführt, so daß man vermuten konnte, bei den Siziliern sei einst auch das übrige Gerät von ganz ähnlicher Beschaffenheit gewesen; immerhin sei ihnen, die das Schicksal um vieles ärmer gemacht hat, wenigstens das geblieben, was die Ehrfurcht vor den Göttern erhalten habe.

Ich sagte, ihr Richter, daß sich bei fast allen Siziliern vielerlei befunden hat; nunmehr versichere ich auch, daß es jetzt kein einziges Stück mehr dort gibt. Was hat das zu bedeuten? Was für ein Ungeheuer, was für ein Scheusal haben wir in die Provinz entsandt? Was meint ihr: er war doch gewiß darauf erpicht, nicht nur die Laune eines einzelnen, nicht nur seine eigenen Augen, sondern die rasende Gier aller Habsüchtigen zu sättigen, wenn er nach Rom zurückkehre? Denn sobald er in irgendeiner Stadt eingetroffen war, ließ er sofort die Spürhunde aus Kibyra los, die alles beschnüffelten und durchstöberten. Wenn sie ein großes Gefäß, ein Werk von einiger Bedeutung gefunden hatten, brachten sie es freudig herbei; doch wenn es ihnen nicht gelungen war, etwas Derartiges zu erjagen, so fingen sie wenigstens diese Dinge wie kleine Hasen: Schüsseln, Schalen und Weihrauchgefäße. Was für Weibertränen, meint ihr, was für Wehklagen hat es hierbei immer wieder gegeben? Euch mag das geringfügig erscheinen; doch großen und heftigen Schmerz ruft es zumal bei den Frauen hervor, wenn man ihnen die Dinge aus den Händen reißt, die sie beim Opferdienst zu gebrauchen pflegten, die sie von den Ihren empfangen hatten, die sich stets im Besitz der Familie befanden.

Erwartet jetzt nicht von mir, daß ich meinen Anschuldigungen von Tür zu Tür nachgehe: wie er dem Aischylos aus Tyndaris eine Schale weggenommen hat, dem Thrason, ebenfalls aus Tyndaris, eine Schüssel, dem Nymphodoros aus Agri-

quem volet ille eligat quem ego interrogem de patellis,
pateris, turibulis: non modo oppidum nullum, sed ne domus quidem ulla paulo locupletior expers huius iniuriae
reperietur. Qui cum in convivium venisset, si quicquam
caelati aspexerat, manus abstinere, iudices, non poterat.
Cn. Pompeius est, Philo qui fuit, Tyndaritanus. Is cenam
isti dabat apud villam in Tyndaritano. Fecit quod Siculi
non audebant; ille, civis Romanus quod erat, impunius
id se facturum putavit; adposuit patellam in qua sigilla
erant egregia. Iste continuo ut vidit, non dubitavit illud
insigne penatium hospitaliumque deorum ex hospitali
mensa tollere, sed tamen, quod ante de istius abstinentia
dixeram, sigillis avulsis reliquum argentum sine ulla avaritia reddidit. Quid? Eupolemo Calactino, homini nobi-   49
li, Lucullorum hospiti ac perfamiliari, qui nunc apud
exercitum cum L. Lucullo est, non idem fecit? Cenabat
apud eum; argentum ille ceterum purum adposuerat, ne
purus ipse relinqueretur, duo pocula non magna, verum
tamen cum emblemate. Hic tamquam festivum acroama,
ne sine corollario de convivio discederet, ibidem convi-
vis spectantibus emblemata evellenda curavit.

Neque ego nunc istius facta omnia enumerare conor,
neque opus est nec fieri ullo modo potest: tantum unius
cuiusque de varia improbitate generis indicia apud vos et
exempla profero. Neque enim ita se gessit in his rebus
tamquam rationem aliquando esset redditurus, sed prorsus ita quasi aut reus numquam esset futurus, aut, quo

gent ein Weihrauchgefäß. Wenn ich die Zeugen aus Sizilien vorführe, dann mag er nach Belieben einen auswählen, daß ich ihn über die Schüsseln, Schalen und Weihrauchgefäße befrage: keine Stadt wird sich finden, ja nicht einmal ein einigermaßen vermögendes Haus, das von diesem Unrecht verschont geblieben wäre. Denn wenn er zu einem Gastmahl kam und etwas in getriebener Arbeit erblickte, dann konnte er seine Hände nicht bezwingen, ihr Richter. Cn. Pompeius, einst Philon mit Namen[51], ist aus Tyndaris. Der gab ihm in seinem Landhaus bei Tyndaris ein Essen. Er tat, was die Sizilier nicht wagten; er glaubte, als römischer Bürger könne er es ziemlich ohne Schaden tun: er ließ eine Schüssel auftragen, an der sich herrliche Figuren befanden. Sobald Verres sie sah, nahm er ohne Zögern die Zierde der Haus und Gäste beschützenden Götter von der gastlichen Tafel weg; doch dann, wie ich schon soeben hinsichtlich seiner Enthaltsamkeit bemerkt habe, riß er nur die Figuren ab und gab das übrige Silber ohne eine Spur von Habgier zurück. Wie? Hat er nicht dem Eupolemos aus Kalakte, einem vornehmen Gastfreund und engen Vertrauten der Luculler, der sich jetzt mit L. Lucullus bei der Truppe befindet, dasselbe angetan[52]? Er speiste bei ihm; der hatte sonst nur blankes Silber gedeckt, damit er selbst nicht blank zurückbliebe; immerhin waren zwei nicht sonderlich große Becher mit eingelegter Arbeit verziert. Verres wollte, als sei er ein Festsänger, nicht unbelohnt von der Tafel scheiden; er ließ an Ort und Stelle und unter den Augen der Gäste die Reliefbänder herausreißen.

Ich will jetzt nicht versuchen, alle seine Untaten aufzuzählen; das ist weder nötig noch überhaupt möglich. Ich will euch nur von den einzelnen Arten seiner vielseitigen Skrupellosigkeit Proben und Beispiele vorführen. Denn er hat sich hierbei nicht so betragen, als müsse er dereinst Rechenschaft ablegen, sondern ganz und gar so, als ob man ihn niemals an-

plura abstulisset, eo minore periculo in iudicium ventu-
rus esset; qui haec quae dico iam non occulte, non per
amicos atque interpretes, sed palam de loco superiore
ageret pro imperio et potestate.

Catinam cum venisset, oppidum locuples, honestum,   50
copiosum, Dionysiarchum ad se proagorum, hoc est
summum magistratum, vocari iubet; ei palam imperat ut
omne argentum quod apud quemque esset Catinae con-
quirendum curaret et ad se adferendum. Phylarchum
Centuripinum, primum hominem genere, virtute, pecunia, non hoc idem iuratum dicere audistis, sibi istum negotium dedisse atque imperasse ut Centuripinis, in civitate totius Siciliae multo maxima et locupletissima, omne argentum conquireret et ad se comportari iuberet?
Agyrio similiter istius imperio vasa Corinthia per Apol-
lodorum, quem testem audistis, Syracusas deportata
sunt.

Illa vero optima, quod, cum Haluntium venisset prae-   51
tor laboriosus et diligens, ipse in oppidum noluit acce-
dere, quod erat difficili ascensu atque arduo, Archagathum Haluntinum, hominem non solum domi, sed tota
Sicilia in primis nobilem, vocari iussit. Ei negotium dedit ut, quidquid Halunti esset argenti caelati aut si quid
etiam Corinthiorum, id omne statim ad mare ex oppido
deportaretur. Escendit in oppidum Archagathus. Homo
nobilis, qui a suis amari et diligi vellet, ferebat graviter
illam sibi ab isto provinciam datam, nec quid faceret

klagen werde oder als ob er mit um so geringerer Gefahr vor Gericht erscheine, je mehr er geraubt habe. Denn er vollführte, was ich hier mitteile, nicht mehr im Verborgenen, nicht mehr durch Freunde und Mittelspersonen, sondern öffentlich vom Richterstuhl herab, als Träger der Befehlsgewalt und Amtsbefugnis.

Als er nach Catina gekommen war, in eine reiche, achtbare und mit allem wohlversehene Stadt, da ließ er Dionysiarchos, den Proagoros, das heißt den höchsten städtischen Beamten, zu sich kommen. Er gibt ihm öffentlich den Befehl, er solle alles Silber, das sich bei wem auch immer in Catina befinde, zusammensuchen und zu ihm bringen lassen. Habt ihr nicht den Phylarchos aus Centuripae, einen durch Abkunft, Leistung und Vermögen hervorragenden Mann, unter Eid genau dasselbe aussagen hören: Verres habe ihm den Auftrag und Befehl erteilt, er solle in Centuripae, der bei weitem größten und reichsten Gemeinde ganz Siziliens, alles Silber zusammensuchen und zu ihm bringen lassen? In ähnlicher Weise mußte Apollodoros, dessen Zeugnis ihr vernommen habt, auf Befehl des Verres die korinthischen Gefäße von Agyrion nach Syrakus herüberschaffen.

Doch folgendes ist das beste. Als der arbeitsame und gewissenhafte Prätor in die Gegend von Haluntion [53] gekommen war, da mochte er sich nicht selbst in die Stadt begeben, weil der Weg hinauf schwierig und steil war; er ließ daher den Haluntiner Archagathos zu sich rufen, einen nicht nur in seiner Heimatstadt, sondern in ganz Sizilien hochangesehenen Mann. Dem gab er den Auftrag, alles, was sich an Silbersachen mit getriebener Arbeit oder auch an korinthischen Gefäßen in Haluntion befinde, sofort aus der Stadt ans Meer herabbringen zu lassen. Archagathos stieg in die Stadt hinauf. Der vornehme Mann, dem viel an der Liebe und Achtung seiner Landsleute lag, war tief betroffen, daß Verres ihm diese Aufgabe übertra-

habebat; pronuntiat quid sibi imperatum esset; iubet omnis proferre quod haberent. Metus erat summus; ipse
enim tyrannus non discedebat longius; Archagathum et
argentum in lectica cubans ad mare infra oppidum exspectabat. Quem concursum in oppido factum putatis,   52
quem clamorem, quem porro fletum mulierum? qui
videret equum Troianum introductum, urbem captam
diceret. Efferri sine thecis vasa, extorqueri alia de manibus mulierum, ecfringi multorum foris, revelli claustra.
Quid enim putatis? Scuta si quando conquiruntur a privatis in bello ac tumultu, tamen homines inviti dant, etsi
ad salutem communem dari sentiunt, ne quem putetis
sine maximo dolore argentum caelatum domo, quod alter eriperet, protulisse. Omnia deferuntur. Cibyratae fratres vocantur; pauca improbant; quae probarant, iis crus-
tae aut emblemata detrahebantur. Sic Haluntini excussis
deliciis cum argento puro domum revertuntur.

Quod umquam, iudices, huiusce modi everriculum   53
ulla in provincia fuit? Avertere aliquid de publico quam
obscurissime per magistratum solebant; etiam cum aliquid a privato non numquam, occulte auferebant, et ii
tamen condemnabantur. Et si quaeritis, ut ipse de me
detraham, illos ego accusatores puto fuisse qui eius
modi hominum furta odore aut aliquo leviter presso ves-
tigio persequebantur. Nam nos quidem quid facimus in

gen hatte, und er wußte nicht, was er tun sollte. Er macht bekannt, was man ihm befohlen hatte; er läßt alle herbeibringen, was sie besaßen. Man schwebte in äußerster Furcht; denn der Tyrann selber wich keinen Schritt; in der Sänfte liegend, wartete er am Meere unterhalb der Stadt auf Archagathos und das Silber. Welches Getümmel, glaubt ihr, gab es da in der Stadt, welches Geschrei, und weiter, welch Wehklagen der Frauen? Wer das sah, konnte sagen, man habe das trojanische Pferd hereingeholt, die Stadt sei erobert. Man trug die Gefäße ohne ihre Behältnisse auf die Straße, riß andere den Frauen aus den Händen, zerschmetterte vielen die Türen und brach die Schlösser auf. Denn was meint ihr wohl? Wenn bei Krieg und Aufruhr von Privatpersonen Schilde eingefordert werden, dann liefern die Leute sie doch ungern ab, obwohl sie einsehen, daß die Ablieferung dem gemeinen Besten dient; glaubt also nicht, daß irgend jemand ohne schweren Kummer sein mit getriebener Arbeit versehenes Silber für den Raub eines Fremden aus dem Haus hervorgeholt habe. Man schafft alles hinunter. Die Brüder aus Kibyra werden gerufen; sie mißbilligen nur weniges; von den Stücken, die sie billigen, reißt man die Zierstreifen und die Reliefs ab. So kehren die Haluntiner nach Entfernung des Schmucks mit dem blanken Silber nach Hause zurück.

Wo hat es je in einer Provinz einen solchen Kehrbesen[54] gegeben, ihr Richter? Es kam schon immer vor, daß man in größter Verborgenheit durch einen städtischen Beamten ein Stück öffentlichen Eigentums an sich brachte; auch wenn man gelegentlich einer Privatperson etwas abnahm, so tat man es insgeheim, und trotzdem wurden diese Leute verurteilt. Und wenn ihr mich fragt (wobei ich selbst mein Verdienst herabsetze): das sind, glaube ich, wahrhaft Ankläger gewesen, die den Diebereien solcher Leute nur mit Hilfe der Witterung oder einer flüchtigen Spur nachgingen. Denn wir, was leisten

Verre, quem in luto volutatum totius corporis vestigiis invenimus? Permagnum est in eum dicere aliquid qui praeteriens, lectica paulisper deposita, non per praestigias sed palam per potestatem uno imperio ostiatim totum oppidum compilaverit. Ac tamen, ut posset dicere se emisse, Archagatho imperat ut illis aliquid, quorum argentum fuerat, nummulorum dicis causa daret. Invenit Archagathus paucos qui vellent accipere; iis dedit. Eos nummos tamen iste Archagatho non reddidit. Voluit Romae repetere Archagathus; Cn. Lentulus Marcellinus dissuasit, sicut ipsum dicere audistis. Recita. ARCHAGATHI ET LENTULI TESTIMONIUM.

Et ne forte hominem existimetis hanc tantam vim emblematum sine causa coacervare voluisse, videte quanti vos, quanti existimationem populi Romani, quanti leges et iudicia, quanti testis Siculos negotiatoresque fecerit. Posteaquam tantam multitudinem collegerat emblematum ut ne unum quidem cuiquam reliquisset, instituit officinam Syracusis in regia maximam. Palam artifices omnis, caelatores ac vascularios, convocari iubet, et ipse suos compluris habebat. Eos concludit, magnam hominum multitudinem. Mensis octo continuos his opus non defuit, cum vas nullum fieret nisi aureum. Tum illa, ex patellis et turibulis quae evellerat, ita scite in aureis poculis inligabat, ita apte in scaphiis aureis includebat, ut ea ad illam rem nata esse diceres; ipse tamen praetor, qui

denn wir im Falle des Verres, der sich im Schlamme gesielt hat und den wir an den Spuren seines ganzen Körpers erkannten[55]? Welch ein großes Kunststück, gegen den etwas vorzubringen, der im Vorbeiziehen, während eines kurzen Aufenthaltes seiner Sänfte, nicht durch Lug und Trug, sondern öffentlich, kraft seiner Amtsgewalt, mit einem Machtwort eine ganze Stadt von Tür zu Tür ausgeplündert hat! Um aber trotzdem behaupten zu können, er habe die Sachen gekauft, befiehlt er dem Archagathos, er solle den ehemaligen Besitzern des Silbers zum Scheine etwas Geld geben. Archagathos fand nur wenige, die es annehmen wollten; denen gab er es. Verres indessen hat dem Archagathos diesen Betrag nicht ersetzt. Archagathos wollte ihn in Rom einklagen; Cn. Lentulus Marcellinus[56] riet ihm davon ab, wie ihr ihn selbst habt sagen hören. Lies die Zeugnisse des Archagathos und des Lentulus vor.

Und damit ihr nicht etwa meint, unser Mann habe eine solche Menge von Reliefeinlagen sinnlos anhäufen wollen, so seht, wie er euch, wie er die Meinung des römischen Volkes, wie er die Gesetze und Gerichte, wie er die Zeugnisse der Sizilier und der Kaufleute eingeschätzt hat. Er hatte eine derart große Masse von Reliefeinlagen gesammelt, daß niemandem auch nur ein Stück übrigblieb; da richtete er im Königspalast zu Syrakus eine riesige Werkstätte ein. Öffentlich läßt er alle Ziselierkünstler und Gefäßbildner zusammenrufen; er hatte auch selbst einige in seinem Gefolge. Die sperrt er ein, eine große Menge Leute. Acht Monate lang fehlte es ihnen nicht an Arbeit, obwohl nur goldene Gefäße angefertigt wurden. Da ließ er die Dinge, die er von den Schüsseln und Weihrauchgefäßen abgerissen hatte, so geschickt an den goldenen Bechern anbringen, so passend in die goldenen Trinkgefäße einfügen, daß man meinen mochte, sie seien von Anfang an dafür bestimmt gewesen. Der Prätor selbst aber, dessen Wachsamkeit, wie er sagt, Sizilien den Frieden erhalten

sua vigilantia pacem in Sicilia dicit fuisse, in hac officina
maiorem partem diei cum tunica pulla sedere solebat et
pallio.

Haec ego, iudices, non auderem proferre, ni vererer ne   55
forte plura de isto ab aliis in sermone quam a me in
iudicio vos audisse diceretis. Quis enim est qui de hac
officina, qui de vasis aureis, qui de istius pallio non
audierit? Quem voles e conventu Syracusano virum bo-
num nominato; producam; nemo erit quin hoc se audisse aut vidisse dicat.

O tempora, o mores! Nihil nimium vetus proferam.   56
Sunt vestrum aliquam multi qui L. Pisonem cognorint,
huius L. Pisonis, qui praetor fuit, patrem. Ei cum esset in
Hispania praetor, qua in provincia occisus est, nescio quo
pacto, dum armis exercetur, anulus aureus quem habebat
fractus et comminutus est. Cum vellet sibi anulum facere, aurificem iussit vocari in forum ad sellam Cordubae
et palam appendit aurum; hominem in foro iubet sellam
ponere et facere anulum omnibus praesentibus. Nimium
fortasse dicet aliquis hunc diligentem; hactenus repre-
hendet, si qui volet, nihil amplius. Verum fuit ei concedendum; filius enim L. Pisonis erat, eius qui primus de
pecuniis repetundis legem tulit. Ridiculum est me nunc   57
de Verre dicere, cum de Pisone Frugi dixerim; verum tamen quantum intersit videte. Iste cum aliquot abacorum
faceret vasa aurea, non laboravit quid non modo in Sici-

hat, pflegte den größten Teil des Tages in dieser Werkstatt zu sitzen, mit einer dunklen Tunica und einem griechischen Umhang bekleidet[57].

Ich würde dies gar nicht vorzubringen wagen, ihr Richter, wenn ich nicht fürchtete, ihr könntet sagen, daß ihr über Verres mehr von anderen im Gespräche als von mir vor Gericht vernommen hättet. Denn wem wäre nicht etwas über diese Werkstatt, über die goldenen Gefäße, über den Umhang des Verres zu Ohren gekommen? Nenne mir, wen du willst, von den römischen Bürgern in Syrakus, irgendeinen rechtschaffenen Mann: ich will ihn vorführen; keiner wird behaupten, er habe nichts davon gehört oder gesehen.

Welche Zeiten, welche Sitten! Ich will nichts anführen, was allzu weit zurückliegt. Nicht wenige von euch haben wohl noch den L. Piso gekannt, den Vater unseres L. Piso, des ehemaligen Prätors. Als der alte Piso Statthalter in der Provinz Spanien war, wo er auch sein Leben verloren hat, da wurde ihm, ich weiß nicht wie, während einer Waffenübung der goldene Ring, den er trug, zerbrochen und in Stücke geschlagen. Da er einen neuen Ring angefertigt haben wollte, ließ er einen Goldschmied auf den Markt von Corduba vor seinen Stuhl rufen und wog ihm öffentlich das Gold zu. Er befiehlt dem Manne, seinen Schemel auf dem Markt aufzustellen und den Ring vor aller Augen anzufertigen. Einige werden wohl sagen, er habe es allzu genau genommen; insoweit mag man ihn tadeln, wenn man will, doch weiter nicht. Man muß vielmehr Nachsicht mit ihm haben; er war ja der Sohn des L. Piso, des Mannes, der zuerst ein Gesetz über Erpressungen erlassen hat[58]. Es ist lächerlich, daß ich jetzt von Verres rede, nachdem ich über Piso Frugi geredet habe. Indes, beachtet den Unterschied! Als Verres für eine Reihe von Prunktischen goldene Gefäße anfertigen ließ, da war ihm gleichgültig, was man nicht nur in Sizilien, sondern auch in Rom vor Gericht von

lia verum etiam Romae in iudicio audiret: ille in auri se-
muncia totam Hispaniam scire voluit unde praetori anulus fieret. Nimirum ut hic nomen suum comprobavit, sic
ille cognomen.

Nullo modo possum omnia istius facta aut memoria
consequi aut oratione complecti: genera ipsa cupio breviter attingere, ut hic modo me commonuit Pisonis anulus quod totum effluxerat. Quam multis istum putatis
hominibus honestis de digitis anulos aureos abstulisse?
Numquam dubitavit, quotienscumque alicuius aut gemma aut anulo delectatus est. Incredibile dicam, sed ita clarum ut ipsum negaturum non arbitrer. Cum Valentio,   58
eius interpreti, epistula Agrigento adlata esset, casu signum iste animadvertit in cretula. Placuit ei; quaesivit
unde esset epistula; respondit Agrigento. Iste litteras ad
quos solebat misit, ut is anulus ad se primo quoque tempore adferretur. Ita litteris istius patri familias, L. Titio,
civi Romano, anulus de digito detractus est.

Illa vero eius cupiditas incredibilis est. Nam ut in sin-
gula conclavia, quae iste non modo Romae sed in omnibus villis habet, tricenos lectos optime stratos cum ceteris ornamentis convivi quaereret, nimium multa comparare videretur; nulla domus in Sicilia locuples fuit ubi
iste non textrinum instituerit. Mulier est Segestana per-   59
dives et nobilis, Lamia nomine. Per triennium isti plena
domo telarum stragulam vestem confecit, nihil nisi con-
chylio tinctum; Attalus, homo pecuniosus, Neti, Lyso
Lilybaei, Critolaus Aetnae, Syracusis Aeschrio, Cleo-

ihm sagen würde; doch Piso wünschte bei einer halben Unze Goldes, daß ganz Spanien wisse, woraus sich der Prätor einen Ring machen ließ. Freilich, Verres hat seinen Namen bestätigt, und ebenso Piso seinen Beinamen[59].

Es ist mir ganz unmöglich, die Missetaten des Verres vollständig im Gedächtnis zu behalten oder in meinem Vortrag unterzubringen. Ich will nur deren Arten kurz berühren, wie mich denn soeben der Ring des Piso an etwas erinnert hat, was mir gänzlich entfallen war. Wie vielen ehrenhaften Leuten, glaubt ihr, hat er wohl den Goldring vom Finger gezogen? Nie zeigte er Skrupel, sooft er an dem geschnittenen Stein oder dem Ring eines anderen Gefallen fand. Unglaublich ist, was ich jetzt sagen will, doch so bekannt, daß er selbst, meine ich, nicht widersprechen wird. Als sein Dolmetscher Valentius einen Brief aus Agrigent erhielt, da bemerkte er zufällig auf dem Siegellack das Siegel. Es gefiel ihm; er fragte, woher der Brief komme. Die Antwort lautete: aus Agrigent. Verres wandte sich brieflich an die üblichen Leute, man solle ihm den Ring so bald wie möglich bringen: So wurde auf sein Schreiben hin dem Familienvater L. Titius, einem römischen Bürger, der Ring vom Finger gezogen.

Doch auch der folgende Beweis seiner Habgier ist ganz unglaublich. Denn gesetzt, er hätte sich für jedes Speisezimmer, das er nicht nur in Rom, sondern auch in allen Landhäusern besitzt, dreißig gut gepolsterte Sofas mitsamt dem übrigen Zubehör für Gastmähler besorgt, dann würde man doch wohl meinen, er habe sich zu viel angeschafft. Es gab in Sizilien kein bemitteltes Haus, wo er nicht eine Webstube eingerichtet hätte. In Segesta lebt eine sehr reiche und angesehene Frau namens Lamia. Die stellte drei Jahre lang in ihrem mit Stoffen gefüllten Hause Sofadecken für ihn her; alles war mit Purpur gefärbt. Ebenso Attalos, ein reicher Mann in Netum, Lyson in Lilybaeum, Kritolaos in Ätna, zu Syrakus Aischrion, Kleo-

menes, Theomnastus, Helori Archonidas – dies me citi-
us defecerit quam nomina. "Ipse dabat purpuram, tantum operam amici." Credo; iam enim non libet omnia
criminari; quasi vero hoc mihi non satis sit ad crimen,
habuisse tam multum quod daret, voluisse deportare tam
multa, hoc denique, quod concedit, amicorum operis esse in huiusce modi rebus usum. Iam vero lectos aeratos   60
et candelabra aenea num cui praeter istum Syracusis per
triennium facta esse existimatis? "Emebat." Credo; sed
tantum vos certiores, iudices, facio quid iste in provincia
praetor egerit, ne cui forte neglegens nimium fuisse videatur neque se satis, cum potestatem habuerit, instruxisse
et ornasse.

Venio nunc non iam ad furtum, non ad avaritiam, non
ad cupiditatem, sed ad eius modi facinus in quo omnia
nefaria contineri mihi atque inesse videantur; in quo di
immortales violati, existimatio atque auctoritas nominis
populi Romani imminuta, hospitium spoliatum ac proditum, abalienati scelere istius a nobis omnes reges ami-
cissimi, nationesque quae in eorum regno ac dicione
sunt. Nam reges Syriae, regis Antiochi filios pueros, sci-   61
tis Romae nuper fuisse; qui venerant non propter Syriae
regnum, nam id sine controversia obtinebant ut a patre
et a maioribus acceperant, sed regnum Aegypti ad se et
ad Selenem, matrem suam, pertinere arbitrabantur. Ii
posteaquam temporibus rei publicae exclusi per senatum
agere quae voluerant non potuerunt, in Syriam in regnum patrium profecti sunt. Eorum alter, qui Antiochus

menes und Theomnastos, zu Heloros Archonidas[60]. Die Zeit würde mir eher ausgehen als die Namen. «Er lieferte selbst den Purpur, und die Freunde nur die Arbeitskräfte.» Gewiß; denn ich will ihm schon gar nicht mehr alles zum Vorwurf machen – als ob es mir nicht für einen Vorwurf genügte, daß er so viel zu liefern vermochte, so viel mitnehmen wollte, und schließlich, was er selbst zugibt, daß er die Arbeitskräfte seiner Freunde für derartige Dinge verwendet hat. Und gar die bronzenen Sofagestelle und die Leuchter aus Erz: meint ihr, daß man sie in Syrakus drei Jahre lang für sonst jemanden als für ihn angefertigt habe? «Er hat sie gekauft.» Gewiß; ich will euch ja nur mitteilen, ihr Richter, was er als Prätor in seiner Provinz getrieben hat; niemand soll glauben, er sei allzu unbedacht gewesen und habe sich, obwohl er die Macht dazu besaß, nicht gehörig versorgt und ausgestattet.

Ich komme jetzt auf etwas, was kein Diebstahl, keine Habgier, keine Begehrlichkeit mehr ist, sondern eine solche Schandtat, daß mir jede Art von Frevel darin einbegriffen und enthalten zu sein scheint – dieses Verbrechen des Verres hat die unsterblichen Götter beleidigt, dem Namen des römischen Volkes, seinem Ruf und Ansehen Abbruch getan, das Gastrecht geschändet und verraten und alle die eng mit uns befreundeten Könige sowie die Völkerschaften, die in deren Reichen und Gebieten leben, von uns abspenstig gemacht. Die syrischen Könige nämlich, die jungen Söhne des Königs Antiochos, sind, wie ihr wißt, neulich in Rom gewesen. Sie erschienen nicht wegen der syrischen Herrschaft (denn die kam ihnen unstreitig zu, wie sie vom Vater und von den Vorfahren auf sie übergegangen war); sie glaubten vielmehr, auch das Königreich Ägypten für sich und ihre Mutter Selene beanspruchen zu dürfen. Als sie, von den politischen Verhältnissen gehindert, dem Senat ihr Begehr nicht hatten vortragen können, reisten sie nach Syrien in ihr väterliches Reich zu-

vocatur, iter per Siciliam facere voluit, itaque isto praetore venit Syracusas.

Hic Verres hereditatem sibi venisse arbitratus est, quod   62
in eius regnum ac manus venerat is quem iste et audierat
multa secum praeclara habere et suspicabatur. Mittit homini munera satis large haec ad usum domesticum, olei,
vini quod visum est, etiam tritici quod satis esset, de suis
decumis. Deinde ipsum regem ad cenam vocavit. Exornat ample magnificeque triclinium; exponit ea, quibus
abundabat, plurima et pulcherrima vasa argentea – nam
haec aurea nondum fecerat; omnibus curat rebus instructum et paratum ut sit convivium. Quid multa? rex
ita discessit ut et istum copiose ornatum et se honorifice
acceptum arbitraretur.

Vocat ad cenam deinde ipse praetorem; exponit suas
copias omnis, multum argentum, non pauca etiam pocula ex auro, quae, ut mos est regius et maxime in Syria,
gemmis erant distincta clarissimis. Erat etiam vas vinarium, ex una gemma pergrandi trulla excavata, manubrio
aureo, de qua, credo, satis idoneum satis gravem testem,
Q. Minucium, dicere audistis. Iste unum quodque vas in   63
manus sumere, laudare, mirari: rex gaudere praetori populi Romani satis iucundum et gratum illud esse convivium. Posteaquam inde discessum est, cogitare nihil iste
aliud, quod ipsa res declaravit, nisi quem ad modum regem ex provincia spoliatum expilatumque dimitteret.
Mittit rogatum vasa ea quae pulcherrima apud eum

rück. Der eine von ihnen, Antiochos mit Namen, beschloß, seinen Weg über Sizilien zu nehmen. Und so kam er während der Prätur des Verres nach Syrakus[61].

Da glaubte Verres, ihm sei eine Erbschaft zugefallen, weil *der* Mann in sein Reich und in seine Gewalt gekommen war, der, wie er vernommen hatte und mutmaßte, viele herrliche Dinge mit sich führte. Er sendet ihm in reichlichem Maße Geschenke für den Hausbedarf: Öl und Wein, soviel er für angemessen hielt, auch Weizen zur Genüge, den er von seinem Zehnten nahm. Dann lud er den König selbst zur Tafel. Er läßt den Speisesaal reich und üppig schmücken; er stellt aus, was er im Überfluß besaß, sehr viele Silbergefäße von größter Schönheit (denn die goldenen hatte er noch nicht anfertigen lassen); er trägt Sorge, daß das Mahl mit allem wohl versehen und ausgestattet sei. Wozu viele Worte? Der König schied mit der Überzeugung, daß es Verres an nichts fehle und man ihn selbst ehrenvoll empfangen habe.

Darauf lädt er den Prätor zur Tafel; auch er stellt alle seine Schätze aus, viel Silber, ferner nicht wenige Becher aus Gold, die, wie es bei den Königen, und zumal in Syrien, Sitte ist, mit herrlichen Edelsteinen verziert waren. Hierunter befand sich eine Schöpfkelle für den Wein, mit einem goldenen Griff, aus einem einzigen sehr großen Edelstein geschnitten; ihr habt darüber die Aussage des Q. Minucius vernommen, eines, wie ich glaube, genügend tauglichen, genügend glaubwürdigen Zeugen. Verres nahm jedes einzelne Gefäß in die Hand, er lobte, er bewunderte es. Der König freute sich, daß dem Prätor des römischen Volkes das Mahl genugsam behagte und Vergnügen machte. Nachdem man sich verabschiedet hatte, dachte Verres, wie die Ereignisse selbst bewiesen, an nichts anderes, als wie er den König beraubt und ausgeplündert aus der Provinz weisen könne. Er bittet sich durch einen Boten die schönsten Gefäße aus, die er bei ihm gesehen hatte; er sagt, er

viderat; ait se suis caelatoribus velle ostendere. Rex, qui illum non nosset, sine ulla suspicione libentissime dedit. Mittit etiam trullam gemmeam rogatum; velle se eam diligentius considerare. Ea quoque ei mittitur.

Nunc reliquum, iudices, attendite, de quo et vos audis- 64 tis et populus Romanus non nunc primum audiet et in exteris nationibus usque ad ultimas terras pervagatum est. Candelabrum e gemmis clarissimis opere mirabili perfectum reges ii, quos dico, Romam cum attulissent, ut in Capitolio ponerent, quod nondum perfectum templum offenderant, neque ponere potuerunt neque vulgo ostendere ac proferre voluerunt, ut et magnificentius videretur cum suo tempore in cella Iovis Optimi Maximi poneretur, et clarius cum pulchritudo eius recens ad oculos hominum atque integra perveniret: statuerunt id secum in Syriam reportare ut, cum audissent simulacrum Iovis Optimi Maximi dedicatum, legatos mitterent qui cum ceteris rebus illud quoque eximium ac pulcherrimum donum in Capitolium adferrent.

Pervenit res ad istius auris nescio quo modo; nam rex 65 id celatum voluerat, non quo quicquam metueret aut suspicaretur, sed ut ne multi illud ante praeciperent oculis quam populus Romanus. Iste petit a rege et eum pluribus verbis rogat ut id ad se mittat; cupere se dicit inspicere neque se aliis videndi potestatem esse facturum. Antiochus, qui animo et puerili esset et regio, nihil de istius improbitate suspicatus est; imperat suis ut id in

wolle sie seinen Ziseleuren zeigen. Der König, der ihn nicht kannte, gab sie ihm ohne jeden Argwohn mit der größten Bereitwilligkeit. Verres läßt auch um die Schöpfkelle aus Edelstein bitten; er wolle sie sich genauer ansehen. Auch sie wird ihm zugesandt.

Achtet jetzt auf das Weitere, ihr Richter; ihr habt schon davon gehört, und auch das römische Volk wird jetzt nicht zum ersten Male davon erfahren, und bei den auswärtigen Völkerschaften hat sich die Kunde bis zu den entlegensten Ländern verbreitet. Die genannten Könige hatten einen Leuchter mit den schönsten Edelsteinen, ein Wunderwerk der Vollkommenheit, nach Rom mitgebracht, um ihn im Kapitol aufzustellen. Da sie den Tempel noch unvollendet antrafen[62], konnten sie den Leuchter nicht aufstellen, noch wollten sie ihn jedermann zeigen und vorführen; er sollte um so prachtvoller wirken, wenn er zu geeigneter Zeit in der Halle des gütigen und allmächtigen Jupiter aufgestellt würde, und um so glänzender, wenn seine Schönheit frisch und neu die Augen der Leute träfe. Sie beschlossen, ihn wieder mit sich nach Syrien zu nehmen; sie wollten, sobald sie erfahren hätten, daß das Bildnis des gütigen und allmächtigen Jupiter geweiht sei, Abgeordnete entsenden, die außer anderen Dingen auch dieses hervorragende und wunderschöne Geschenk ins Kapitol bringen sollten.

Dem Verres kam die Sache, ich weiß nicht wie, zu Ohren. Denn der König hatte sie geheimhalten wollen, nicht weil er etwas befürchtete oder argwöhnte, sondern damit nur wenige den Leuchter eher zu sehen bekämen als das römische Volk. Verres verlangt vom König und bittet ihn mit vielen Worten, er möge ihm das Werk schicken; er wolle es, sagte er, betrachten und werde es sonst niemanden sehen lassen. Antiochos, von teils knabenhaftem, teils königlichem Sinn, ahnte nichts von der Skrupellosigkeit des Verres; er befiehlt seinen Die-

praetorium involutum quam occultissime deferrent.
Quo posteaquam attulerunt involucrisque reiectis con-
stituerunt, clamare iste coepit dignam rem esse regno Syriae, dignam regio munere, dignam Capitolio. Etenim
erat eo splendore qui ex clarissimis et pulcherrimis gemmis esse debebat, ea varietate operum ut ars certare videretur cum copia, ea magnitudine ut intellegi posset non
ad hominum apparatum sed ad amplissimi templi ornatum esse factum. Cum satis iam perspexisse videretur,
tollere incipiunt ut referrent. Iste ait se velle illud etiam
atque etiam considerare; nequaquam se esse satiatum;
iubet illos discedere et candelabrum relinquere. Sic illi
tum inanes ad Antiochum revertuntur.

Rex primo nihil metuere, nihil suspicari; dies unus,   66
alter, plures; non referri. Tum mittit, si videatur, ut reddat. Iubet iste posterius ad se reverti. Mirum illi videri;
mittit iterum; non redditur. Ipse hominem appellat,
rogat ut reddat. Os hominis insignemque impudentiam
cognoscite. Quod sciret, quod ex ipso rege audisset in Capitolio esse ponendum, quod Iovi Optimo Maximo,
quod populo Romano servari videret, id sibi ut donaret
rogare et vehementissime petere coepit. Cum ille se et religione Iovis Capitolini et hominum existimatione impe-

nern, den Leuchter eingewickelt so heimlich wie möglich zum Sitze des Prätors zu bringen. Als sie ihn dorthin getragen und nach Entfernung der Hüllen aufgestellt hatten, brach Verres in den Ruf aus: das sei ein Stück, würdig des syrischen Reiches, würdig, das Geschenk eines Königs zu sein, würdig des Kapitols. Denn es zeigte sich in einem Glanze, wie ihn die hellsten und schönsten Edelsteine ausstrahlen mußten, in einer Mannigfaltigkeit der Ausführung, daß die Kunst mit dem Reichtum zu wetteifern schien, in einer Größe, daß man wohl begreifen konnte, es sei nicht zu menschlichem Prunk, sondern zum Schmuck des ehrwürdigsten Tempels bestimmt. Als man glaubte, Verres habe den Leuchter lange genug besichtigt, machte man Anstalten, ihn wegzunehmen und zurückzutragen. Doch er sagt, er wolle ihn wieder und wieder betrachten; er habe sich noch keineswegs satt gesehen; er befiehlt den Dienern, sich zu entfernen und den Leuchter bei ihm zu lassen. So kehren sie denn mit leeren Händen zu Antiochos zurück.

Der König hegte zunächst keine Furcht, keinen Argwohn. Ein Tag, ein zweiter, mehrere vergingen: nichts von einer Rückgabe. Dann ein Bote: wenn es ihm recht sei, möge er den Leuchter zurückgeben. Verres befiehlt, man solle sich ein anderes Mal wieder bei ihm einfinden. Das befremdet den König; abermals ein Bote; der Leuchter wird nicht zurückgegeben. Er wendet sich selbst an den Mann; er bittet um die Rückgabe. Achtet wohl auf die Stirn und die beispiellose Unverschämtheit des Burschen. Er wußte, er hatte vom König selbst vernommen, daß der Leuchter im Kapitol aufgestellt werden sollte, er sah, daß er für den gütigen und allmächtigen Jupiter, daß er für das römische Volk bestimmt war, und doch begann er, zu bitten und mit dem größten Nachdruck zu verlangen, der König möge ihm das Stück schenken. Als der sagte, daß ihn die Ehrfurcht vor dem kapitolinischen Jupiter

diri diceret, quod multae nationes testes essent illius operis ac muneris, iste homini minari acerrime coepit. Ubi
videt eum nihilo magis minis quam precibus permoveri,
repente hominem de provincia iubet ante noctem decedere; ait se comperisse ex eius regno piratas ad Siciliam
esse venturos.

Rex maximo conventu Syracusis in foro, ne quis forte   67
me in crimine obscuro versari atque adfingere aliquid
suspicione hominum arbitretur – in foro, inquam, Syracusis flens ac deos hominesque contestans clamare coepit
candelabrum factum e gemmis, quod in Capitolium missurus esset, quod in templo clarissimo populo Romano
monumentum suae societatis amicitiaeque esse voluisset,
id sibi C. Verrem abstulisse; de ceteris operibus ex auro
et gemmis quae sua penes illum essent se non laborare,
hoc sibi eripi miserum esse et indignum. Id etsi antea iam
mente et cogitatione sua fratrisque sui consecratum esset,
tamen tum se in illo conventu civium Romanorum dare
donare dicare consecrare Iovi Optimo Maximo, testemque ipsum Iovem suae voluntatis ac religionis adhibere.

Quae vox, quae latera, quae vires huius unius criminis
querimoniam possunt sustinere? Rex Antiochus, qui Romae ante oculos omnium nostrum biennium fere comitatu regio atque ornatu fuisset, is cum amicus et socius
populi Romani esset, amicissimo patre, avo, maioribus,

und die Rücksicht auf die öffentliche Meinung daran hinderten, weil viele Völkerschaften Zeugen dieses Werkes und Geschenkes seien, da begann er, dem Manne in der heftigsten Weise zu drohen. Wie er sieht, daß er ihn ebensowenig durch Drohungen wie durch Bitten umstimmen kann, befiehlt er ihm plötzlich, die Provinz vor Einbruch der Nacht zu verlassen; er behauptet, er habe erfahren, daß aus seinem Reiche Seeräuber auf Sizilien zusteuerten.

Der König hob an, inmitten einer zahlreichen Versammlung auf dem Marktplatz von Syrakus – niemand soll glauben, daß ich mich mit einer verborgenen Missetat befasse und nach bloßen Mutmaßungen etwas hinzudichte – auf dem Marktplatz von Syrakus, sage ich, hob er an, unter Tränen die Götter und Menschen zu Zeugen anzurufen und laut zu beteuern: den aus Edelsteinen gefertigten Leuchter, den er ins Kapitol habe senden wollen, der für den berühmtesten Tempel bestimmt und dem römischen Volk als Wahrzeichen seiner Bündnerschaft und Freundschaft zugedacht sei, den habe C. Verres ihm weggenommen; auf die übrigen Kunstwerke aus Gold und Edelsteinen, die ihm gehörten und sich jetzt bei Verres befänden, komme es ihm nicht an; doch daß man ihm diesen Leuchter entreiße, sei erbärmlich und empörend. Zwar hätten er und sein Bruder ihn schon ehedem im Geist und in Gedanken zum Weihgeschenk bestimmt; gleichwohl wolle er ihn nunmehr vor den versammelten römischen Bürgern dem gütigen und allmächtigen Jupiter geben, schenken, widmen und weihen, und er rufe Jupiter selbst zum Zeugen seiner gottesfürchtigen Absicht an.

Welche Stimme, welche Lunge, welche Kraft reicht aus, dieses eine Verbrechen gebührend zu beklagen? König Antiochos hatte fast zwei Jahre lang mit königlicher Begleitung und Hofhaltung vor unser aller Augen in Rom geweilt, und er, der Freund und Bundesgenosse des römischen Volkes, der Sohn,

antiquissimis et clarissimis regibus, opulentissimo et maximo regno, praeceps provincia populi Romani exturba-
tus est. Quem ad modum hoc accepturas nationes ex-   68
teras, quem ad modum huius tui facti famam in regna
aliorum atque in ultimas terras perventuram putasti, cum
audirent a praetore populi Romani in provincia violatum
regem, spoliatum hospitem, eiectum socium populi Romani atque amicum? Nomen vestrum populique Romani odio atque acerbitati scitote nationibus exteris, iudices, futurum, si istius haec tanta iniuria impunita discesserit. Sic omnes arbitrabuntur, praesertim cum haec fama
de nostrorum hominum avaritia et cupiditate percre-
bruerit, non istius solius hoc esse facinus, sed eorum
etiam qui adprobarint. Multi reges, multae liberae civi-
tates, multi privati opulenti ac potentes habent profecto
in animo Capitolium sic ornare ut templi dignitas impe-
rique nostri nomen desiderat; qui si intellexerint inter-
verso hoc regali dono graviter vos tulisse, grata fore vobis
populoque Romano sua studia ac dona arbitrabuntur; sin
hoc vos in rege tam nobili, re tam eximia, iniuria tam
acerba neglexisse audient, non erunt tam amentes ut operam curam pecuniam impendant in eas res quas vobis
gratas fore non arbitrentur.

Hoc loco, Q. Catule, te appello; loquor enim de tuo   69
clarissimo pulcherrimoque monumento. Non iudicis so-

Enkel und Abkömmling innig mit uns befreundeter Männer, der Sproß eines uralten und erlauchten Königshauses, der Herrscher über ein wohlhabendes und ausgedehntes Reich, er wurde jählings aus einer Provinz des römischen Volkes vertrieben. Wie, meintest du, würden die auswärtigen Völkerschaften dies aufnehmen, wie die Kunde von deiner Untat sich in anderen Reichen und in den entlegensten Ländern verbreiten, wenn man vernähme, daß ein Prätor des römischen Volkes in seiner Provinz einen König herabgewürdigt, einen Gastfreund beraubt, einen Bundesgenossen und Freund des römischen Volkes davongejagt habe? Euer und des römischen Volkes Name, das müßt ihr wissen, ihr Richter, wird den auswärtigen Völkerschaften verhaßt und widerwärtig sein, wenn Verres mit dieser schweren Missetat ungestraft davonkommt. Dann werden sie alle meinen, zumal sich ja die Kunde von der Habsucht und Begehrlichkeit unserer Leute weit verbreitet hat: dies sei nicht allein die Tat des Verres, sondern auch derer, die sie gebilligt hätten. Viele Könige, viele unabhängige Gemeinden, viele vermögende und einflußreiche Privatleute haben gewiß die Absicht, das Kapitol so auszuschmücken, wie es die Würde des Tempels und der Name unserer Herrschaft erheischen. Wenn die erfahren, daß die Unterschlagung der königlichen Gabe eure Entrüstung hervorgerufen hat, dann werden sie glauben, daß ihr Eifer und ihre Geschenke euch und dem römischen Volke willkommen seien; doch wenn sie hören, ihr hättet euch bei einem so angesehenen Könige, einem so erlesenen Werke, einem so bitteren Unrecht gleichgültig gezeigt, dann werden sie nicht so unvernünftig sein, ihre Mühe, ihre Sorge und ihr Geld für Dinge aufzuwenden, die euch, wie sie annehmen müssen, gar nicht willkommen sind.

Hier wende ich mich an dich, Q. Catulus; denn ich spreche von deinem hochberühmten und herrlichen Bauwerk. Bei die-

lum severitatem in hoc crimine, sed prope inimici atque
accusatoris vim suscipere debes. Tuus enim honos illo
templo senatus populique Romani beneficio, tui nominis aeterna memoria simul cum templo illo consecratur;
tibi haec cura suscipienda, tibi haec opera sumenda est,
ut Capitolium, quem ad modum magnificentius est re-
stitutum, sic copiosius ornatum sit quam fuit, ut illa
flamma divinitus exstitisse videatur, non quae deleret Iovis Optimi Maximi templum, sed quae praeclarius mag-
nificentiusque deposceret. Audisti Q. Minucium dicere   70
domi suae deversatum esse Antiochum regem Syracusis;
se illud scire ad istum esse delatum, se scire non reddi-
tum; audisti et audies homines e conventu Syracusano
qui ita dicant, sese audientibus illud Iovi Optimo Maximo dicatum esse ab rege Antiocho et consecratum. Si
iudex non esses et haec ad te delata res esset, te potissi-
mum hoc persequi, te petere, te agere oporteret. Quare
non dubito quo animo iudex huius criminis esse debeas,
qui apud alium iudicem multo acrior quam ego sum actor accusatorque esse deberes.

Vobis autem, iudices, quid hoc indignius aut quid mi-   71
nus ferendum videri potest? Verresne habebit domi suae
candelabrum Iovis e gemmis auroque perfectum? cuius
fulgore conlucere atque inlustrari Iovis Optimi Maximi
templum oportebat, id apud istum in eius modi convi-
viis constituetur, quae domesticis stupris flagitiisque fla-

sem Verbrechen mußt du nicht allein die Strenge des Richters, sondern fast die Heftigkeit eines feindseligen Anklägers
walten lassen. Denn durch die Gunst des Senats und des römischen Volkes[63] ist deine Ehre mit diesem Tempel verbunden,
wird deines Namens ewiges Andenken zugleich mit ihm geweiht; du mußt diese Sorge auf dich nehmen, du dich dieser
Mühe unterziehen, daß das Kapitol, wie es prächtiger wieder-
hergestellt ist, so auch reicher ausgeschmückt werde als je zuvor; man soll meinen, göttliche Fügung habe den Brand verursacht, nicht um den Tempel des gütigen und allmächtigen
Jupiter zu vernichten, sondern um ein schöneres und groß-
artigeres Gebäude zu begehren. Du hast den Q. Minucius aussagen hören, König Antiochos habe in seinem Hause zu Syrakus Quartier genommen; er wisse, daß der Leuchter dem Verres gebracht, er wisse, daß er nicht zurückgegeben worden
sei; du hast sie gehört und wirst sie hören, die Leute von der
Versammlung in Syrakus, die da erklären, König Antiochos
habe den Leuchter in ihrer Anwesenheit dem gütigen und allmächtigen Jupiter gewidmet und geweiht. Wenn du nicht
Richter wärest und man diese Sache vor dich brächte, dann
müßtest gerade du sie verfolgen, sie anhängig machen, sie betreiben. Ich zweifle daher nicht, wie du, da du Richter bist,
über diesen Frevel denken mußt; du wärest ja sonst verpflichtet, als Sachwalter und Ankläger vor einem anderen Richter
noch viel schärfer aufzutreten als ich.

Ihr aber, ihr Richter, könnt ihr euch etwas vorstellen, was
empörender oder unerträglicher wäre als dies? Verres soll in
seinem Hause den Leuchter des Jupiter besitzen, ein aus Edelsteinen und Gold gefertigtes Werk? Sein Leuchten war bestimmt, den Tempel des gütigen und allmächtigen Jupiter er-
glänzen und erstrahlen zu lassen – und dieses Werk soll bei
Verres für jene Gelage aufgestellt werden, die von der Unzucht
und Schändlichkeit seines Hauses entflammt sind? In der

grabunt? in istius lenonis turpissimi domo simul cum ceteris Chelidonis hereditariis ornamentis Capitoli ornamenta ponentur? Quid huic sacri umquam fore aut quid
religiosi fuisse putatis qui nunc tanto scelere se obstric-
tum esse nɐn sentiat, qui in iudicium veniat ubi ne pre-
cari quidem Iovem Optimum Maximum atque ab eo
auxilium petere more omnium possit? a quo etiam di immortales sua repetunt in eo iudicio quod hominibus ad
suas res repetendas est constitutum. Miramur Athenis
Minervam, Deli Apollinem, Iunonem Sami, Pergae Di-
anam, multos praeterea ab isto deos tota Asia Graeciaque
violatos, qui a Capitolio manus abstinere non potuerit?
Quod privati homines de suis pecuniis ornant ornaturi-
que sunt, id C. Verres ab regibus ornari non passus est.

Itaque hoc nefario scelere concepto nihil postea tota in   72
Sicilia neque sacri neque religiosi duxit esse; ita sese in ea
provincia per triennium gessit ut ab isto non solum hominibus verum etiam dis immortalibus bellum indictum
putaretur.

Segesta est oppidum pervetus in Sicilia, iudices, quod
ab Aenea fugiente a Troia atque in haec loca veniente con-
ditum esse demonstrant. Itaque Segestani non solum perpetua societate atque amicitia, verum etiam cognatione
se cum populo Romano coniunctos esse arbitrantur. Hoc
quondam oppidum, cum illa civitas cum Poenis suo nomine ac sua sponte bellaret, a Carthaginiensibus vi captum atque deletum est, omniaque quae ornamento urbi
esse possent Carthaginem sunt ex illo loco deportata.
Fuit apud Segestanos ex aere Dianae simulacrum, cum

Wohnung dieses verworfenen Kupplers soll sich zugleich mit den übrigen Schmuckgegenständen, den Erbstücken der Chelidon[64], der Schmuck des Kapitols befinden? Was, meint ihr wohl, wird dieser Mensch je für heilig halten, oder was hielt er für ehrwürdig, der jetzt nicht empfindet, in welchen Frevel er sich verstrickt hat, der vor Gericht erscheint und dort nicht einmal, wie es allgemeiner Brauch ist, zum gütigen und allmächtigen Jupiter beten und Hilfe von ihm erflehen kann? Von dem auch die unsterblichen Götter ihr Eigentum zurückfordern, und zwar vor dem Gericht, das für die Menschen zur Rückforderung des ihrigen eingerichtet ist? Wundern wir uns noch, daß er in Athen Minerva, auf Delos Apoll, Juno auf Samos, in Perge Diana und noch viele andere Götter in ganz Asien und Griechenland gekränkt hat[65], er, der seine Hand nicht vom Kapitol zurückzuhalten vermochte? Den Tempel, den Privatpersonen auf eigene Rechnung ausstatten und noch ausstatten werden, den haben, weil Verres es so wollte, selbst Könige nicht ausstatten dürfen.

Daher galt ihm, nachdem er diesen abscheulichen Frevel verübt hatte, in ganz Sizilien nichts mehr für heilig und ehrwürdig; er führte sich in dieser Provinz drei Jahre lang so auf, daß man glauben mußte, er habe nicht nur den Menschen, sondern auch den unsterblichen Göttern den Krieg erklärt.

Segesta ist eine uralte sizilische Stadt, ihr Richter; es heißt, Äneas habe sie gegründet, als er auf seiner Flucht aus Troja in diese Gegend kam. Daher glauben die Segestaner, dem römischen Volke nicht nur als unwandelbare Bündner und Freunde, sondern auch als Verwandte nahezustehen[66]. Diese Stadt wurde einst, als die Bürger auf eigene Faust und aus eigenem Entschluß gegen Karthago Krieg führten, von den Karthagern im Sturme erobert und zerstört, und man brachte von dort alles nach Karthago, womit man eine Stadt schmücken konnte. Die Segestaner besaßen ein ehernes Bildnis der Diana,

summa atque antiquissima praeditum religione tum singulari opere artificioque perfectum. Hoc translatum
Carthaginem locum tantum hominesque mutarat, religionem quidem pristinam conservabat; nam propter exi-
miam pulchritudinem etiam hostibus digna quam sanc-
tissime colerent videbatur.

Aliquot saeculis post P. Scipio bello Punico tertio Car-   73
thaginem cepit; qua in victoria – videte hominis virtutem et diligentiam, ut et domesticis praeclarissimae virtutis exemplis gaudeatis et eo maiore odio dignam istius
incredibilem audaciam iudicetis – convocatis Siculis
omnibus, quod diutissime saepissimeque Siciliam vexa-
tam a Carthaginiensibus esse cognorat, iubet omnia conquiri; pollicetur sibi magnae curae fore ut omnia civitatibus, quae cuiusque fuissent, restituerentur. Tum illa
quae quondam erant Himera sublata, de quibus antea dixi, Thermitanis sunt reddita, tum alia Gelensibus, alia
Agrigentinis, in quibus etiam ille nobilis taurus, quem
crudelissimus omnium tyrannorum Phalaris habuisse dicitur, quo vivos supplici causa demittere homines et sub-
icere flammam solebat. Quem taurum cum Scipio red-
deret Agrigentinis, dixisse dicitur aequum esse illos cogitare utrum esset Agrigentinis utilius, suisne servire anne
populo Romano obtemperare, cum idem monumentum
et domesticae crudelitatis et nostrae mansuetudinis haberent.

Illo tempore Segestanis maxima cum cura haec ipsa   74
Diana, de qua dicimus, redditur; reportatur Segestam; in
suis antiquis sedibus summa cum gratulatione civium et

das man seit ältester Zeit in höchsten Ehren hielt und das
überdies mit einzigartiger Kunst und Geschicklichkeit ausgeführt war. Dieses Werk tauschte, nach Karthago gebracht, nur
den Ort und die Menschen, behauptete jedoch seine frühere
Heiligkeit. Denn wegen seiner erlesenen Schönheit schien es
auch den Feinden der höchsten Verehrung würdig.

Einige Jahrhunderte später hat P. Scipio im dritten punischen Kriege Karthago erobert[67]. Nach seinem Siege – erseht
daraus den Anstand und die Gewissenhaftigkeit dieses Mannes: ihr sollt euch teils über unsere eigenen Beispiele glän-
zendster Lauterkeit freuen, teils aber die unglaubliche Verwegenheit des Verres für desto verabscheuungswürdiger halten – beschied Scipio alle Sizilier zu sich, weil er wußte, daß
die Karthager Sizilien sehr lange und sehr oft heimgesucht
hatten. Er befiehlt ihnen, allem nachzuspüren; er verspricht,
er wolle sich angelegentlich darum kümmern, daß jede Gemeinde ihr Eigentum zurückerhalte. Damals wurden die
Dinge, die Himera einst eingebüßt hatte (ich sprach schon
früher davon[68]), den Thermitanern zurückgegeben, und andere den Bewohnern von Gela, andere denen von Agrigent,
darunter auch der berüchtigte Stier, den Phalaris, der grau-
samste aller Tyrannen, besessen haben soll: er pflegte zur
Strafe lebendige Menschen hineinzusperren und Feuer darunter anzulegen[69]. Als Scipio den Agrigentinern diesen Stier
zurückgab, da soll er gesagt haben: es sei recht und billig, daß
sie darüber nachdächten, was vorteilhafter für sie sei, Sklaven
der eigenen Leute zu sein oder dem römischen Volk zu gehor-
chen, da sie ja doch in dem gleichen Gegenstand ein Denkmal
der eigenen Grausamkeit und unserer Milde besäßen.

Damals wird auch den Segestanern mit der größten Gewissenhaftigkeit eben die Diana, von der wir hier reden, zurückerstattet; man bringt sie nach Segesta zurück, man stellt sie
zur größten Genugtuung und Freude der Bürger wieder an

laetitia reponitur. Haec erat posita Segestae sane excelsa
in basi, in qua grandibus litteris P. Africani nomen erat
incisum eumque Carthagine capta restituisse perscriptum. Colebatur a civibus, ab omnibus advenis visebatur;
cum quaestor essem, nihil mihi ab illis est demonstratum
prius. Erat admodum amplum et excelsum signum cum
stola; verum tamen inerat in illa magnitudine aetas atque
habitus virginalis; sagittae pendebant ab umero, sinistra
manu retinebat arcum, dextra ardentem facem praefere-
bat.

Hanc cum iste sacrorum omnium et religionum hostis   75
praedoque vidisset, quasi illa ipsa face percussus esset, ita
flagrare cupiditate atque amentia coepit; imperat magis-
tratibus ut eam demoliantur et sibi dent; nihil sibi gra-
tius ostendit futurum. Illi vero dicere sibi id nefas esse,
seseque cum summa religione tum summo metu legum
et iudiciorum teneri. Iste tum petere ab illis, tum minari, tum spem, tum metum ostendere. Opponebant illi
nomen interdum P. Africani; populi Romani illud esse dicebant; nihil se in eo potestatis habere quod imperator
clarissimus urbe hostium capta monumentum victoriae
populi Romani esse voluisset. Cum iste nihilo remissius   76
atque etiam multo vehementius instaret cotidie, res agitur in senatu: vehementer ab omnibus reclamatur. Itaque
illo tempore ac primo istius adventu pernegatur. Postea,
quidquid erat oneris in nautis remigibusque exigendis, in

ihrem alten Platze auf. Sie stand nun in Segesta auf einem ziemlich hohen Sockel, auf dem mit großen Buchstaben der Name des P. Africanus eingehauen war und überdies geschrieben stand, daß er sie nach der Eroberung Karthagos zurückerstattet habe. Die Einheimischen verehrten, alle Fremden besuchten sie. Als ich Quästor war[70], führte man mich zuallererst zu ihr. Es war eine sehr große und stattliche Darstellung, mit einem langen Gewande. Doch trotz ihrer Größe zeigte sie das Alter und die Haltung einer Jungfrau. Die Pfeile hingen von der Schulter herab; in der linken Hand hielt sie den Bogen, und mit der rechten streckte sie eine brennende Fackel vor.

Als der Feind und Räuber alles Heiligen und Ehrwürdigen sie erblickte, da entbrannte er, wie wenn er von eben jener Fackel getroffen wäre, in wahnsinniger Gier; er befiehlt den städtischen Beamten, das Bildnis loszumachen und ihm zu geben; er bedeutet ihnen, daß man ihm keinen größeren Gefallen erweisen könne. Doch sie erklärten, das sei ihnen streng untersagt und sie würden teils durch den schärfsten Gewissenszwang, teils durch äußerste Furcht vor den Gesetzen und Gerichten daran gehindert. Da bedachte sie Verres bald mit Bitten, bald mit Drohungen; er stellte ihnen bald Hoffnung, bald Schrecken in Aussicht. Sie aber beriefen sich des öfteren auf den Namen des P. Africanus; sie sagten, das Bildnis gehöre dem römischen Volke; sie dürften nicht über einen Gegenstand verfügen, den der berühmteste Feldherr nach der Eroberung der feindlichen Stadt zum Erinnerungszeichen an den Sieg des römischen Volkes bestimmt habe. Da Verres um nichts nachgiebiger wurde und sogar mit jedem Tage weit heftiger in sie drang, kommt die Angelegenheit vor den Gemeinderat. Allgemein erhebt sich scharfer Widerspruch. So weist man ihn damals bei seinem ersten Aufenthalte beharrlich ab. Daraufhin nötigte er den Segestanern vorzugsweise jede Art von Belastungen auf, durch Einfordern von Seeleuten

frumento imperando, Segestanis praeter ceteros impone-
bat, aliquanto amplius quam ferre possent. Praeterea
magistratus eorum evocabat, optimum quemque et no-
bilissimum ad se arcessebat, circum omnia provinciae
fora rapiebat, singillatim uni cuique calamitati fore se
denuntiabat, universis se funditus eversurum esse illam
civitatem minabatur. Itaque aliquando multis malis mag-
noque metu victi Segestani praetoris imperio parendum
esse decreverunt. Magno cum luctu et gemitu totius civitatis, multis cum lacrimis et lamentationibus virorum
mulierumque omnium simulacrum Dianae tollendum
locatur.

Videte quanta religio fuerit. Apud Segestanos reper- 77
tum esse, iudices, scitote neminem, neque liberum neque
servum, neque civem neque peregrinum, qui illud signum auderet attingere; barbaros quosdam Lilybaeo scitote adductos esse operarios; ii denique illud ignari totius negoti ac religionis mercede accepta sustulerunt.
Quod cum ex oppido exportabatur, quem conventum
mulierum factum esse arbitramini, quem fletum maiorum natu? quorum non nulli etiam illum diem memoria tenebant cum illa eadem Diana Segestam Carthagine
revecta victoriam populi Romani reditu suo nuntiasset.
Quam dissimilis hic dies illi tempori videbatur! Tum imperator populi Romani, vir clarissimus, deos patrios re-
portabat Segestanis ex urbe hostium recuperatos: nunc ex
urbe sociorum praetor eiusdem populi turpissimus atque
impurissimus eosdem illos deos nefario scelere auferebat.
Quid hoc tota Sicilia est clarius, quam omnis Segestae

und Ruderern, durch Anordnen von Getreidelieferungen, und er verlangte erheblich mehr, als sie zu leisten vermochten. Außerdem lud er ihre Beamten vor, beschied er alle tüchtigen und angesehenen Leute zu sich, schleppte er sie von einem Marktplatz der Provinz zum anderen, kündigte er jedem einzelnen an, er werde ihn ins Verderben stürzen, drohte er allen insgesamt, er wolle ihre Stadt von Grund auf vernichten. Und so entschieden denn schließlich die Segestaner, von dem vielen Unheil und von großer Furcht bezwungen, man müsse sich dem Befehl des Prätors fügen. Unter großem Jammer und Seufzen der gesamten Bürgerschaft, unter vielen Tränen und Klagen aller Männer und Frauen wird die Beseitigung des Dianabildes ausgeschrieben.

Seht, wie groß die Ehrfurcht war. Ihr müßt nämlich wissen, Richter: bei den Segestanern fand sich niemand, kein Freier und kein Sklave, kein Bürger und kein Fremder, der das Bildnis zu berühren gewagt hätte. Aus Lilybaeum hat man, müßt ihr wissen, einige ausländische Arbeiter[71] herbeigeholt. Die ahnten nichts von der Sache und kannten keine Scheu; sie beseitigten endlich das Bildnis gegen baren Lohn. Als es nun aus der Stadt geschafft wurde, welch Gedränge der Frauen, glaubt ihr, hat es da gegeben, welch Gejammer der älteren Leute? Einige von ihnen erinnerten sich sogar noch jenes Tages, an dem eben diese Diana, von Karthago nach Segesta zurückgebracht, durch ihre Heimkehr den Sieg des römischen Volkes verkündet hatte. Wie ungleich nahm sich die Gegenwart vor der Vergangenheit aus! Damals brachte der berühmteste Feldherr des römischen Volkes den Segestanern die angestammten, aus der Stadt der Feinde wiedergewonnenen Götter zurück; jetzt nahm der schändlichste und gewissenloseste Prätor desselben Volkes in verruchtem Frevelmut dieselben Götter aus der Stadt der Bundesgenossen weg. Was ist in ganz Sizilien besser bekannt, als daß alle Frauen und Mädchen von

matronas et virgines convenisse cum Diana exportaretur
ex oppido, unxisse unguentis, complesse coronis et flori-
bus, ture, odoribus incensis usque ad agri finis prosecutas
esse?

Hanc tu tantam religionem si tum in imperio propter   78
cupiditatem atque audaciam non pertimescebas, ne nunc
quidem in tanto tuo liberorumque tuorum periculo per-
horrescis? Quem tibi aut hominem invitis dis immortalibus aut vero deum tantis eorum religionibus violatis
auxilio futurum putas? Tibi illa Diana in pace atque in
otio religionem nullam attulit? quae cum duas urbis in
quibus locata fuerat captas incensasque vidisset, bis ex
duorum bellorum flamma ferroque servata est; quae
Carthaginiensium victoria loco mutato religionem tamen non amisit, P. Africani virtute religionem simul cum
loco recuperavit. Quo quidem scelere suscepto cum ina-
nis esset basis et in ea P. Africani nomen incisum, res in-
digna atque intoleranda videbatur omnibus non solum
religiones esse violatas, verum etiam P. Africani, viri
fortissimi, rerum gestarum gloriam, memoriam virtutis,
monumenta victoriae C. Verrem sustulisse. Quod cum   79
isti renuntiaretur de basi ac litteris, existimavit homines
in oblivionem totius negoti esse venturos si etiam basim
tamquam indicem sui sceleris sustulisset. Itaque tollen-
dam istius imperio locaverunt; quae vobis locatio ex publicis litteris Segestanorum priore actione recitata est.

Segesta zusammenströmten, während man die Diana aus der
Stadt schaffte, daß sie das Bild mit Salben bestrichen, mit
Kränzen und Blumen behängten, mit Weihrauch und bren-
nenden Wohlgerüchen bis an die Grenze ihres Gebietes begleiteten?

Wenn dir dieses Maß an frommer Verehrung damals, während der Statthalterschaft, wegen deiner Gier und Unverschämtheit keine Furcht einflößte, empfindest du nicht einmal jetzt ein Schaudern, da dir und deinen Kindern so große
Gefahr droht? Welcher Mensch, meinst du, wird dir gegen
den Willen der unsterblichen Götter beistehen, oder gar welcher Gott, nachdem du dich so schwer gegen die Ehrfurcht
vor dem Heiligen versündigt hast? Dich hat jene Diana in der
Zeit des Friedens und der Ruhe nicht mit frommer Scheu erfüllt? Sie hat die Eroberung und Einäscherung der beiden
Städte gesehen, in denen sie aufgestellt war, und doch wurde
sie zweimal, in zwei Kriegen, vor Feuer und Schwert bewahrt;
sie wechselte nach dem Siege der Karthager den Ort und
büßte doch ihre Heiligkeit nicht ein; sie gewann durch das
Verdienst des P. Africanus zugleich mit dem Ort ihre einstige
Heiligkeit zurück. Als nach diesem Frevel der Sockel leer da-
stand, auf dem der Name des P. Africanus eingehauen war, da
schien es jedermann empörend und unerträglich, daß C. Verres
nicht nur die Ehrfurcht vor dem Göttlichen verletzt, sondern
auch das Ruhmeszeichen der Taten, die der heldenhafte
P. Africanus vollbracht, die Erinnerung an seine Leistung, das
Denkmal seines Sieges beseitigt habe. Als man ihm von dem
Sockel und der Inschrift berichtete, da glaubte er, bei den Leuten werde die ganze Sache in Vergessenheit geraten, wenn er
auch den Sockel, gleichsam den Zeugen seines Frevels, beseiti-
tige. So schrieb man denn auf seinen Befehl den Abbruch des
Sockels aus. Der Vertrag wurde euch in der ersten Verhandlung aus den amtlichen Urkunden der Segestaner vorgelesen.

Te nunc, P. Scipio, te, inquam, lectissimum ornatissi-
mumque adulescentem, appello, abs te officium tuum
debitum generi et nomini requiro et flagito. Cur pro isto,
qui laudem honoremque familiae vestrae depeculatus est,
pugnas, cur eum defensum esse vis, cur ego tuas partis
suscipio, cur tuum munus sustineo, cur M. Tullius P.
Africani monumenta requirit, P. Scipio eum qui illa sustulit defendit? Cum mos a maioribus traditus sit, ut monumenta maiorum ita suorum quisque defendat ut ea ne
ornari quidem nomine aliorum sinat, tu isti aderis, qui
non obstruxit aliqua ex parte monumento P. Scipionis
sed id funditus delevit ac sustulit? Quisnam igitur, per   80
deos immortalis, tuebitur P. Scipionis memoriam mortui, quis monumenta atque indicia virtutis, si tu ea re-
linquis aut deseris, nec solum spoliata illa pateris sed
etiam eorum spoliatorem vexatoremque defendis?

Adsunt Segestani, clientes tui, socii populi Romani atque amici; certiorem te faciunt P. Africanum Carthagine
deleta simulacrum Dianae maioribus suis restituisse, idque apud Segestanos eius imperatoris nomine positum ac
dedicatum fuisse; hoc Verrem demoliendum et asportan-
dum nomenque omnino P. Scipionis delendum tollen-
dumque curasse; orant te atque obsecrant ut sibi religionem, generi tuo laudem gloriamque restituas, ut, quod
per P. Africanum ex urbe hostium recuperarint, id per te
ex praedonis domo conservare possint. Quid aut tu his
respondere honeste potes aut illi facere, nisi ut te ac fidem tuam implorent? Adsunt et implorant.

An dich wende ich mich jetzt, P. Scipio[72], an dich, sage ich, den vortrefflichsten und achtbarsten jungen Mann; von dir heische und fordere ich den Dienst, den du deinem Geschlecht und Namen schuldig bist. Warum kämpfst *du* für den Mann, der den Ruhm und die Ehre eurer Familie geraubt hat, warum willst *du* ihn verteidigt wissen, warum nehme *ich* deine Aufgabe wahr, warum trage *ich* deine Last, warum fragt ein M. Tullius nach den Erinnerungszeichen des P. Africanus, verteidigt ein P. Scipio den Mann, der sie beseitigt hat? Wie die von den Vorfahren überkommene Sitte gebietet, soll ein jeder die Denkmäler seiner Ahnen so unterhalten, daß er sie nicht einmal von anderer Seite ausschmücken läßt – und du willst dem Manne beistehen, der ein Denkmal des P. Scipio nicht etwa nur teilweise zugebaut, sondern von Grund auf zerstört und beseitigt hat? Wer wird denn, ihr unsterblichen Götter, die Erinnerung an den verstorbenen P. Scipio, wer die Denkmäler und Zeichen seiner Verdienste schützen, wenn du dich von ihnen abwendest und sie preisgibst und nicht nur ihren Raub duldest, sondern gar für ihren Räuber und Zerstörer eintrittst?

Anwesend sind die Segestaner, deine Schutzbefohlenen, die Bundesgenossen und Freunde des römischen Volkes; sie berichten dir, daß P. Africanus nach der Zerstörung Karthagos ihren Vorfahren das Bildnis der Diana zurückerstattet hat, daß es bei den Segestanern im Namen dieses Feldherrn aufgestellt und geweiht wurde, daß Verres es losbrechen und wegschaffen und den Namen des P. Scipio völlig austilgen und beseitigen ließ; sie bitten und beschwören dich: erwirb ihnen das geheiligte Bildnis, deinem Geschlechte aber Ansehen und Ruhm zurück; sie möchten, was sie durch P. Africanus aus der Stadt der Feinde wiedererhielten, durch dich aus dem Hause des Räubers gerettet haben. Was kannst du ihnen mit Anstand antworten, oder was können sie tun, als dich und deinen Schutz anrufen? Sie sind da und rufen dich an.

Potes domesticae laudis amplitudinem, Scipio, tueri, potes; omnia sunt in te quae aut fortuna hominibus aut natura largitur; non praecerpo fructum offici tui, non alienam mihi laudem appeto, non est pudoris mei P. Scipione, florentissimo adulescente, vivo et incolumi me propugnatorem monumentorum P. Scipionis defensoremque profiteri. Quam ob rem si suscipis domesticae laudis patrocinium, me non solum silere de vestris monumentis oportebit, sed etiam laetari P. Africani eius modi fortunam esse mortui ut eius honos ab iis qui ex eadem familia sint defendatur, neque ullum adventicium auxilium requiratur. Sin istius amicitia te impedit, si hoc quod ego abs te postulo minus ad officium tuum pertinere arbitrabere, succedam ego vicarius tuo muneri, suscipiam partis quas alienas esse arbitrabar.

81

Deinde ista praeclara nobilitas desinat queri populum Romanum hominibus novis industriis libenter honores mandare semperque mandasse. Non est querendum in hac civitate, quae propter virtutem omnibus nationibus imperat, virtutem plurimum posse. Sit apud alios imago P. Africani, ornentur alii mortui virtute ac nomine; talis ille vir fuit, ita de populo Romano meritus est ut non uni familiae sed universae civitati commendatus esse debeat. Est aliqua mea pars virilis, quod eius civitatis sum quam ille amplam inlustrem claramque reddidit, praecipue

Du kannst den Ruhm deines Hauses in seinem Glanze erhalten, Scipio, wahrhaftig: in dir ist alles vereinigt, was das
Glück oder die Natur dem Menschen schenkt; ich nehme dir
nicht weg, was dein Pflichteifer durchsetzen könnte; ich maße
mir kein Lob an, das einem anderen zukommt; meine Zurückhaltung erlaubt mir nicht, mich zum Vorkämpfer und Verteidiger der von P. Scipio hinterlassenen Denkmäler aufzuwerfen,
solange P. Scipio, ein in der Blüte seiner Jahre stehender junger
Mann, lebt und bei guter Gesundheit ist. Wenn du dich also
zum Anwalt für den Ruhm deines Hauses machst, dann werde
ich nicht nur von euren Denkmälern zu schweigen, sondern
mich auch zu freuen haben: ist doch dem verstorbenen
P. Africanus das Glück zuteil geworden, daß Angehörige derselben Familie seine Ehre schützen und keine anderweitige
Hilfe vonnöten ist. Wenn dir jedoch deine Freundschaft mit
Verres im Wege steht, wenn du glaubst, die Forderung, die
ich an dich richte, lasse sich nicht mit deiner Pflicht verein-
baren, dann will ich als Stellvertreter deine Obliegenheit
wahrnehmen, will mich einer Sache unterziehen, die ich für
die Aufgabe eines anderen hielt.

Doch dann soll sich unser herrlicher Adel nicht mehr darüber beschweren, daß das römische Volk unadligen und streb-
samen Leuten gerne Ämter überträgt und stets übertragen
hat. Es ist unsinnig zu bedauern, daß in unserer Bürgerschaft,
die wegen ihrer Tüchtigkeit allen Völkern gebietet, die Tüchtigkeit am meisten gilt. Mag sich die Porträtmaske des P. Africanus bei anderen befinden[73], mögen andere sich mit dem erlauchten Namen des Verstorbenen zieren: der Mann war so
bedeutend, seine Verdienste um das römische Volk sind so groß,
daß er nicht nur bei einer Familie, sondern bei der gesamten
Bürgerschaft in Ansehen stehen muß. Hieran habe auch ich
meinen Anteil, weil ich dem Staate angehöre, den er groß, bedeutend und berühmt gemacht hat, und besonders, weil auch

quod in his rebus pro mea parte versor quarum ille princeps fuit, aequitate, industria, temperantia, defensione
miserorum, odio improborum; quae cognatio studiorum
et artium prope modum non minus est coniuncta quam
ista qua vos delectamini generis et nominis.

Repeto abs te, Verres, monumentum P. Africani. Cau-   82
sam Siculorum quam suscepi relinquo, iudicium de pecuniis repetundis ne sit hoc tempore, Segestanorum iniuriae neglegantur: basis P. Scipionis restituatur, nomen
invicti imperatoris incidatur, signum pulcherrimum
Carthagine captum reponatur. Haec abs te non Siculorum defensor, non tuus accusator, non Segestani pos-
tulant, sed is qui laudem gloriamque P. Africani tuen-
dam conservandamque suscepit. Non vereor ne hoc officium meum P. Servilio iudici non probem, qui cum res
maximas gesserit monumentaque suarum rerum gestarum cum maxime constituat atque in iis elaboret profecto volet haec non solum suis posteris verum etiam omnibus viris fortibus et bonis civibus defendenda, non spo-
lianda improbis tradere. Non vereor ne tibi, Q. Catule,
displiceat, cuius amplissimum orbi terrarum clarissi-
mumque monumentum est, quam plurimos esse custo-
des monumentorum et putare omnis bonos alienae gloriae defensionem ad officium suum pertinere. Equidem   83
ceteris istius furtis atque flagitiis ita moveor ut ea repre-
hendenda tantum putem; hic vero tanto dolore adficior
ut nihil mihi indignius, nihil minus ferendum esse videatur. Verres Africani monumentis domum suam plenam

ich, soviel ich kann, die Grundsätze handhabe, durch die er
sich hervorgetan hat: gerecht, arbeitsam und uneigennützig
zu sein, für die Bedrängten einzutreten und die Frevler zu ver-
abscheuen. Diese Verwandtschaft der Einstellung und Handlungsweise ist fast ebenso eng wie jene, an der ihr eure Freude
habt, das Band der Abkunft und des Namens.

Ich fordere dich auf, Verres, das Denkmal des P. Africanus
zurückzugeben. Von der Sache der Sizilier, die ich übernommen habe, wende ich mich ab; die Verhandlung wegen der
Erpressungen mag jetzt ruhen, die Kränkungen der Segestaner mögen beiseite bleiben: der Sockel des P. Scipio muß wie-
dererrichtet, der Name des unbesiegten Feldherrn eingehauen,
das herrliche, in Karthago errungene Bildnis an seinen Platz zu-
rückgestellt werden. Das verlangt von dir nicht der Verteidiger der Sizilier, nicht dein Ankläger, nicht die Bürgerschaft
von Segesta, sondern derjenige, der es übernommen hat, Ansehen und Ruhm des P. Africanus zu schützen und zu erhalten.
Ich fürchte nicht, daß der Richter· P. Servilius[74] meinen
Pflichteifer mißbilligt: nachdem er die größten Leistungen
vollbracht hat, erbaut er gerade jetzt die Denkmäler seiner
Taten und geht ganz darin auf; er will sie schwerlich allein
seinen Nachkommen, sondern überhaupt allen tüchtigen
Männern und rechtschaffenen Mitbürgern zum Schutze, nicht
aber den Schurken zum Raube überantwortet wissen. Ich
fürchte nicht, daß es dir, Q. Catulus, mißfällt (dein ist ja das
ehrwürdigste und berühmteste Denkmal der Welt[75]), wenn
sich möglichst viele der Denkmäler annehmen und alle
Rechtschaffenen die Verteidigung fremden Ruhmes für ihre
Pflicht halten. Die übrigen Diebereien und Schandtaten des
Verres verdrießen mich nur insoweit, als ich sie für tadelns-
wert erachte; doch hier trifft mich der Schmerz so heftig, daß
mir nichts empörender, nichts unerträglicher vorkommt. Ein
Verres schmückt mit den Denkmälern des Africanus sein

stupri, plenam flagiti, plenam dedecoris ornabit? Verres
temperantissimi sanctissimique viri monumentum, Dianae simulacrum virginis, in ea domo conlocabit in qua
semper meretricum lenonumque flagitia versantur?

At hoc solum Africani monumentum violasti. Quid?   84
a Tyndaritanis non eiusdem Scipionis beneficio positum
simulacrum Mercuri pulcherrime factum sustulisti? At
quem ad modum, di immortales! quam audacter, quam
libidinose, quam impudenter! Audistis nuper dicere legatos Tyndaritanos, homines honestissimos ac principes
civitatis, Mercurium, qui sacris anniversariis apud eos ac
summa religione coleretur, quem P. Africanus Carthagine capta Tyndaritanis non solum suae victoriae sed etiam
illorum fidei societatisque monumentum atque indicium
dedisset, huius vi scelere imperioque esse sublatum.

Qui ut primum in illud oppidum venit, statim, tamquam ita fieri non solum oporteret sed etiam necesse esset, tamquam hoc senatus mandasset populusque Roma·
nus iussisset, ita continuo signum ut demolirentur et
Messanam deportarent imperavit. Quod cum illis qui   85
aderant indignum, qui audiebant incredibile videretur,
non est ab isto primo illo adventu perseveratum. Disce-
dens mandat proagoro Sopatro, cuius verba audistis, ut
demoliatur; cum recusaret, vehementer minatur et statim
ex illo oppido proficiscitur. Refert rem ille ad senatum;
vehementer undique reclamatur. Ne multa, iterum iste
ad illos aliquanto post venit, quaerit continuo de signo.

Haus, das von Unzucht, von Lastern, von Schändlichkeiten erfüllt ist? Ein Verres stellt das Andenken an den uneigennützigsten und lautersten Mann, das Bildnis der jungfräulichen Diana, in dem Hause auf, in dem seit jeher die Zuchtlosigkeiten von Dirnen und Kupplern ihre Stätte haben?

Doch du hast ja nur dieses Denkmal des Africanus entweiht. Wie? Hast du nicht den Bewohnern von Tyndaris[76] ein herrlich gearbeitetes Bildnis des Merkur weggenommen, zu dessen Aufstellung derselbe Scipio verholfen hatte? Und auf welche Weise, ihr unsterblichen Götter! Wie dreist, wie willkürlich, wie schamlos! Ihr habt neulich die Gesandten aus Tyndaris, hochangesehene und maßgebliche Männer der Gemeinde, aussagen hören: den Merkur, der bei ihnen durch ein alljährliches Fest und mit der größten Hingabe verehrt werde, den habe P. Africanus nach der Einnahme von Karthago den Bewohnern von Tyndaris nicht nur als Denkmal seines Sieges, sondern auch als Zeichen ihrer treuen Bündnerschaft geschenkt; doch die Gewaltsamkeit, der Frevelmut und das Machtwort des Verres hätten ihn beseitigt.

Sobald er nämlich in die Stadt kam, befahl er sofort, man solle das Bildnis losmachen und nach Messana bringen – als ob es sich nicht allein so gehörte, sondern sogar unumgänglich wäre, als ob ihm das der Senat aufgetragen und das römische Volk befohlen hätte. Da dies den Anwesenden empörend, denen, die davon hörten, unglaublich schien, bestand Verres während des ersten Aufenthaltes nicht weiter auf seiner Forderung. Doch wie er abreist, beauftragt er den Vorsteher Sopatros, dessen Worte ihr vernommen habt, er solle das Bildnis losmachen; als der sich weigert, stößt er heftige Drohungen aus und verläßt sofort die Stadt. Sopatros bringt die Sache vor den Gemeinderat; allerseits wird nachdrücklich Einspruch erhoben. Kurz, nach einiger Zeit kommt Verres abermals zu den Leuten; er fragt sofort nach dem Bildnis. Man antwortet ihm,

Respondetur ei senatum non permittere; poenam capitis constitutam, si iniussu senatus quisquam attigisset; simul religio commemoratur. Tum iste, "Quam mihi religionem narras, quam poenam, quem senatum? vivum te non relinquam; moriere virgis nisi mihi signum traditur." Sopater iterum flens ad senatum rem defert, istius cupiditatem minasque demonstrat. Senatus Sopatro responsum nullum dat, sed commotus perturbatusque discedit. Ille praetoris arcessitus nuntio rem demonstrat, negat ullo modo fieri posse. Atque haec – nihil enim praetermittendum de istius impudentia videtur – agebantur in conventu palam de sella ac de loco superiore.

Erat hiems summa, tempestas, ut ipsum Sopatrum dicere audistis, perfrigida, imber maximus, cum iste imperat lictoribus ut Sopatrum de porticu, in qua ipse sedebat, praecipitem in forum deiciant nudumque constituant. Vix erat hoc plane imperatum cum illum spoliatum stipatumque lictoribus videres. Omnes id fore putabant ut miser atque innocens virgis caederetur; fefellit hic homines opinio. Virgis iste caederet sine causa socium populi Romani atque amicum? Non usque eo est improbus; non omnia sunt in uno vitia; numquam fuit crudelis. Leniter hominem clementerque accepit. Equestres sunt medio in foro Marcellorum statuae, sicut fere ceteris in oppidis Siciliae; in quibus iste C. Marcelli statuam delegit, cuius officia in illam civitatem totamque 86

der Rat verweigere die Zustimmung; die Todesstrafe drohe jedem, der sich ohne Auftrag des Rates an der Statue vergreife; zugleich beruft man sich auf ihre Heiligkeit. Darauf Verres: «Was erzählst du mir da von Heiligkeit, von Strafe, vom Rat? Du kommst mir nicht lebend davon; du sollst unter Geißelhieben sterben, wenn ich nicht das Bildnis erhalte.» Weinend bringt Sopatros die Sache noch einmal vor den Rat; er berichtet von der Gier und den Drohungen des Verres. Der Rat gibt dem Sopatros keinen Bescheid, sondern geht erschüttert und verwirrt auseinander. Sopatros, vom Boten des Verres vorgeladen, teilt ihm den Stand der Dinge mit; er sagt, die Sache sei gänzlich undurchführbar. Und dies – denn man muß, scheint mir, sein schamloses Vorgehen unverkürzt mitteilen – wurde in öffentlicher Versammlung vom Amtssitz und von erhabener Stätte aus verhandelt.

Es war tiefster Winter, die Witterung, wie ihr von Sopatros selbst vernommen habt, sehr kalt, und es regnete heftig, als Verres den Bütteln befahl, sie sollten Sopatros von der Säulenhalle, in der er selbst seinen Sitz hatte, kopfüber auf den Marktplatz hinabstoßen und entblößt dort aufstellen. Kaum war der Befehl ganz erteilt, und schon sah man ihn entkleidet und von den Bütteln umringt. Alle glaubten, es sei beabsichtigt, den unglücklichen und schuldlosen Mann mit Ruten auszupeitschen; doch mit dieser Vermutung täuschten sich die Leute. Verres hätte ohne Grund einen Bundesgenossen und Freund des römischen Volkes mit Ruten auspeitschen lassen? Nicht so weit geht seine Skrupellosigkeit; nicht alle Bosheiten sind in einem Manne vereinigt; niemals war er grausam. Sanft und milde behandelte er den Mann. Mitten auf dem Marktplatz stehen Reiterstatuen der Marceller, wie gewöhnlich auch in den anderen Städten Siziliens. Unter ihnen wählte Verres das Standbild des C. Marcellus aus, der sich in jüngster Zeit sehr große Verdienste um diese Gemeinde und um die

provinciam recentissima erant et maxima; in ea Sopatrum, hominem cum domi nobilem tum summo magis-
tratu praeditum, divaricari ac deligari iubet. Quo crucia-   87
tu sit adfectus venire in mentem necesse est omnibus,
cum esset vinctus nudus in aere, in imbri, in frigore. Neque tamen finis huic iniuriae crudelitatique fiebat donec
populus atque universa multitudo, atrocitate rei miseri-
cordiaque commota, senatum clamore coegit ut isti simulacrum illud Mercuri polliceretur. Clamabant fore ut
ipsi se di immortales ulciscerentur; hominem interea
perire innocentem non oportere. Tum frequens senatus
ad istum venit, pollicetur signum. Ita Sopater de statua
C. Marcelli, cum iam paene obriguisset, vix vivus aufer-
tur.

Non possum disposite istum accusare, si cupiam: opus
est non solum ingenio verum etiam artificio quodam singulari. Unum hoc crimen videtur esse et a me pro uno   88
ponitur, de Mercurio Tyndaritano; plura sunt, sed ea quo
pacto distinguere ac separare possim nescio. Est pecuniarum captarum, quod signum ab sociis pecuniae magnae
sustulit; est peculatus, quod publicum populi Romani
signum de praeda hostium captum, positum imperatoris
nostri nomine, non dubitavit auferre; est maiestatis,
quod imperi nostri, gloriae, rerum gestarum monumenta evertere atque asportare ausus est; est sceleris, quod religiones maximas violavit; est crudelitatis, quod in homi-

ganze Provinz erworben hatte[77]. An diesem Standbild läßt er Sopatros, einen in seiner Heimat angesehenen Mann, der dort das höchste Amt innehatte, mit ausgestreckten Gliedern festbinden. Welche Qualen er litt, muß jedermann sich vorstellen können: er stand ja nackt an das Erz gefesselt, im Regen, in der Kälte. Und doch endete diese Mißhandlung und Grausamkeit nicht eher, als bis das Volk in ganzer Zahl, über die Abscheulichkeit des Vorganges empört und von Mitleid getrieben, den Rat durch sein Geschrei nötigte, dem Verres das Bildnis des Merkur zuzusichern. Sie riefen, die unsterblichen Götter würden sich selber rächen; unterdessen brauche kein unschuldiger Mensch sein Leben zu verlieren. Da erscheinen zahlreiche Ratsmitglieder bei Verres; sie versprechen ihm das Bildnis. So wird Sopatros, der fast schon erfroren war, halbtot von dem Standbild des C. Marcellus losgebunden.

Ich kann den Verres nicht in gehöriger Ordnung anklagen – auch wenn ich wollte. Hierzu bedürfte es nicht nur der Begabung, sondern auch einer ganz besonderen Kunstfertigkeit. Die Sache mit dem Merkur von Tyndaris scheint ein einziges Verbrechen zu sein und wird von mir als *ein* Verbrechen hingestellt; es sind indes mehrere, ich weiß jedoch nicht, wie ich sie unterscheiden und auseinanderhalten soll. Denn es liegt Erpressung vor, weil Verres den Bundesgenossen ein wertvolles Bildnis weggenommen hat; es liegt Unterschlagung vor, weil er ohne Bedenken ein Standbild an sich brachte, das dem römischen Volk gehört (es stammte aus der feindlichen Beute und war im Namen unseres Feldherrn aufgestellt worden); es liegt ein Staatsverbrechen vor, weil er es wagte, die Denkmäler unserer Herrschaft und unserer ruhmreichen Taten zu beseitigen und wegzuschaffen; es liegt ein Frevel vor, weil er die heiligsten Ordnungen der Götterverehrung verletzte; es liegt Grausamkeit vor, weil er sich gegen einen unschuldigen Menschen, gegen euren Bundesgenossen und

nem innocentem, in socium vestrum atque amicum, novum et singulare supplici genus excogitavit.

Illud vero quid sit iam non queo dicere, quo nomine   89
appellem nescio, quod in C. Marcelli statua. Quid est
hoc? patronusne quod erat? Quid tum? quo id spectat?
utrum ea res ad opem an ad calamitatem clientium atque
hospitum valere debebat? an ut hoc ostenderes, contra
vim tuam in patronis praesidi nihil esse? Quis non hoc
intellegeret, in improbi praesentis imperio maiorem esse
vim quam in bonorum absentium patrocinio? An vero ex
hoc illa tua singularis significatur insolentia, superbia,
contumacia? Detrahere videlicet aliquid te de amplitudine Marcellorum putasti. Itaque nunc Siculorum Marcelli non sunt patroni, Verres in eorum locum substitu-
tus est. Quam in te tantam virtutem esse aut dignitatem   90
arbitratus es ut conarere clientelam tam splendidae, tam
inlustris provinciae traducere ad te, auferre a certissimis
antiquissimisque patronis? Tu ista nequitia, stultitia,
inertia non modo totius Siciliae, sed unius tenuissimi Siculi clientelam tueri potes? tibi Marcelli statua pro pati-
bulo in clientis Marcellorum fuit? tu ex illius honore in
eos ipsos qui honorem illi habuerant supplicia quaerebas?
Quid postea? quid tandem tuis statuis fore arbitrabare?
an vero id quod accidit? Nam Tyndaritani statuam istius,
quam sibi propter Marcellos altiore etiam basi poni
iusserat, deturbarunt simul ac successum isti audierunt.

Freund, eine neue und beispiellose Art der Bestrafung aus-
gedacht hat.

Doch was es *hiermit* auf sich hat, kann ich gar nicht sagen;
ich weiß auch nicht, wie ich es nennen soll: daß er das Standbild des C. Marcellus benutzte. Was soll das bedeuten? Weil
Marcellus der Schutzherr war? Was dann? Was ist hiermit be-
zweckt? Sollte dieser Umstand dem Wohle oder dem Verderben der Schutzbefohlenen und Gastfreunde dienen? Oder
wolltest du zeigen, daß es gegen deine Gewalt bei den
Schutzherren keinerlei Hilfe gibt? Wer sollte nicht einsehen,
daß der Befehl eines anwesenden Schurken mehr Macht hat
als der Schutz von Rechtschaffenen, die abwesend sind? Oder
gibt sich hierin gar dein beispielloser Hochmut, Geltungs-
drang und Dünkel zu erkennen? Offenbar hast du geglaubt,
den Glanz der Marceller beeinträchtigen zu können. Und so
sind jetzt die Marceller nicht mehr die Schutzherren der Sizilier; Verres ist an ihre Stelle getreten. Welches Verdienst oder
welches Ansehen glaubtest du dir zuschreiben zu können, daß
du dich unterstandest, die Schutzherrschaft über eine so herrliche, so bedeutende Provinz auf dich zu übertragen und sie
den getreuesten und ältesten Schutzherren wegzunehmen?
Kannst du bei deiner Nichtsnutzigkeit, Unvernunft und Träg-
heit die Schutzherrschaft über einen einzigen noch so geringen
Sizilier, um nicht zu sagen über ganz Sizilien, wahrnehmen?
Dir hat das Standbild des Marcellus als Marterwerkzeug für
die Schutzbefohlenen der Marceller gedient? Du wolltest aus
der ihm erzeigten Ehre eine Folter für die machen, die ihm
diese Ehre erzeigt hatten? Was dann? Was, glaubtest du,
werde schließlich mit *deinen* Standbildern geschehen? Etwa,
was sich wirklich zugetragen hat? Denn die Bewohner von
Tyndaris haben sein Standbild, das er sich wegen der Marceller auf einem noch höheren Sockel hatte errichten lassen,
umgestürzt, sobald sie erfuhren, daß sein Nachfolger einge-

Dedit igitur tibi nunc fortuna Siculorum C. Marcellum
iudicem, ut, cuius ad statuam Siculi te praetore alliga-
bantur, eius religioni te ipsum devinctum adstrictumque
dedamus.

Ac primo, iudices, hoc signum Mercuri dicebat iste   91
Tyndaritanos M. Marcello huic Aesernino vendidisse,
atque hoc sua causa etiam M. Marcellum ipsum sperabat
esse dicturum; quod mihi numquam veri simile visum
est, adulescentem illo loco natum, patronum Siciliae, nomen suum isti ad translationem criminis commoda-
turum. Verum tamen ita mihi res tota provisa atque prae-
cauta est ut, si maxime esset inventus qui in se suscipere
istius culpam crimenque cuperet, tamen is proficere nihil
posset. Eos enim deduxi testis et eas litteras deportavi ut
de istius facto dubium esse nemini possit. Publicae lit-   92
terae sunt deportatum Mercurium esse Messanam sumptu publico; dicunt quanti; praefuisse huic negotio publice legatum Poleam. Quid? is ubi est? Praesto est, testis est.
Proagori Sopatri iussu. Quis est hic? Qui ad statuam ad-
strictus est. Quid? is ubi est? Vidistis hominem et verba
eius audistis. Demoliendum curavit Demetrius gymnasi-
archus, quod is ei loco praeerat. Quid? hoc nos dicimus?
Immo vero ipse praesens. Romae nuper ipsum istum esse
pollicitum sese id signum legatis redditurum si eius rei
testificatio tolleretur cautumque esset eos testimonium
non esse dicturos – dixit hoc apud vos Zosippus, et

troffen sei. So hat denn jetzt das gütige Geschick der Sizilier den C. Marcellus zu deinem Richter bestellt; wir können daher der Gewissenhaftigkeit des Mannes, an dessen Standbild die Sizilier unter deiner Prätur gefesselt wurden, dich selbst gefesselt und gebunden übergeben.

Und zuerst behauptete Verres, ihr Richter, die Bürger von Tyndaris hätten das Bildnis des Merkur dem hier anwesenden M. Marcellus Aeserninus[78] verkauft, und er hoffte, daß sich um seinetwillen auch M. Marcellus selbst so äußern werde. Doch ich habe es nie für wahrscheinlich gehalten, daß ein so hochgestellter junger Mann, einer der Schutzherren Siziliens, dem Verres seinen Namen leihen werde, um einen Vorwurf von ihm abzulenken. Gleichwohl habe ich in der ganzen Sache gehörig achtgegeben und vorgesorgt: auch wenn sich wirklich jemand fände, der die Schuld und das Verbrechen des Verres auf sich nehmen wollte, so könnte er trotzdem nichts ausrichten. Denn ich habe solche Zeugen und Urkunden beigebracht, daß niemand über seine Tat im Zweifel sein kann. Amtliche Schriftstücke besagen, der Merkur sei auf Gemeindekosten nach Messana gebracht worden; sie besagen auch, für welchen Preis; die Aufsicht bei dieser Sache habe von Amts wegen der Bevollmächtigte Poleas geführt. Wie? Wo ist dieser Mann? Er ist anwesend, er ist Zeuge. Auf Befehl des Vorstehers Sopatros. Wer ist das? Der Mann, der an das Standbild gefesselt war. Wie? Wo ist der? Ihr habt den Mann gesehen und seine Worte gehört. Das Losmachen der Statue besorgte der Gymnasiarch[79] Demetrios, weil der für diesen Platz verantwortlich war. Wie? Behaupten *wir* das? Nein, er selbst, der hier zugegen ist. Verres persönlich habe den Gesandten unlängst in Rom versprochen, er wolle ihnen das Bildnis zurückgeben, wenn der Zeugenbeweis für diese Sache unterdrückt würde und Sicherheit geleistet sei, daß sie kein Zeugnis ablegen würden – so erklärten sich vor euch Zosippos und

Ismenias, homines nobilissimi et principes Tyndaritanae civitatis.

Quid? Agrigento nonne eiusdem P. Scipionis monu-   93
mentum, signum Apollinis pulcherrimum, cuius in fe-
more littĕris minutis argenteis nomen Myronis erat
inscriptum, ex Aesculapi religiosissimo fano sustulisti?
Quod quidem, iudices, cum iste clam fecisset, cum ad suum scelus illud furtumque nefarium quosdam homines
improbos duces atque adiutores adhibuisset, vehementer
commota civitas est. Uno enim tempore Agrigentini be-
neficium Africani, religionem domesticam, ornamentum
urbis, iudicium victoriae, testimonium societatis require-
bant. Itaque ab iis qui principes in ea civitate erant prae-
cipitur et negotium datur quaestoribus et aedilibus ut noctu vigilias agerent ad aedis sacras. Etenim iste Agrigenti
– credo propter multitudinem illorum hominum atque
virtutem, et quod cives Romani, viri fortes atque hones-
ti, permulti in illo oppido coniunctissimo animo cum
ipsis Agrigentinis vivunt ac negotiantur – non audebat
palam poscere aut tollere quae placebant.

Herculis templum est apud Agrigentinos non longe a   94
foro, sane sanctum apud illos et religiosum. Ibi est ex aere
simulacrum ipsius Herculis, quo non facile dixerim quicquam me vidisse pulchrius – tametsi non tam multum in
istis rebus intellego quam multa vidi – usque eo, iudices,
ut rictum eius ac mentum paulo sit attritius, quod in precibus et gratulationibus non solum id venerari verum
etiam osculari solent. Ad hoc templum, cum esset iste
Agrigenti, duce Timarchide repente nocte intempesta

Ismenias, hochangesehene und maßgebliche Männer der Gemeinde Tyndaris.

Wie? Hast du nicht in Agrigent ein Denkmal desselben P. Scipio aus dem hochheiligen Tempel des Äskulap weggenommen, ein herrliches Standbild des Apoll, auf dessen Schenkel in winzigen silbernen Buchstaben der Name des Myron[80] geschrieben stand? Als er das, ihr Richter, insgeheim bewerkstelligt, als er bei seinem Verbrechen und frevelhaften Diebstahl einige gewissenlose Leute als Bandenführer und Helfer verwendet hatte, da geriet die Gemeinde in heftige Erregung. Denn gleichzeitig mußten die Agrigentiner den Gunstbeweis des Africanus, das einheimische Kultbild, den Schmuck ihrer Stadt, das Zeichen des Sieges, das Zeugnis der Bundesgenossenschaft entbehren. Die Stadtoberhäupter erteilten daher den Quästoren und Ädilen[81] den bindenden Auftrag, nachts bei den Tempeln Wachen aufzustellen. Denn in Agrigent wagte Verres nicht, in aller Öffentlichkeit zu fordern und wegzunehmen, was ihm gefiel – ich glaube, wegen der Vielzahl der Bewohner und wegen ihres Mutes, und weil in dieser Stadt sehr viele römische Bürger, tüchtige und achtbare Männer, in größter Eintracht mit den Agrigentinern leben und Handel treiben.

In Agrigent steht nicht weit vom Marktplatz ein Herkulestempel, der den Bewohnern für überaus heilig und ehrwürdig gilt. Dort befindet sich eine Erzstatue des Herkules selbst; ich könnte nicht leicht behaupten, je etwas Schöneres erblickt zu haben (allerdings verstehe ich mich nicht sonderlich auf diese Dinge, ich habe aber vielerlei zu sehen bekommen). Nur sind die Mundöffnung und das Kinn ein wenig abgenutzt, ihr Richter, weil man das Bild bei Bitt- und Dankgebeten nicht nur zu verehren, sondern auch zu küssen pflegt. Bei diesem Tempel fand, als Verres in Agrigent weilte, unter der Führung des Timarchides plötzlich in stürmischer Nacht ein Auflauf

servorum armatorum fit concursus atque impetus. Cla-
mor a vigilibus fanique custodibus tollitur; qui primo
cum obsistere ac defendere conarentur, male mulcati cla-
vis ac fustibus repelluntur. Postea convulsis repagulis
ecfractisque valvis demoliri signum ac vectibus labefacta-
re conantur. Interea ex clamore fama tota urbe percrebruit expugnari deos patrios, non hostium adventu nec-
opinato neque repentino praedonum impetu, sed ex
domo atque ex cohorte praetoria manum fugitivorum
instructam armatamque venisse.

Nemo Agrigenti neque aetate tam adfecta neque viri-   95
bus tam infirmis fuit qui non illa nocte eo nuntio excita-
tus surrexerit, telumque quod cuique fors offerebat arri-
puerit. Itaque brevi tempore ad fanum ex urbe tota con-
curritur. Horam amplius iam in demoliendo signo
permulti homines moliebantur; illud interea nulla laba-
bat ex parte, cum alii vectibus subiectis conarentur com-
movere, alii deligatum omnibus membris rapere ad se
funibus. Ac repente Agrigentini concurrunt; fit magna
lapidatio; dant sese in fugam istius praeclari imperatoris
nocturni milites. Duo tamen sigilla perparvula tollunt,
ne omnino inanes ad istum praedonem religionum re-
vertantur. Numquam tam male est Siculis quin aliquid
facete et commode dicant, velut in hac re aiebant in la-
bores Herculis non minus hunc immanissimum verrem
quam illum aprum Erymanthium referri oportere.

und Angriff bewaffneter Sklaven statt. Die Wächter und Tempelhüter erheben Geschrei. Sie versuchten es zuerst mit Widerstand und Gegenwehr; sie werden mit Keulen und Knüppeln übel zugerichtet und zurückgetrieben. Sodann reißt man die Riegel ab und erbricht die Türen; man bemüht sich, das Bildnis loszumachen und mit Hebeln fortzurücken. Unterdessen verbreitete sich wegen des Geschreis in der ganzen Stadt die Kunde, nicht die unerwartete Ankunft von Feinden noch ein plötzlicher Überfall von Räubern trachte die einheimischen Götter zu erobern, vielmehr sei aus dem Hause und Gefolge des Prätors eine gerüstete und bewaffnete Schar entlaufener Sklaven erschienen.

Kein Agrigentiner fühlte sich vom Alter so angegriffen oder an Kräften so geschwächt, daß er sich nicht in jener Nacht, von der Botschaft aufgeschreckt, erhoben und die erstbeste Waffe ergriffen hätte, die der Zufall ihm darbot. So eilt man in kurzer Zeit aus der ganzen Stadt zum Tempel herbei. Schon über eine Stunde waren zahlreiche Leute mit dem Losmachen der Statue beschäftigt. Doch die rührte sich unterdessen an keiner Stelle, obwohl einige sie durch untergelegte Hebebäume in Bewegung zu bringen, andere sie mit Stricken, die sie um alle Glieder gebunden hatten, zu sich herüberzuziehen versuchten; und plötzlich kommen die Agrigentiner gelaufen. Ein großer Steinhagel setzt ein; die nächtlichen Soldaten unseres ruhmreichen Feldherrn geben Fersengeld. Immerhin nehmen sie zwei sehr kleine Statuetten mit, um nicht gänzlich mit leeren Händen zu diesem Räuber heiliger Gegenstände zurückzukehren. Nie geht es den Siziliern so schlecht, daß sie nicht etwas Witziges und Passendes zu sagen wüßten, und so meinten sie denn bei dieser Gelegenheit, zu den Arbeiten des Herkules müsse man nicht nur den erymanthischen Eber, sondern auch dieses ungeschlachteste aller Wildschweine rechnen[82].

Hanc virtutem Agrigentinorum imitati sunt Assorini   96
postea, viri fortes et fideles, sed nequaquam ex tam am-
pla neque tam ex nobili civitate. Chrysas est amnis qui
per Assorinorum agros fluit; is apud illos habetur deus et
religione maxima colitur. Fanum eius est in agro, propter ipsam viam qua Assoro itur Hennam; in eo Chrysae
simulacrum est praeclare factum e marmore. Id iste poscere Assorinos propter singularem eius fani religionem
non ausus est; Tlepolemo dat et Hieroni negotium. Illi
noctu facta manu armataque veniunt, foris aedis effrin-
gunt; aeditumi custodesque mature sentiunt; signum
quod erat notum vicinitati bucina datur; homines ex
agris concurrunt; eicitur fugaturque Tlepolemus, neque
quicquam ex fano Chrysae praeter unum perparvulum
signum ex aere desideratum est.

Matris Magnae fanum apud Enguinos est – iam enim   97
mihi non modo breviter de uno quoque dicendum, sed
etiam praetereunda videntur esse permulta, ut ad maiora
istius et inlustriora in hoc genere furta et scelera venia-
mus: in hoc fano loricas galeasque aeneas, caelatas opere
Corinthio, hydriasque grandis simili in genere atque eadem arte perfectas idem ille Scipio, vir omnibus rebus
praecellentissimus, posuerat et suum nomen inscripserat.
Quid iam de isto plura dicam aut querar? Omnia illa, iudices, abstulit, nihil in religiosissimo fano praeter vestigia violatae religionis nomenque P. Scipionis reliquit;
hostium spolia, monumenta imperatorum, decora atque

Diese mutige Tat der Agrigentiner haben später die Assoriner nachgeahmt, tüchtige und zuverlässige Leute, die jedoch keineswegs einer so ansehnlichen und berühmten Gemeinde angehören. Chrysas heißt der Fluß, der durch die Feldmark der Assoriner fließt. Der gilt bei ihnen als Gott und genießt größte Verehrung. Sein Heiligtum steht auf freiem Felde in der Nähe der Straße, die von Assoros nach Henna führt[83]. Dort befindet sich ein Bildnis des Chrysas, ein vorzügliches Werk aus Marmor. Das wagte Verres den Assorinern wegen der besonderen Heiligkeit des Tempels nicht abzuverlangen; er gibt die Sache in die Hände des Tlepolemos und Hieron. Die sammeln und bewaffnen eine Bande, mit der sie nachts erscheinen; sie brechen die Türen des Tempels auf. Die Tempelhüter und Wächter merken es beizeiten; ein Hirtenhorn gibt das in der Nachbarschaft bekannte Zeichen; die Leute eilen vom offenen Lande herbei; Tlepolemos wird hinausgeworfen und vertrieben; im Heiligtum des Chrysas wurde außer einer winzigen Erzstatue nichts vermißt.

In Engyon steht ein Tempel der Großen Mutter[84]. Denn ich muß mich jetzt, scheint mir, nicht nur bei jedem einzelnen Fall kurz fassen, sondern auch sehr vieles übergehen, um zu den größeren, auffälligeren Diebereien und Freveln dieser Art zu kommen, die Verres begangen hat. In diesem Tempel befanden sich mit Treibarbeiten verzierte Panzer und Helme aus korinthischem Erz[85] sowie große Kannen, die in ähnlicher Art und mit gleicher Kunst gefertigt waren; Scipio, dieser in jeder Beziehung hervorragende Mann, hatte sie dort geweiht und neben ihnen seinen Namen angebracht. Was soll ich noch groß über Verres reden oder wozu Klage führen? Alle diese Dinge hat er weggenommen, ihr Richter; er ließ in dem hochheiligen Tempel nichts zurück als die Spuren der geschändeten Götterverehrung und den Namen des P. Scipio. Alle die von den Feinden erbeuteten Waffen, die Denkmäler der Feldherren,

ornamenta fanorum posthac his praeclaris nominibus amissis in instrumento atque in supellectile Verris nominabuntur. Tu videlicet solus vasis Corinthiis delectaris, 98 tu illius aeris temperationem, tu operum liniamenta sollertissime perspicis! Haec Scipio ille non intellegebat, homo doctissimus atque humanissimus: tu sine ulla bona arte, sine humanitate, sine ingenio, sine litteris, intellegis et iudicas! Vide ne ille non solum temperantia sed etiam intellegentia te atque istos qui se elegantis dici volunt vicerit. Nam quia quam pulchra essent intellegebat, idcirco existimabat ea non ad hominum luxuriem, sed ad ornatum fanorum atque oppidorum esse facta, ut posteris nostris monumenta religiosa esse videantur.

Audite etiam singularem eius, iudices, cupiditatem, 99 audaciam, amentiam, in iis praesertim sacris polluendis quae non modo manibus attingi, sed ne cogitatione quidem violari fas fuit. Sacrarium Cereris est apud Catinensis eadem religione qua Romae, qua in ceteris locis, qua prope in toto orbe terrarum. In eo sacrario intimo signum fuit Cereris perantiquum, quod viri non modo cuius modi esset sed ne esse quidem sciebant; aditus enim in id sacrarium non est viris; sacra per mulieres ac virgines confici solent. Hoc signum noctu clam istius servi ex illo religiosissimo atque antiquissimo loco sustulerunt. Postridie sacerdotes Cereris atque illius fani antistitae, maiores natu, probatae ac nobiles mulieres, rem ad magistratus suos deferunt. Omnibus acerbum, indignum, luctuosum denique videbatur.

die Zier- und Schmuckstücke der Tempel werden nunmehr ihrer ruhmvollen Bestimmung verlustig gehen; sie werden zum Gerät und zur Hauseinrichtung eines Verres gehören. Du bist ja wohl der einzige, der an korinthischen Gefäßen Freude hat, der die Mischung des Metalls, der die Zeichnung der Reliefs mit der größten Kennerschaft beurteilt. Davon verstand unser Scipio nichts, dieser grundgelehrte und feingebildete Mann; doch du, ohne edles Streben, ohne Bildung, ohne Talent, ohne Belesenheit, du verstehst dich darauf und kannst urteilen! Wahrscheinlich hat Scipio dich und die Leute, die für Kenner von Geschmack gelten wollen, nicht nur an Bescheidenheit, sondern auch an Kennerschaft übertroffen. Denn weil er bemerkte, wie schön diese Dinge seien, gerade deshalb glaubte er, sie seien nicht für den Prunk von Privatpersonen, sondern zum Schmuck der Tempel und Städte bestimmt; noch unsere Nachfahren sollten sie als geheiligte Erinnerungszeichen betrachten.

Hört jetzt weiter von seiner beispiellosen Gier, Verwegenheit und Raserei, ihr Richter, bei der Schändung *der* Heiligtümer zumal, die man nicht mit Händen hätte berühren, ja nicht einmal in Gedanken hätte entweihen dürfen. In Catina steht ein Tempel der Ceres, von gleicher Heiligkeit wie der in Rom, wie die in den übrigen Städten, wie alle fast auf der ganzen Welt. Im Innersten dieses Tempels befand sich ein uraltes Bildnis der Ceres; die Männer wußten nicht, wie es aussah, ja nicht einmal, daß es vorhanden war. Denn kein Mann darf das Heiligtum betreten; den Opferdienst pflegen Frauen und Mädchen zu versehen. Dieses Bildnis haben die Sklaven des Verres nachts insgeheim aus der hochheiligen und uralten Stätte entwendet. Am Tage darauf berichten die Cerespriesterinnen und die Vorsteherinnen des Tempels, ältere bewährte und vornehme Frauen, ihren Behörden von dem Vorfall. Jedermann empfand die Sache als bitter, als empörend und als tief bedrückend.

Tum iste permotus illa atrocitate negoti, ut ab se sce- 100
leris illius suspicio demoveretur, dat hospiti suo cuidam
negotium ut aliquem reperiret quem illud fecisse insi-
mularet, daretque operam ut is eo crimine damnaretur,
ne ipse esset in crimine. Res non procrastinatur. Nam
cum iste Catina profectus esset, servi cuiusdam nomen
defertur; is accusatur, ficti testes in eum dantur. Rem
cunctus senatus Catinensium legibus iudicabat. Sacerdotes vocantur; ex iis quaeritur secreto in curia quid esse
factum arbitrarentur, quem ad modum signum esset ablatum. Respondent illae praetoris in eo loco servos esse
visos. Res, quae esset iam antea non obscura, sacerdotum
testimonio perspicua esse coepit. Itur in consilium;
servus ille innocens omnibus sententiis absolvitur – quo
facilius vos hunc omnibus sententiis condemnare possitis.

Quid enim postulas, Verres? quid speras, quid exspec- 101
tas, quem tibi aut deum aut hominem auxilio futurum
putas? Eone tu servos ad spoliandum fanum immittere
ausus es quo liberos adire ne ornandi quidem causa fas
erat? iisne rebus manus adferre non dubitasti a quibus
etiam oculos cohibere te religionum iura cogebant? Tametsi ne oculis quidem captus in hanc fraudem tam sce-
leratam ac tam nefariam decidisti; nam id concupisti
quod numquam videras, id, inquam, adamasti quod antea non aspexeras; auribus tu tantam cupiditatem con-
cepisti ut eam non metus, non religio, non deorum vis,

Da gibt Verres, von dem bösen Aufsehen der Geschichte betroffen und um den Verdacht des Frevels von sich abzulenken, einem seiner Gastfreunde die Weisung, jemanden ausfindig zu machen, den er der Tat bezichtigen könne, und zu erwirken, daß der wegen dieses Verbrechens verurteilt würde, damit man es nicht ihm selbst zur Last lege. Die Ausführung läßt nicht auf sich warten. Denn als Verres aus Catina abgereist war, wird der Name eines Sklaven angezeigt; man klagt ihn an und stellt falsche Zeugen gegen ihn auf. Der gesamte Rat von Catina urteilte den Fall nach den Gesetzen ab. Die Priesterinnen werden vorgeladen; man befragt sie im Rathaus unter Ausschluß der Öffentlichkeit, was sich ihrer Meinung nach zugetragen habe, wie das Bildnis verschwunden sei. Die Frauen antworten, man habe an Ort und Stelle Sklaven des Prätors gesehen. Die Sache war schon vorher nicht dunkel gewesen; das Zeugnis der Priesterinnen begann sie ins volle Licht zu setzen. Man schreitet zur Beratung; der unschuldige Sklave wird einstimmig freigesprochen, so daß es euch desto leichter fällt, den Verres einstimmig zu verurteilen.

Denn was willst du hier, Verres? Was hoffst, was erwartest du; welcher Gott oder Mensch, glaubst du, wird dir zu Hilfe kommen? Um das Heiligtum zu berauben, hast du deine Sklaven dorthin zu schicken gewagt, wohin freie Männer nicht einmal vordringen durften, um den Tempel zu schmücken? Du hast nicht gezögert, dich an Gegenständen zu vergreifen, von denen du nach den heiligen Satzungen selbst die Augen hättest abwenden müssen? Indes, du bist nicht einmal, weil deine Augen dich betört hätten, auf dieses frevelhafte und ruchlose Gaunerstück verfallen. Denn du hast begehrt, was du niemals erblickt hattest, hast, sage ich, verlangt, was dir vorher nicht zu Gesicht gekommen war. Deine Ohren haben eine solche Begierde in dir entfacht, daß nicht Furcht, nicht fromme Scheu, nicht die Macht der Götter, nicht der Ruf bei den

non hominum existimatio contineret. At ex bono viro, 102
credo, audieras et bono auctore. Qui id potes, qui ne ex
viro quidem audire potueris? Audisti igitur ex muliere,
quoniam id viri nec vidisse neque nosse poterant. Qua-
lem porro illam feminam fuisse putatis, iudices, quam
pudicam, quae cum Verre loqueretur, quam religiosam,
quae sacrari spoliandi rationem ostenderet? Ac minime
mirum, quae sacra per summam castimoniam virorum ac
mulierum fiant, eadem per istius stuprum ac flagitium
esse violata.

Quid ergo? hoc solum auditione expetere coepit, cum
id ipse non vidisset? Immo vero alia complura; ex quibus
eligam spoliationem nobilissimi atque antiquissimi fani,
de qua priore actione testis dicere audistis. Nunc eadem
illa, quaeso, audite et diligenter, sicut adhuc fecistis, attendite. Insula est Melita, iudices, satis lato a Sicilia mari 103
periculosoque diiuncta; in qua est eodem nomine oppidum, quo iste numquam accessit, quod tamen isti textrinum per triennium ad muliebrem vestem conficiendam
fuit. Ab eo oppido non longe in promunturio fanum est
Iunonis antiquum, quod tanta religione semper fuit ut
non modo illis Punicis bellis quae in his fere locis navali
copia gesta atque versata sunt, sed etiam hac praedonum
multitudine semper inviolatum sanctumque fuerit. Quin
etiam hoc memoriae proditum est, classe quondam
Masinissae regis ad eum locum adpulsa praefectum regium dentis eburneos incredibili magnitudine e fano

Menschen sie zu zügeln vermochte. Aber du hattest, möchte ich meinen, deine Auskünfte von einem rechtschaffenen Mann erhalten und von einem zuverlässigen Bürgen. Wie ist das möglich, da du sie nicht einmal von einem Manne erhalten konntest? Du hast sie also von einer Frau erhalten, da Männer das Bildnis weder sehen noch kennen konnten. Was, meint ihr nun wohl, ihr Richter, ist das für eine Frau gewesen: wie sittsam, da sie mit Verres sprach, wie fromm, da sie ihm Hinweise gab, das Heiligtum zu plündern? Ist es etwa im geringsten verwunderlich, daß eben der Gottesdienst, der von Männern und Frauen die strengste Keuschheit erfordert, durch die Unzucht und Lasterhaftigkeit des Verres entweiht wurde?

Wie nun? War dies der einzige Gegenstand, den nur das Hörensagen ihn begehren ließ, ohne daß er selbst ihn gesehen hätte? Nein, es gab noch einiges andere. Ich will hiervon nur *ein* Beispiel auswählen, wie er ein hochangesehenes und uraltes Heiligtum geplündert hat; ihr habt hierüber in der ersten Verhandlung die Zeugenaussagen vernommen. Hört jetzt bitte in derselben Angelegenheit auf mich und gebt sorgfältig acht, wie ihr es bislang getan habt. Die Insel Melita[86], ihr Richter, ist durch eine ziemlich breite und gefährliche Meeresstraße von Sizilien getrennt. Auf ihr liegt eine Stadt gleichen Namens. Verres ist niemals hingekommen, obwohl sich dort drei Jahre lang seine Weberei für die Herstellung von Frauengewändern befand. Nicht weit von der Stadt, auf einem Vorgebirge, liegt ein alter Tempel der Juno; er genoß stets so hohe Verehrung, daß er nicht nur während der punischen Kriege, deren Flotten sich gewöhnlich in diesen Gegenden betätigten und aufhielten, sondern auch bei der gegenwärtigen Räuberplage[87] stets unverletzt und unangetastet blieb. Man berichtet sogar, daß einst, als die Flotte des Königs Masinissa[88] dort landete, der königliche Befehlshaber Elfenbeinzähne von unglaublicher Größe aus dem Tempel weggenom-

sustulisse et eos in Africam portasse Masinissaeque do-
nasse. Regem primo delectatum esse munere; post, ubi
audisset unde essent, statim certos homines in quinque-
remi misisse qui eos dentis reponerent. Itaque in iis scriptum litteris Punicis fuit regem Masinissam imprudentem
accepisse, re cognita reportandos reponendosque curasse.
Erat praeterea magna vis eboris, multa ornamenta, in
quibus eburneae Victoriae antiquo opere ac summa arte
perfectae. Haec iste omnia, ne multis morer, uno impe-   104
tu atque uno nuntio per servos Venerios, quos eius rei
causa miserat, tollenda atque asportanda curavit.

Pro di immortales! quem ego hominem accuso? quem
legibus aut iudiciali iure persequor? de quo vos sententiam per tabellam feretis? Dicunt legati Melitenses publice spoliatum templum esse Iunonis, nihil istum in religiosissimo fano reliquisse; quem in locum classes hostium saepe accesserint, ubi piratae fere quotannis hiemare
soleant, quod neque praedo violarit ante neque umquam
hostis attigerit, id ab uno isto sic spoliatum esse ut nihil
omnino sit relictum. Hic nunc iste reus aut ego accusator aut hoc iudicium appellabitur? Criminibus enim co-
arguitur aut suspicionibus in iudicium vocatur! Di ablati, fana vexata, nudatae urbes reperiuntur; earum autem
rerum nullam sibi iste neque infitiandi rationem neque
defendendi facultatem reliquit; omnibus in rebus coar-

men, nach Afrika gebracht und dem Masinissa geschenkt
habe. Der König sei zuerst über das Geschenk erfreut gewesen; doch als er vernahm, woher es stamme, habe er sofort in
einem Fünfruderer zuverlässige Leute entsandt, die Zähne
wieder an Ort und Stelle zu bringen. Daher stand auf ihnen in
punischer Schrift geschrieben, König Masinissa habe sie un-
wissentlich in Empfang genommen, sie jedoch, sobald der
Sachverhalt aufgeklärt war, zurückbringen und wiedererstat-
ten lassen. Außerdem befand sich dort eine große Menge
Elfenbein und vielerlei Zierart, darunter elfenbeinerne Sieges-
göttinnen, alte und sehr kunstreich ausgeführte Arbeiten.
Alle diese Gegenstände ließ Verres – um es kurz zu machen –
in *einem* Vorstoß und durch *einen* Befehl von den Venussklaven,
die er zu diesem Zwecke entsandt hatte, wegnehmen und
fortschaffen.

Ihr unsterblichen Götter! Was für einen Menschen klage ich
an? Wen verfolge ich hier nach Recht und Gesetz? Über wen
werdet ihr mit der Stimmtafel euer Urteil sprechen? Die Ab-
gesandten aus Melita sagen von Amts wegen aus: der Tempel der Juno sei beraubt worden; Verres habe nichts an der
hochheiligen Stätte zurückgelassen; der Ort, den oft die
feindlichen Flotten anliefen, wo die Piraten fast alljährlich zu
überwintern pflegen, den vorher weder ein Räuber entweiht
noch je ein Feind angerührt hat, der sei von dem einen Manne
derart ausgeplündert worden, daß überhaupt nichts mehr zu-
rückblieb. Da soll jetzt Verres ein Angeklagter oder ich ein
Ankläger oder diese Versammlung ein Gerichtshof heißen?
Gewiß – man bringt ja nur Beschuldigungen gegen ihn vor
oder zieht ihn mit Verdachtsgründen zur Rechenschaft. Nein,
man findet vielmehr entwendete Götterbilder, mißhandelte
Heiligtümer, ausgeplünderte Städte; Verres aber hat sich angesichts dieser Tatsachen keinen Vorwand zum Leugnen und
keine Möglichkeit der Rechtfertigung offengelassen. In allen

guitur a me, convincitur a testibus, urgetur confessione
sua, manifestis in maleficiis tenetur – et manet etiam ac
tacitus facta mecum sua recognoscit!

Nimium mihi diu videor in uno genere versari crimi-   105
num; sentio, iudices, occurrendum esse satietati aurium
animorumque vestrorum. Quam ob rem multa praeter-
mittam; ad ea autem quae dicturus sum reficite vos,
quaeso, iudices, per deos immortalis – eos ipsos de
quorum religione iam diu dicimus –, dum id eius facinus
commemoro et profero quo provincia tota commota est.
De quo si paulo altius ordiri ac repetere memoriam religionis videbor, ignoscite: rei magnitudo me breviter per-
stringere atrocitatem criminis non sinit.

Vetus est haec opinio, iudices, quae constat ex an-   106
tiquissimis Graecorum litteris ac monumentis, insulam
Siciliam totam esse Cereri et Liberae consecratam. Hoc
cum ceterae gentes sic arbitrantur, tum ipsis Siculis ita
persuasum est ut in animis eorum insitum atque inna-
tum esse videatur. Nam et natas esse has in his locis deas
et fruges in ea terra primum repertas esse arbitrantur, et
raptam esse Liberam, quam eandem Proserpinam vocant,
ex Hennensium nemore, qui locus, quod in media est insula situs, umbilicus Siciliae nominatur. Quam cum investigare et conquirere Ceres vellet, dicitur inflammasse
taedas iis ignibus qui ex Aetnae vertice erumpunt; quas
sibi cum ipsa praeferret, orbem omnem peragrasse terrarum. Henna autem, ubi ea quae dico gesta esse memo-   107
rantur, est loco perexcelso atque edito, quo in summo est

Punkten wird er von mir überwiesen, von den Zeugen überführt, von seinem Geständnis belastet, auf handgreiflicher
Missetat ertappt, und doch bleibt er noch da und mustert
schweigend mit mir seine Taten.

Allzu lange, scheint mir, beschäftige ich mich mit einer einzigen Art von Verbrechen; ich merke, ihr Richter, daß euch
Ohr und Sinn ermüden und ich eurem Überdruß entgegen-
wirken muß. Ich will daher vieles übergehen; doch für das,
was ich jetzt sagen werde, sammelt bitte neue Kräfte, ihr
Richter, bei den unsterblichen Göttern, bei ihnen, von deren
Verehrung wir schon so lange reden – während ich eine Fre-
veltat des Verres mitteile und vorbringe, die die ganze Provinz in Erregung versetzt hat. Seid nachsichtig, wenn ich hierbei etwas weiter auszuholen und auf die Geschichte eines Kul-
tes zurückzugreifen scheine. Das Gewicht der Sache erlaubt
mir nicht, das abscheuliche Verbrechen nur kurz zu streifen.

Es ist eine althergebrachte Auffassung, ihr Richter, die sich
auf die frühesten Urkunden und Denkmäler der Griechen
gründet, daß die ganze Insel Sizilien der Ceres und der Libera[89] geweiht sei. Diesen Glauben haben auch die anderen
Völkerschaften, die Sizilier selbst aber sind so fest davon überzeugt, daß man meinen möchte, er sei ihnen eingepflanzt und
angeboren. Denn in ihrem Lande, glauben sie, seien die beiden
Göttinnen geboren; auch habe man dort zuerst Getreide ge-
erntet, und Libera, die auch Proserpina heißt, sei aus dem
Hain von Henna entführt worden[90] – dieser Ort wird, weil er
mitten in der Insel liegt, der Nabel Siziliens genannt. Als
Ceres ihr nachspürte und sie wiederzufinden suchte, da zün-
dete sie sich, heißt es, an den Flammen, die aus dem Gipfel des
Ätna hervorbrechen, Fackeln an; die habe sie vor sich herge-
tragen, während sie durch den ganzen Erdkreis zog. Henna
aber, wo sich das, was ich erzähle, ereignet haben soll, liegt
auf einem weit herausragenden und hohen Platze; dort auf

aequata agri planities et aquae perennes, tota vero ab omni aditu circumcisa atque directa est; quam circa lacus lu-
cique sunt plurimi atque laetissimi flores omni tempore
anni, locus ut ipse raptum illum virginis, quem iam a
pueris accepimus, declarare videatur. Etenim prope est
spelunca quaedam conversa ad aquilonem infinita altitu-
dine, qua Ditem patrem ferunt repente cum curru exstitisse abreptamque ex eo loco virginem secum asportasse
et subito non longe a Syracusis penetrasse sub terras, la-
cumque in eo loco repente exstitisse, ubi usque ad hoc
tempus Syracusani festos dies anniversarios agunt cele-
berrimo virorum mulierumque conventu.

Propter huius opinionis vetustatem, quod horum in
his locis vestigia ac prope incunabula reperiuntur
deorum, mira quaedam tota Sicilia privatim ac publice
religio est Cereris Hennensis. Etenim multa saepe prodi-
gia vim eius numenque declarant; multis saepe in diffi-
cillimis rebus praesens auxilium eius oblatum est, ut haec
insula ab ea non solum diligi sed etiam incoli custodiri-
que videatur. Nec solum Siculi, verum etiam ceterae gen-   108
tes nationesque Hennensem Cererem maxime colunt.
Etenim si Atheniensium sacra summa cupiditate expe-
tuntur, ad quos Ceres in illo errore venisse dicitur fruges-
que attulisse, quantam esse religionem convenit eorum
apud quos eam natam esse et fruges invenisse constat?
Itaque apud patres nostros atroci ac difficili rei publicae
tempore, cum Tiberio Graccho occiso magnorum peri-

dem Gipfel befinden sich eine ebene Fläche Landes und nie versiegende Quellen; die Stadt aber ist allerorten durch senkrechte Felswände von jedem Zugang abgeschnitten. Ringsum liegen zahlreiche Seen und Haine und blühen zu jeder Jahreszeit die üppigsten Blumen, so daß die Gegend selbst den Raub der Jungfrau zu bestätigen scheint, von dem wir schon in unserer Kindheit gehört haben. Denn in der Nähe befindet sich eine nach Norden hin geöffnete Höhle von unendlicher Tiefe, und es heißt, dort sei Vater Dis[91] plötzlich mit seinem Wagen erschienen; er habe die in dieser Gegend geraubte Jungfrau mit sich genommen und sei auf einmal nicht weit von Syrakus unter der Erde verschwunden, und dort sei augenblicklich ein See entstanden, an dem die Syrakusaner bis auf die heutige Zeit alljährlich unter größtem Zulauf von Männern und Frauen festliche Tage begehen.

Wegen dieses alten Glaubens und weil sich in der dortigen Gegend die Spuren und geradezu die Wiegen dieser Gottheiten befinden, wird der Ceres von Henna auf ganz Sizilien von Privatpersonen wie von Gemeinden eine ungewöhnliche Verehrung entgegengebracht. Denn Wunder in großer Zahl offenbaren oft ihre Macht und ihr Walten, und oft hat sich in mancher äußerst schwierigen Lage ihre augenblickliche Hilfe eingestellt, so daß sie diese Insel nicht nur zu lieben, sondern auch zu bewohnen und zu beschirmen scheint. Nicht nur die Sizilier, sondern auch die anderen Stämme und Völkerschaften lassen der Ceres von Henna die größte Verehrung zuteil werden. Denn wenn man schon die Feste der Athener[92] mit dem größten Verlangen aufsucht, zu denen Ceres auf ihrer Irrfahrt gekommen sein und denen sie das Getreide gebracht haben soll, wie groß muß da die Verehrung derer sein, bei denen sie, wie man versichert, geboren ist und den Getreidebau erfunden hat? So wandte man sich zur Zeit unserer Väter, unter dem Konsulat des P. Mucius und des L. Calpurnius, in einer

culorum metus ex ostentis portenderetur, P. Mucio L. Calpurnio consulibus aditum est ad libros Sibyllinos; ex quibus inventum est Cererem antiquissimam placari oportere. Tum ex amplissimo collegio decemvirali sacerdotes populi Romani, cum esset in urbe nostra Cereris pulcherrimum et magnificentissimum templum, tamen usque Hennam profecti sunt. Tanta enim erat auctoritas et vetustas illius religionis ut, cum illuc irent, non ad aedem Cereris sed ad ipsam Cererem proficisci viderentur.

Non obtundam diutius; etenim iam dudum vereor ne 109 oratio mea aliena ab iudiciorum ratione et a çotidiana dicendi consuetudine esse videatur. Hoc dico, hanc ipsam Cererem antiquissimam, religiosissimam, principem omnium sacrorum quae apud omnis gentis nationesque fiunt, a C. Verre ex suis templis ac sedibus esse sublatam. Qui accessistis Hennam, vidistis simulacrum Cereris e marmore et in altero templo Liberae. Sunt ea perampla atque praeclara, sed non ita antiqua. Ex aere fuit quoddam modica amplitudine ac singulari opere cum facibus perantiquum, omnium illorum quae sunt in eo fano multo antiquissimum; id sustulit. Ac tamen eo contentus non fuit. Ante aedem Cereris in aperto ac propatulo lo- 110 co signa duo sunt, Cereris unum, alterum Triptolemi, pulcherrima ac perampla. Pulchritudo periculo, amplitudo saluti fuit, quod eorum demolitio atque asportatio perdifficilis videbatur. Insistebat in manu Cereris dextra grande simulacrum pulcherrime factum Victoriae; hoc iste e signo Cereris avellendum asportandumque curavit.

schrecklichen und schwierigen Lage unseres Staates, als nach der Ermordung des Tiberius Gracchus Wunderzeichen das Dräuen großer Gefahren ankündigten, an die sibyllinischen Bücher. Dort aber fand sich, daß man die älteste Ceres versöhnen solle. Darauf reisten Priester des römischen Volkes, die dem erlauchten Kollegium der Zehnmänner angehörten, bis nach Henna, obwohl es in unserer Stadt einen sehr schönen und prachtvollen Tempel der Ceres gab[93]. Denn so groß war das Ansehen und das Alter dieses Gottesdienstes, daß man, als man dorthin ging, nicht zu einem Tempel der Ceres, sondern zu Ceres selbst zu reisen glaubte.

Ich will euch nicht länger lästig fallen. Denn schon seit geraumer Zeit, fürchte ich, entfernt sich meine Rede vom Gerichtsgebrauch und von der gewöhnlichen Darstellungsweise. Ich erkläre nur: eben diese Ceres, die älteste, die ehrwürdigste, die Urheberin aller der Gottesdienste, wie sie bei allen Nationen und Völkerschaften stattfinden, die wurde von C. Verres aus ihrem Tempel und ihrer Wohnstatt geraubt. Wer von euch schon nach Henna gekommen ist, der hat dort das Marmorbildnis der Ceres und in einem anderen Tempel das der Libera gesehen. Es sind sehr große und vortreffliche, aber nicht sonderlich alte Statuen. Es war auch eine aus Erz da, von mäßiger Größe und vorzüglich gearbeitet, mit Fackeln, ein sehr altes Stück, von allen, die sich in dem Tempel befanden, weitaus das älteste. Das nahm er weg, und doch war er auch damit nicht zufrieden. Vor dem Tempel der Ceres stehen auf einem offenen und freien Platze zwei Bildnisse, eines, das Ceres, ein anderes, das Triptolemos[94] darstellt, wunderschöne und sehr große Werke. Denen brachte die Schönheit Gefahr, die Größe aber Rettung, weil es äußerst schwierig schien, sie loszumachen und fortzuschaffen. Die Ceres hielt in der rechten Hand ein großes, sehr schön gearbeitetes Bildnis der Victoria. Das ließ Verres von der Statue der Ceres wegreißen und fortschaffen.

Qui tandem istius animus est nunc in recordatione scelerum suorum, cum ego ipse in commemoratione eorum non solum animo commovear verum etiam corpore perhorrescam? Venit enim mihi fani, loci, religionis illius in mentem; versantur ante oculos omnia, dies ille quo, cum ego Hennam venissem, praesto mihi sacerdotes Cereris cum infulis ac verbenis fuerunt, contio conventusque civium, in quo ego cum loquerer tanti fletus gemitusque fiebant ut acerbissimus tota urbe luctus versari videretur. Non illi decumarum imperia, non bo- 111 norum direptiones, non iniqua iudicia, non importunas istius libidines, non vim, non contumelias quibus vexati oppressique erant conquerebantur; Cereris numen, sacrorum vetustatem, fani religionem istius sceleratissimi atque audacissimi supplicio expiari volebant; omnia se cetera pati ac neglegere dicebant. Hic dolor erat tantus ut alter Orcus venisse Hennam et non Proserpinam asportasse sed ipsam abripuisse Cererem videretur. Etenim urbs illa non urbs videtur, sed fanum Cereris esse; habitare apud sese Cererem Hennenses arbitrantur, ut mihi non cives illius civitatis, sed omnes sacerdotes, omnes accolae atque antistites Cereris esse videantur.

Henna tu simulacrum Cereris tollere audebas, Henna 112 tu de manu Cereris Victoriam eripere et deam deae detrahere conatus es? quorum nihil violare, nihil attingere ausi sunt in quibus erant omnia quae sceleri propiora sunt quam religioni. Tenuerunt enim P. Popilio P. Rupilio consulibus illum locum servi, fugitivi, barbari, hostes;

Wie mag ihm wohl jetzt bei der Erinnerung an seine Frevel zumute sein, wenn schon ich bei ihrer Erwähnung nicht nur in der Seele betroffen bin, sondern auch am Körper Schauder empfinde? Denn da kommt mir der Tempel, die Stätte, der Gottesdienst in den Sinn; alles steht mir vor Augen: der Tag, an dem mir nach meiner Ankunft in Henna die Cerespriester mit Binden und heiligen Zweigen[95] ihre Aufwartung machten, die versammelte Menge der Bürger, die während meiner Ansprache in solches Klagen und Seufzen ausbrach, daß in der ganzen Stadt die schmerzlichste Trauer zu herrschen schien. Nicht die Machtgebote beim Zehnten, nicht die Plünderung ihrer Habe, nicht die ungerechten Entscheidungen, nicht seine widerwärtigen Gelüste, nicht die Gewalt, nicht die Schmähungen, mit denen man sie gequält und bedrängt hatte, waren Gegenstand ihrer Klage: die Macht der Ceres, den ehrwürdigen Gottesdienst, die Heiligkeit des Tempels wollten sie durch die Bestrafung dieses verworfenen und verwegenen Schurken gesühnt wissen; alles andere, sagten sie, nähmen sie hin und ließen sie auf sich beruhen. Dieser Schmerz war so groß, daß es schien, als sei ein zweiter Orcus[96] nach Henna gekommen und habe nicht Proserpina entführt, sondern die Ceres selbst geraubt. Denn diese Stadt wirkt nicht wie eine Stadt, sondern wie ein Heiligtum der Ceres. Die Hennenser glauben, daß Ceres in ihrer Mitte wohne, so daß es mir vorkommt, als seien sie nicht Bürger dieser Gemeinde, sondern allesamt Priester, allesamt Nachbarn und Diener der Ceres.

Aus Henna wagtest du das Bildnis der Ceres wegzunehmen, aus Henna vermaßest du dich von der Hand der Ceres die Victoria zu rauben und der Göttin die Göttin zu entziehen? Nichts wagten hiervon die zu entweihen, nichts die zu berühren, bei denen sich alles fand, was eher nach Verbrechen aussieht als nach Gottesfurcht. Denn unter dem Konsulat des P. Popilius und P. Rupilius[97] hatten sich in dem Orte Sklaven verschanzt,

sed neque tam servi illi dominorum quam tu libidinum, neque tam fugitivi illi ab dominis quam tu ab iure et ab legibus, neque tam barbari lingua et natione illi quam tu natura et moribus, neque tam illi hostes hominibus quam tu dis immortalibus. Quae deprecatio est igitur ei reliqua qui indignitate servos, temeritate fugitivos, scelere barbaros, crudelitate hostes vicerit?

Audistis Theodorum et Numenium et Nicasionem, legatos Hennensis, publice dicere sese a suis civibus haec habere mandata, ut ad Verrem adirent et eum simulacrum Cereris et Victoriae reposcerent; id si impetrassent, tum ut morem veterem Hennensium conservarent, publice in eum, tametsi vexasset Siciliam, tamen, quoniam haec a maioribus instituta accepissent, testimonium ne quod dicerent; sin autem ea non reddidisset, tum ut in iudicio adessent, tum ut de eius iniuriis iudices docerent, sed maxime de religione quererentur. 113

Quas illorum querimonias nolite, per deos immortalis, aspernari, nolite contémnere ac neglegere, iudices! Aguntur iniuriae sociorum, agitur vis legum, agitur existimatio veritasque iudiciorum. Quae sunt omnia permagna, verum illud maximum: tanta religione obstricta tota provincia est, tanta superstitio ex istius facto mentis omnium Siculorum occupavit ut quaecumque accidant publice privatimque incommoda propter eam causam

entlaufenes Gesindel, Barbaren, Feinde. Doch sie waren nicht so sehr Sklaven ihrer Herren wie du Sklave deiner Lüste, noch so weit von ihren Herren davongelaufen wie du von Recht und Gesetz, noch so barbarisch durch Sprache und Herkunft wie du durch Wesensart und Betragen, noch so mit den Menschen verfeindet wie du mit den unsterblichen Göttern. Welche Entschuldigung steht also dem noch offen, der an Gemeinheit die Sklaven, an Verwegenheit das flüchtige Gesindel, an Frevelmut die Barbaren, an Grausamkeit die Feinde übertroffen hat?

Ihr habt die amtliche Erklärung des Theodoros und Numenios und Nikasion, der Abgeordneten von Henna, vernommen: sie seien von ihren Mitbürgern beauftragt, Verres aufzusuchen und von ihm die Bildnisse der Ceres und der Victoria zurückzufordern; wenn sie das erreichten, dann sollten sie einen alten Brauch der Hennenser befolgen und von Gemeinde wegen, wie sehr der Mann auch Sizilien heimgesucht habe, trotzdem, da sie diesen Grundsatz von ihren Vorfahren übernommen hätten, kein Zeugnis gegen ihn ablegen; gebe er jedoch die Bildnisse nicht heraus, dann sollten sie sich zur Verhandlung einfinden, dann den Richtern seine Rechtsbrüche anzeigen, doch vor allem wegen des Götterdienstes Beschwerde führen.

Diese Beschwerden, weist sie – bei den unsterblichen Göttern! – nicht zurück, mißachtet und vernachlässigt sie nicht, ihr Richter. Es geht um die Mißhandlungen der Bundesgenossen, um die Kraft der Gesetze, um den Ruf und die Unparteilichkeit der Gerichte. Das alles ist sehr wichtig, doch das wichtigste ist dies: in solche Götterfurcht ist die ganze Provinz verstrickt, solch ängstliche Scheu hat sich seit der Tat des Verres der Gedanken aller Sizilier bemächtigt, daß sie glauben, alles Unglück, das den Gemeinden und einzelnen Personen zustoße, ereigne sich aus keinem anderen Grunde als wegen sei-

sceleris istius evenire videantur. Audistis Centuripinos, 114
Agyrinensis, Catinensis, Aetnensis, Herbitensis complu-
risque alios publice dicere quae solitudo esset in agris,
quae vastitas, quae fuga aratorum, quam deserta, quam
inculta, quam relicta omnia. Ea tametsi multis istius et
variis iniuriis acciderunt, tamen haec una causa in opinione Siculorum plurimum valet, quod Cerere violata
omnis cultus fructusque Cereris in iis locis interisse
arbitrantur.

Medemini religioni sociorum, iudices, conservate
vestram; neque enim haec externa vobis est religio neque
aliena; quodsi esset, si suscipere eam nolletis, tamen in eo
qui violasset sancire vos velle oporteret. Nunc vero in 115
communi omnium gentium religione, inque iis sacris
quae maiores nostri ab exteris nationibus adscita atque
arcessita coluerunt – quae sacra, ut erant re vera, sic
appellari Graeca voluerunt – neglegentes ac dissoluti si
cupiamus esse, qui possumus?

Unius etiam urbis omnium pulcherrimae atque orna-
tissimae, Syracusarum, direptionem commemorabo et in
medium proferam, iudices, ut aliquando totam huius generis orationem concludam atque definiam. Nemo fere
vestrum est quin quem ad modum captae sint a M. Marcello Syracusae saepe audierit, non numquam etiam in
annalibus legerit. Conferte hanc pacem cum illo bello,
huius praetoris adventum cum illius imperatoris victoria,
huius cohortem impuram cum illius exercitu invicto,

nes Verbrechens. Wie ihr gehört habt, berichteten die Leute aus Centuripae, Agyrion, Catina, Ätna und Herbita[98] sowie verschiedene andere im Namen ihrer Gemeinden, welche Einsamkeit auf den Feldern herrsche, welche Öde, wie die Landwirte geflohen seien, wie wüst, wie unbebaut, wie verlassen alles daliege. Dies ist gewiß durch die zahlreichen und verschiedenartigen Ungerechtigkeiten des Verres bedingt[99]; gleichwohl hat nach der Meinung der Sizilier diese eine Ursache das größte Gewicht: sie glauben, daß wegen des Frevels an Ceres in diesen Gegenden aller Ackerbau und Fruchtertrag der Ceres zugrunde gegangen sei.

Helft dem Gottesdienst der Bundesgenossen, ihr Richter, erhaltet zugleich euren eigenen! Denn das ist für euch kein auswärtiger, kein fremder Gottesdienst. Wenn dem so wäre, wenn ihr den Gottesdienst nicht bei euch selbst dulden wolltet, so müßtet ihr doch bereit sein, ihn dem gegenüber zu schützen, der ihn verletzt hat. Doch in Wahrheit handelt es sich um einen Gottesdienst, der allen Völkern gemeinsam ist, und um heilige Bräuche, die schon unsere Vorfahren nach Einführung und Übernahme von auswärts befolgt haben, um Bräuche, die sie, wie es den Tatsachen entsprach, die griechischen genannt wissen wollten[100] – wie könnten dann wir, selbst wenn wir geneigt wären, nachlässig und gleichgültig sein?

Noch von *einer* Stadt, der schönsten und prächtigsten unter allen, von Syrakus, will ich euch darlegen und vor Augen führen, ihr Richter, wie sie geplündert wurde; dann möchte ich endlich meinen ganzen Vortrag über diesen Gegenstand abschließen und zu Ende bringen. Wohl jeder von euch hat oft gehört und mitunter auch in Geschichtswerken gelesen, wie Syrakus von M. Marcellus erobert worden ist. Vergleicht nun den jetzigen Frieden mit dem damaligen Kriege, die Ankunft dieses Prätors mit dem Siege jenes Feldherrn, das schmutzige Gefolge des Angeklagten mit dem unbesiegten Heere jenes

huius libidines cum illius continentia: ab illo qui cepit conditas, ab hoc qui constitutas accepit captas dicetis Syracusas.

Ac iam illa omitto quae disperse a me multis in locis 116 dicentur ac dicta sunt, forum Syracusanorum, quod introitu Marcelli purum a caede servatum est, id adventu Verris Siculorum innocentium sanguine redundasse, portum Syracusanorum, qui tum et nostris classibus et Carthaginiensium clausus fuisset, eum isto praetore Cilicum myoparoni praedonibusque patuisse; mitto adhibitam vim ingenuis, matres familias violatas, quae tum in urbe capta commissa non sunt neque odio hostili neque licentia militari neque more belli neque iure victoriae; mitto, inquam, haec omnia, quae ab isto per triennium perfecta sunt; ea quae coniuncta cum illis rebus sunt de quibus antea dixi cognoscite.

Urbem Syracusas maximam esse Graecarum, pulcher- 117 rimam omnium saepe audistis. Est, iudices, ita ut dicitur. Nam et situ est cum munito tum ex omni aditu vel terra vel mari praeclaro ad aspectum, et portus habet prope in aedificatione amplexuque urbis inclusos; qui cum diversos inter se aditus habeant, in exitu coniunguntur et confluunt. Eorum coniunctione pars oppidi quae appellatur Insula, mari disiuncta angusto, ponte rursus adiungitur et continetur.

Ea tanta est urbs ut ex quattuor urbibus maximis con- 118 stare dicatur; quarum una est ea quam dixi Insula, quae

Mannes, die Gelüste des Verres mit der Enthaltsamkeit des Marcellus: von jenem, der Syrakus eroberte, werdet ihr sagen, er habe es gegründet, von unserem Manne, der es in bester Verfassung übernahm, er habe es erobert.

Und für jetzt übergehe ich, was ich zerstreut an zahlreichen Stellen gesagt habe und noch sagen werde[101]: daß der Markt von Syrakus, der beim Einrücken des Marcellus von jedem Gemetzel rein erhalten blieb, beim Erscheinen des Verres vom Blute unschuldiger Sizilier überströmt war; daß der Hafen von Syrakus, der damals unseren Flotten ebenso wie denen der Karthager verschlossen gewesen war, unter seiner Prätur kilikischen Kaperschiffen und Seeräubern offengestanden hat; ich übergehe die an Freigeborenen geübte Gewalt, die Schändung von ehrbaren Frauen – Dinge, die damals in der eroberten Stadt nicht vorgekommen sind, weder aus feindlichem Haß noch wegen der Zügellosigkeit der Soldaten, nicht nach Kriegsbrauch und nicht nach dem Recht des Sieges; ich übergehe, sage ich, dies alles, was Verres während dreier Jahre begangen hat: nehmt nur das zur Kenntnis, was mit den vorher von mir behandelten Dingen in Verbindung steht.

Ihr habt es oft vernommen: Syrakus ist die größte und schönste aller Griechenstädte. Sie ist so, ihr Richter, wie sie geschildert wird. Denn sie hat eine geschützte Lage, bietet zudem aus jeder Richtung, vom Meere wie vom Lande aus, einen prächtigen Anblick dar und nennt Häfen ihr eigen, die von den umliegenden Baulichkeiten der Stadt beinahe eingeschlossen sind. Die Häfen haben untereinander verschiedene Zugänge; am Ende[102] verbinden sie sich und münden zusammen. Bei ihrer Vereinigung wird ein Stadtteil, die Insel geheißen, durch einen schmalen Meeresarm abgetrennt und wiederum durch eine Brücke an das Festland angeschlossen.

Die Stadt ist so ausgedehnt, daß man sagt, sie setze sich aus vier großen Städten zusammen. Eine von ihnen ist die er-

duobus portibus cincta in utriusque portus ostium adi-
tumque proiecta est; in qua domus est quae Hieronis regis fuit, qua praetores uti solent. In ea sunt aedes sacrae
complures, sed duae quae longe ceteris antecellant, Dianae, et altera, quae fuit ante istius adventum ornatissi-
ma, Minervae. In hac insula extrema est fons aquae dul-
cis, cui nomen Arethusa est, incredibili magnitudine, ple-
nissimus piscium, qui fluctu totus operiretur nisi
munitione ac mole lapidum diiunctus esset a mari.

Altera autem est urbs Syracusis, cui nomen Achradina 119
est; in qua forum maximum, pulcherrimae porticus, or-
natissimum prytanium, amplissima est curia templum-
que egregium Iovis Olympii ceteraeque urbis partes, quae
una via lata perpetua multisque transversis divisae privatis aedificiis continentur. Tertia est urbs quae, quod in ea
parte Fortunae fanum antiquum fuit, Tycha nominata
est; in qua gymnasium amplissimum est et complures
aedes sacrae, coliturque ea pars et habitatur frequentissi-
me. Quarta autem est quae, quia postrema coaedificata
est, Neapolis nominatur; quam ad summam theatrum
maximum, praeterea duo templa sunt egregia, Cereris
unum, alterum Liberae, signumque Apollinis, qui Temenites vocatur, pulcherrimum et maximum; quod iste
si portare potuisset, non dubitasset auferre.

Nunc ad Marcellum revertar, ne haec a me sine causa 120
commemorata esse videantur. Qui cum tam praeclaram
urbem vi copiisque cepisset, non putavit ad laudem populi Romani hoc pertinere, hanc pulchritudinem, ex qua

wähnte Insel, die sich, von zwei Häfen umgeben, bis zur Mündung und Zufahrt beider Häfen[103] hinzieht. Dort steht der Palast, der dem König Hieron gehörte, worin die Prätoren zu wohnen pflegen. Es gibt dort mehrere Heiligtümer, von denen zwei die übrigen bei weitem übertreffen: das der Diana und außerdem das der Minerva, das vor der Ankunft des Verres den reichsten Schmuck enthielt. Am Ende der Insel befindet sich eine Süßwasserquelle, die Arethusa heißt, unglaublich groß und voll von Fischen; sie würde gänzlich von der Flut bedeckt, wenn sie nicht durch einen schützenden Steinwall vom Meere abgetrennt wäre.

Die zweite Stadt von Syrakus ist diejenige, die den Namen Achradina führt. Dort befinden sich ein sehr großer Marktplatz, wunderschöne Säulenhallen, ein reichverziertes Prytaneion[104], ein sehr geräumiges Rathaus und ein herrlicher Tempel des olympischen Jupiter; die übrigen Quartiere dieser Stadt, durch eine fortlaufende Hauptachse und zahlreiche Querstraßen voneinander getrennt, bestehen aus Privathäusern. Die dritte Stadt heißt Tycha, weil dort ein alter Tempel der Glücksgöttin stand. Hier liegen ein sehr großes Gymnasium sowie mehrere Heiligtümer, und dieser Teil ist am stärksten bevölkert und bewohnt. Die vierte Stadt aber heißt, weil sie zuletzt erbaut wurde, Neapolis[105]. In deren höchstgelegenem Teile befinden sich ein riesiges Theater, ferner zwei herrliche Tempel (der eine ist der Ceres, der andere der Libera geweiht) sowie ein Standbild des Apoll, das Temenites genannt wird[106], ein sehr schönes und stattliches Werk. Wenn unser Mann es hätte fortschaffen können, er hätte es ohne Bedenken weggenommen.

Jetzt will ich auf Marcellus zurückkommen; es soll nicht so aussehen, als hätte ich diese Einzelheiten ohne Grund erwähnt. Als Marcellus die herrliche Stadt mit Gewalt und Heeresmacht erobert hatte, da glaubte er, es sei kein Ruhmesblatt für das römische Volk, diese Pracht, die zudem keinerlei Ge-

praesertim periculi nihil ostenderetur, delere et exstinguere. Itaque aedificiis omnibus, publicis privatis, sacris profanis, sic pepercit quasi ad ea defendenda cum exercitu, non oppugnanda venisset. In ornatu urbis habuit victoriae rationem, habuit humanitatis; victoriae putabat esse multa Romam deportare quae ornamento urbi esse possent, humanitatis non plane exspoliare urbem, praesertim quam conservare voluisset. In hac partitione ornatus non plus victoria Marcelli populo Romano adpetivit quam humanitas Syracusanis reservavit. Romam quae adportata sunt, ad aedem Honoris et Virtutis itemque aliis in locis videmus. Nihil in aedibus, nihil in hortis posuit, nihil in suburbano; putavit, si urbis ornamenta domum suam non contulisset, domum suam ornamento urbi futuram. Syracusis autem permulta atque egregia reliquit; deum vero nullum violavit, nullum attigit. Conferte Verrem, non ut hominem cum homine comparetis, ne qua tali viro mortuo fiat iniuria, sed ut pacem cum bello, leges cum vi, forum et iuris dictionem cum ferro et armis, adventum et comitatum cum exercitu et victoria conferatis. 121

Aedis Minervae est in Insula, de qua ante dixi; quam Marcellus non attigit, quam plenam atque ornatam reliquit; quae ab isto sic spoliata atque direpta est non ut ab hoste aliquo, qui tamen in bello religionem et consuetudinis iura retineret, sed ut a barbaris praedonibus vexata 122

fahr verursachen konnte, zu zerstören und auszutilgen. Daher verschonte er alle Gebäude, öffentliche und private, geweihte und ungeweihte, gerade als ob er mit seinem Heere zur Verteidigung, nicht zur Eroberung erschienen wäre; bei den Schmuckstücken der Stadt nahm er Rücksicht auf seinen Sieg, aber auch auf die Menschlichkeit. Der Sieg erheische es, meinte er, vieles nach Rom zu bringen, womit sich die Stadt verzieren lasse, die Menschlichkeit, Syrakus nicht gänzlich auszuplündern, zumal er es hatte erhalten wollen. Bei der Teilung der Schmuckstücke verlangte der Sieg des Marcellus nicht mehr für das römische Volk, als die Menschlichkeit für die Syrakusaner aufbewahrte. Was nach Rom gebracht wurde, das sehen wir beim Tempel des Honor und der Virtus [107] und ebenso an anderen Orten. Marcellus stellte nichts bei sich zu Hause, nichts in seinen Gärten, nichts in seinem Landsitz vor der Stadt auf; er glaubte, wenn er die Schmuckstücke einer Stadt nicht in sein Haus brächte, dann werde sein Haus zu den Schmuckstücken der Stadt gehören. In Syrakus aber ließ er zahlreiche und hervorragende Werke zurück. Überdies hat er keinen Gott entweiht, keinen angerührt. Meßt hieran den Verres – ihr sollt nicht etwa den Menschen neben den Menschen stellen (denn dem bedeutenden Toten darf keine Kränkung widerfahren) – ihr sollt vielmehr den Frieden mit dem Krieg vergleichen, die Gesetze mit der Gewalt, den Markt und die Rechtsprechung mit dem Schwert und den Waffen, die Ankunft und das Gefolge mit dem Heere und Sieg.

Auf der erwähnten Insel steht ein Tempel der Minerva. Marcellus hat ihn nicht angerührt, hat ihn in seinem vollen Schmuck belassen. Der wurde von Verres derart beraubt und ausgeplündert, daß es aussah, als ob ihn nicht ein Feind, der ja doch auch im Kriege den Götterdienst und die überkommenen Rechtsgrundsätze beachten würde, sondern barbarische Räuber heimgesucht hätten. Dort befand sich eine Reiter-

esse videatur. Pugna erat equestris Agathocli regis in tabulis picta praeclare; iis autem tabulis interiores templi
parietes vestiebantur. Nihil erat ea pictura nobilius, nihil
Syracusis quod magis visendum putaretur. Has tabulas
M. Marcellus, cum omnia victoria illa sua profana fecisset, tamen religione impeditus non attigit; iste, cum illa
propter diuturnam pacem fidelitatemque populi Syracusani sacra religiosaque accepisset, omnis eas tabulas abstulit, parietes quorum ornatus tot saecula manserant, tot
bella effugerant, nudos ac deformatos reliquit. Et Mar-   123
cellus qui, si Syracusas cepisset, duo templa se Romae de-
dicaturum voverat, is id quod erat aedificaturus iis rebus
ornare quas ceperat noluit: Verres qui non Honori neque
Virtuti, quem ad modum ille, sed Veneri et Cupidini vota
deberet, is Minervae templum spoliare conatus est. Ille
deos deorum spoliis ornari noluit, hic ornamenta Minervae virginis in meretriciam domum transtulit. Viginti et
septem praeterea tabulas pulcherrime pictas ex eadem
aede sustulit, in quibus erant imagines Siciliae regum ac
tyrannorum, quae non solum pictorum artificio delecta-
bant, sed etiam commemoratione hominum et cognitio-
ne formarum. Ac videte quanto taetrior hic tyrannus Syracusanis fuerit quam quisquam superiorum, quia, cum
illi tamen ornarint templa deorum immortalium, hic
etiam illorum monumenta atque ornamenta sustulit.

Iam vero quid ego de valvis illius templi comme-   124
morem? Vereor ne haec qui non viderunt omnia me ni-

schlacht des Königs Agathokles[108], ein vorzügliches Gemälde;
mit solchen Bildern waren nämlich die Innenwände des Tempels bedeckt. Nichts war berühmter als dieses Gemälde, nichts,
was man in Syrakus für sehenswürdiger hielt. M. Marcellus
hatte zwar durch seinen Sieg alles der Weihe entkleidet;
gleichwohl hielt ihn seine Frömmigkeit davon ab, diese Bilder
zu berühren. Verres aber hatte diese Dinge wegen des langen
Friedens und der Treue des syrakusanischen Volkes in gehei-
ligtem und geweihtem Zustande vorgefunden; er nahm alle
die Bilder weg, ließ die Wände, deren Schmuck so viele Jahrhunderte überdauert, aus so vielen Kriegen sich gerettet hatte,
nackt und häßlich zurück. Und Marcellus hatte gelobt, er
werde, wenn er Syrakus erobere, in Rom zwei Tempel[109]
weihen, und doch wollte er die Gebäude, die er aufzuführen
gedachte, nicht mit den erbeuteten Gegenständen ausschmük-
ken; Verres hingegen, der nicht dem Honor und der Virtus
wie Marcellus, sondern der Venus und dem Cupido Gelübde
schuldig wäre, hat sich unterfangen, den Tempel der Minerva
auszuplündern. Marcellus lehnte es ab, Götter mit der Beute
von Göttern zu zieren; Verres brachte die Zier der Jungfrau
Minerva in sein Dirnenhaus; er hat außerdem noch siebenund-
zwanzig herrliche Gemälde aus demselben Tempel weggenommen, darunter die Bildnisse der sizilischen Könige und
Tyrannen, die nicht nur wegen der Meisterschaft der Künstler Freude bereiteten, sondern auch, weil sie an die Personen
erinnerten und deren Aussehen erkennen ließen. Und seht
jetzt, in welchem Maße Verres ein scheußlicherer Tyrann für
die Syrakusaner war als irgendein früherer Herrscher: jene
Männer haben trotz allem die Tempel der unsterblichen Götter ausgeschmückt, Verres hingegen beseitigte selbst deren
Denkmäler und Schmuckstücke.

Was soll ich ferner von den Flügeltüren dieses Tempels berichten? Wer diese Dinge nicht gesehen hat, der wird, fürchte

mis augere atque ornare arbitrentur; quod tamen nemo
suspicari debet, tam esse me cupidum ut tot viros pri-
marios velim, praesertim ex iudicum numero, qui Syracusis fuerint, qui haec viderint, esse temeritati et menda-
cio meo conscios. Confirmare hoc liquido, iudices, possum, valvas magnificentiores, ex auro atque ebore
perfectiores, nullas umquam ullo in templo fuisse. Incredibile dictu est quam multi Graeci de harum valvarum
pulchritudine scriptum reliquerint. Nimium forsitan
haec illi mirentur atque efferant; esto; verum tamen ho-
nestius est rei publicae nostrae, iudices, ea quae illis
pulchra esse videantur imperatorem nostrum in bello
reliquisse quam praetorem in pace abstulisse.

Ex ebore diligentissime perfecta argumenta erant in
valvis; ea detrahenda curavit omnia. Gorgonis os pulcherrimum cinctum anguibus revellit atque abstulit, et
tamen indicavit se non solum artificio sed etiam pretio
quaestuque duci; nam bullas aureas omnis ex iis valvis,
quae erant multae et graves, non dubitavit auferre;
quarum iste non opere delectabatur sed pondere. Itaque
eius modi valvas reliquit ut quae olim ad ornandum
templum erant maxime nunc tantum ad claudendum
factae esse videantur. Etiamne gramineas hastas – vidi 125
enim vos in hoc nomine, cum testis diceret, commoveri:
quod erant eius modi ut semel vidisse satis esset (in quibus neque manu factum quicquam neque pulchritudo
erat ulla, sed tantum magnitudo incredibilis de qua vel
audire satis esset, nimium videre plus quam semel), etiam
id concupisti!

ich, glauben, ich wolle alles übertreiben und aufbauschen. Doch für so leidenschaftlich sollte mich niemand halten, daß ich wünschte, so viele ausgezeichnete Männer, zumal aus der Zahl der Richter, die Syrakus besucht, die diese Dinge gesehen haben, zu Zeugen von unüberlegten Fabeleien zu machen. Mit gutem Gewissen kann ich behaupten, ihr Richter: prachtvollere, meisterlicher aus Gold und Elfenbein gearbeitete Flügeltüren hat es nie an einem Tempel gegeben. Es ist unglaublich, wie viele Griechen Schilderungen von der Schönheit dieser Flügeltüren hinterlassen haben. Vielleicht preisen und bewundern sie diese Dinge allzu sehr, gewiß. Doch für unseren Staat ist es ehrenhafter, ihr Richter, daß unser Feldherr in Kriegszeiten zurückließ, was sie für schön halten, als daß es der Prätor im Frieden geraubt hat.

An den Türen waren mit größter Sorgfalt gearbeitete Darstellungen aus Elfenbein angebracht; die ließ er sämtlich abnehmen. Ein sehr schönes, von Schlangen umwalltes Gorgonenhaupt riß er los und brachte er an sich. Und dabei verriet er deutlich, daß er sich nicht nur von dem künstlerischen Reiz, sondern auch vom Wert und von Gewinnsucht leiten ließ. Denn ohne Bedenken eignete er sich alle goldenen Buckel an, schwere Stücke, die sich in großer Zahl an den Flügeltüren befanden. Bei ihnen erregte nicht die Arbeit, sondern das Gewicht sein Wohlgefallen. So hinterließ er denn die Flügeltüren, die einst vornehmlich zum Schmuck des Tempels gedient hatten, in einem Zustande, daß sie jetzt nur noch zum Verschließen gemacht zu sein scheinen. Weiterhin die Bambusstäbe – ich habe nämlich bemerkt, daß ihr bei diesem Wort beeindruckt wart, als der Zeuge davon sprach; sie waren ja so, daß es genügte, sie einmal gesehen zu haben; an ihnen war keinerlei Handarbeit noch sonst etwas Schönes, sie fielen allein durch ihre unglaubliche Größe auf, von der auch nur zu hören schon genug, die mehr als einmal zu sehen gar zu viel wäre – selbst die hast du besitzen wollen!

Nam Sappho quae sublata de prytanio est dat tibi iustam excusationem, prope ut concedendum atque ignos-
cendum esse videatur. Silanionis opus tam perfectum,   126
tam elegans, tam elaboratum quisquam non modo privatus sed populus potius haberet quam homo elegantis-
simus atque eruditissimus, Verres? Nimirum contra dici
nihil potest. Nostrum enim unus quisque, qui tam beati
quam iste est non sumus, tam delicati esse non possumus,
si quando aliquid istius modi videre volet, eat ad aedem
Felicitatis, ad monumentum Catuli, in porticum Metelli, det operam ut admittatur in alicuius istorum Tusculanum, spectet forum ornatum, si quid iste suorum aedilibus commodarit: Verres haec habeat domi, Verres ornamentis fanorum atque oppidorum habeat plenam
domum, villas refertas. Etiamne huius operari studia ac
delicias, iudices, perferetis? qui ita natus, ita educatus est,
ita factus et animo et corpore ut multo appositior ad
ferenda quam ad auferenda signa esse videatur. Atque   127
haec Sappho sublata quantum desiderium sui reliquerit,
dici vix potest. Nam cum ipsa fuit egregie facta, tum epi-
gramma Graecum pernobile incisum est in basi, quod
iste eruditus homo et Graeculus, qui haec subtiliter iudi-
cat, qui solus intellegit, si unam litteram Graecam scis-
set, certe una sustulisset. Nunc enim quod scriptum est
inani in basi declarat quid fuerit, et id ablatum indicat.

Quid? signum Paeanis ex aede Aesculapi praeclare factum, sacrum ac religiosum, non sustulisti? quod omnes

Denn die Sappho, die du aus dem Prytaneion entwendet hast, bietet dir eine triftige Entschuldigung, so daß man dir, scheint es, beinahe Nachsicht und Verzeihung gewähren muß. Ein so vollkommenes, so erlesenes, so sorgfältig gearbeitetes Werk des Silanion [110] sollte, ich sage nicht eine Privatperson, sondern eine Gemeinde eher besitzen als der feingebildete und höchst kenntnisreiche Verres? Wahrhaftig, dagegen läßt sich nichts einwenden. Wir allesamt, die wir nicht so gesegnet sind wie er, wir können auch nicht so anspruchsvoll in unseren Genüssen sein. Wenn einer von uns so etwas sehen will, dann gehe er zum Tempel der Felicitas, zum Siegesdenkmal des Catulus, zur Säulenhalle des Metellus, er bemühe sich, Zutritt in das Tusculanum eines dieser Leute zu erhalten, er besichtige das Forum in seinem Schmuck, wenn unser Mann den Ädilen etwas von seinen Schätzen geborgt hat [111]: ein Verres aber mag dergleichen in seinem Hause haben, ein Verres besitze eine Stadtwohnung, besitze Landgüter, die mit den Prunkstücken der Tempel und Städte angefüllt sind. Wollt ihr auch noch die Liebhabereien und Genüsse dieses Burschen hinnehmen, ihr Richter? Der so geboren, so erzogen, so an Leib und Seele beschaffen ist, daß er sich weit besser zum Schleppen als zum Verschleppen von Standbildern zu eignen scheint? Und welchen Kummer die geraubte Sappho zurückließ, das kann man kaum beschreiben. Denn das Bildnis selbst war eine vorzügliche Arbeit; außerdem ist auf dem Sockel ein sehr berühmtes griechisches Epigramm angebracht, das unser Schöngeist und Griechenfreund, der fein darüber zu urteilen weiß, der sich allein darauf versteht, gewiß ebenfalls mitgenommen hätte, wenn er auch nur einen griechischen Buchstaben kennte. Denn jetzt beweist die Schrift auf dem leeren Sockel nur, was dort gestanden hat, und zeigt den Raub an.

Wie? Hast du nicht aus dem Tempel des Äskulap ein Meisterwerk, das heilige und ehrfurchtgebietende Bildnis des

propter pulchritudinem visere, propter religionem colere
solebant. Quid? ex aede Liberi simulacrum Aristaei non   128
tuo imperio palam ablatum est? Quid? ex aede Iovis reli-
giosissimum simulacrum Iovis Imperatoris, quem Graeci
Urion nominant, pulcherrime factum nonne abstulisti?
Quid? ex aede Liberae †parinum† caput illud pulcherrimum, quod visere solebamus, num dubitasti tollere?
Atque ille Paean sacrificiis anniversariis simul cum Aes-
culapio apud illos colebatur; Aristaeus, qui inventor olei
esse dicitur, una cum Libero patre apud illos eodem erat
in templo consecratus.

Iovem autem Imperatorem quanto honore in suo tem-   129
plo fuisse arbitramini? Conicere potestis, si recordari vo-
lueritis quanta religione fuerit eadem specie ac forma
signum illud quod ex Macedonia captum in Capitolio
posuerat T. Flamininus. Etenim tria ferebantur in orbe
terrarum signa Iovis Imperatoris uno in genere pulcherrime facta, unum illud Macedonicum quod in Capitolio
vidimus, alterum in Ponti ore et angustiis, tertium quod
Syracusis ante Verrem praetorem fuit. Illud Flamininus
ita ex aede sua sustulit ut in Capitolio, hoc est in terres-
tri domicilio Iovis poneret. Quod autem est ad introitum   130
Ponti, id, cum tam multa ex illo mari bella emerserint,
tam multa porro in Pontum invecta sint, usque ad hanc
diem integrum inviolatumque servatum est. Hoc tertium, quod erat Syracusis, quod M. Marcellus armatus et
victor viderat, quod religioni concesserat, quod cives

Päan entwendet? Jedermann pflegte es wegen seiner Schönheit zu betrachten, wegen seiner Heiligkeit zu verehren. Wie? Hat man nicht aus dem Tempel des Liber auf deinen Befehl in aller Öffentlichkeit das Bildnis des Aristaios geraubt[112]? Wie? Hast du nicht aus dem Tempel des Jupiter das hochheilige Bildnis des Jupiter Imperator, den die Griechen Urios nennen[113], eine herrliche Arbeit, weggenommen? Wie? Warst du nicht so vermessen, aus dem Tempel der Libera den ausgezeichnet schönen Kopf zu entwenden, den wir uns immer wieder angesehen haben? Und der Päan empfing bei den Bewohnern zugleich mit Äskulap die Ehre eines alljährlichen Opfers; Aristaios aber, der Überlieferung nach der Erfinder des Ölbaums, war bei den Syrakusanern gemeinsam mit Vater Liber in demselben Tempel geweiht.

Doch welche Ehre erst, meint ihr, hat der Jupiter Imperator in seinem Tempel genossen? Ihr könnt euch eine Vorstellung machen, wenn ihr euch erinnern wollt, wie heilig man das Bildnis von gleicher Art und Gestalt hielt, das T. Flamininus[114] in Makedonien erbeutet und im Kapitol aufgestellt hatte. Es gab nämlich, heißt es, auf der ganzen Welt drei gleichartige, herrlich gearbeitete Bildnisse des Jupiter Imperator: das eine, das makedonische, haben wir im Kapitol gesehen[115]; das zweite steht an der Mündung der pontischen Meerenge[116]; das dritte befand sich vor der Prätur des Verres in Syrakus. Flamininus hat jenes Bildnis nur deshalb aus seinem Tempel weggenommen, um es im Kapitol, das heißt in der irdischen Wohnstatt Jupiters, aufzustellen. Das Stück aber, das an der Einfahrt in den Pontus steht, ist bis auf den heutigen Tag unversehrt und unangetastet geblieben, obwohl so viele Kriege von diesem Meere her vorgedrungen und so viele in den Pontus eingedrungen sind. Das dritte, das in Syrakus stand, das M. Marcellus in Waffen und als Sieger gesehen, das er dem Gottesdienst belassen hatte, das die Bürger und

atque incolae colere, advenae non solum visere verum
etiam venerari solebant, id C. Verres ex templo Iovis sustulit. Ut saepius ad Marcellum revertar, iudices, sic ha-   131
betote, pluris esse a Syracusanis istius adventu deos quam
victoria Marcelli homines desideratos. Etenim ille requi-
sisse etiam dicitur Archimedem illum, summo ingenio
hominem ac disciplina, quem cum audisset interfectum
permoleste tulisse: iste omnia quae requisivit, non ut
conservaret verum ut asportaret requisivit.

Iam illa quae leviora videbuntur ideo praeteribo, quod
mensas Delphicas e marmore, crateras ex aere pulcherri-
mas, vim maximam vasorum Corinthiorum ex omnibus
aedibus sacris abstulit Syracusis. Itaque, iudices, ii qui   132
hospites ad ea quae visenda sunt solent ducere et unum
quidque ostendere – quos illi mystagogos vocant – con-
versam iam habent demonstrationem suam. Nam ut ante
demonstrabant quid ubique esset, item nunc quid undique ablatum sit ostendunt.

Quid tum? mediocrine tandem dolore eos adfectos esse
arbitramini? Non ita est, iudices, primum quod omnes
religione moventur et deos patrios quos a maioribus acceperunt colendos sibi diligenter et retinendos esse arbitrantur; deinde hic ornatus, haec opera atque artificia,
signa, tabulae pictae Graecos homines nimio opere de-
lectant. Itaque ex illorum querimoniis intellegere possumus haec illis acerbissima videri quae forsitan nobis levia
et contemnenda esse videantur. Mihi credite, iudices

Einwohner anzubeten, die Fremden nicht nur zu betrachten, sondern auch zu verehren pflegten, das hat C. Verres aus dem Tempel des Jupiter weggenommen. Um noch öfters auf Marcellus zurückzukommen, ihr Richter, so wißt, daß die Syrakusaner nach dem Aufenthalt des Verres mehr Götter als nach dem Siege des Marcellus Menschen vermißt haben. Denn der ließ, heißt es, sogar nach Archimedes suchen, dem geistesmächtigen Gelehrten, und war tief betroffen, als er von dessen gewaltsamem Ende hörte[117]; Verres aber hat alles, was er suchen ließ, nicht gesucht, um es zu retten, sondern um es fortzuschleppen.

Ich will jetzt einiges übergehen, was zu geringfügig erscheinen dürfte: daß er delphische Tische aus Marmor[118], eherne Mischkrüge von größter Schönheit sowie eine riesige Menge von korinthischen Gefäßen aus allen Heiligtümern von Syrakus weggenommen hat. Daher haben die Leute, ihr Richter, die die Fremden zu den Sehenswürdigkeiten zu führen und ihnen jede Einzelheit zu zeigen pflegen (man nennt sie dort Mystagogen), jetzt bei ihren Erläuterungen eine entgegengesetzte Aufgabe. Denn wie sie früher erläuterten, was überall vorhanden war, so zeigen sie jetzt, was allerorten entfernt worden ist.

Was nun? Glaubt ihr etwa, den Leuten sei nur ein mäßiger Schmerz zugefügt worden? Dem ist nicht so, ihr Richter: einmal, weil alle Welt Götterfurcht empfindet und glaubt, man müsse die einheimischen Götter, die man von den Vorfahren übernommen hat, gewissenhaft verehren und erhalten; zum anderen haben die Griechen an diesem Schmuck, an den Kunstwerken, den Standbildern und Gemälden, ein ungewöhnliches Vergnügen. Wir können daher aus ihren Klagen schließen, daß ihnen äußerst hart vorkommt, was wir vielleicht für unbedeutend und keiner Beachtung wert ansehen. Glaubt mir, ihr Richter (immerhin weiß ich zuverlässig, daß

– tametsi vosmet ipsos haec eadem audire certo scio –,
cum multas acceperint per hosce annos socii atque exterae nationes calamitates et iniurias, nullas Graeci homines gravius ferunt ac tulerunt quam huiusce modi spo-
liationes fanorum atque oppidorum.

Licet iste dicat emisse se, sicuti solet dicere, credite hoc   133
mihi, iudices: nulla umquam civitas tota Asia et Graecia
signum ullum, tabulam pictam ullam, ullum denique ornamentum urbis sua voluntate cuiquam vendidit; nisi
forte existimatis, posteaquam iudicia severa Romae fieri
desierunt, Graecos homines haec venditare coepisse, quae
tum non modo non venditabant, cum iudicia fiebant, verum etiam coemebant; aut nisi arbitramini L. Crasso,
Q. Scaevolae, C. Claudio, potentissimis hominibus,
quorum aedilitates ornatissimas vidimus, commercium
istarum rerum cum Graecis hominibus non fuisse, iis qui
post iudiciorum dissolutionem aediles facti sunt fuisse.

Acerbiorem etiam scitote esse civitatibus falsam istam   134
et simulatam emptionem quam si qui clam surripiat aut
eripiat palam atque auferat; nam turpitudinem summam
esse arbitrantur referri in tabulas publicas pretio adduc-
tam civitatem, et pretio parvo, ea quae accepisset a maioribus vendidisse atque abalienasse. Etenim mirandum
in modum Graeci rebus istis, quas nos contemnimus,
delectantur. Itaque maiores nostri facile patiebantur haec
esse apud illos quam plurima: apud socios, ut imperio
nostro quam ornatissimi florentissimique essent; apud

ihr selbst schon die gleiche Kunde erhalten habt): die Bundesgenossen und auswärtigen Völkerschaften haben zwar in diesen Jahren viele Plackereien und Ungerechtigkeiten hinnehmen müssen; für die Griechen aber war und ist nichts krän-
kender als derartige Plünderungen von Tempeln und Städten.

Verres mag wie gewöhnlich behaupten, er habe diese Dinge
gekauft; doch ihr müßt mir glauben, ihr Richter: keine Gemeinde in ganz Asien und Griechenland hat je irgendein
Standbild, irgendein Gemälde, überhaupt irgendein Schmuck-
stück ihrer Stadt freiwillig an jemanden verkauft. Denn gewiß werdet ihr nicht annehmen, daß die Griechen, nachdem
es mit der Strenge der römischen Gerichte vorbei war, derlei
Dinge zu verkaufen begonnen hätten, die sie vorher, als die
Gerichte noch durchgriffen, durchaus nicht verkauften, sondern sogar zu erwerben suchten. Ebensowenig werdet ihr
glauben, L. Crassus, Q. Scaevola und C. Claudius[119], höchst
einflußreiche Männer, deren Ädilenamt wir in vollem Glanze
erlebt haben, hätten auf diesem Gebiet keinerlei Handels-
beziehungen mit den Griechen gehabt, wohl aber die Leute,
die nach dem Verfall der Gerichtsbarkeit Ädilen geworden sind.

Für die Gemeinden, müßt ihr wissen, war ein unechter und
vorgetäuschter Kauf noch bitterer, als wenn jemand heimlich
etwas entwendete oder vor aller Augen raubte und wegnahm.
Denn sie halten es für die größte Schande, wenn in den öffentlichen Büchern vermerkt wird, die Gemeinde habe sich durch
Geldeswert, und überdies durch einen geringen, bestimmen
lassen, die von den Vorfahren ererbten Gegenstände zu verkaufen und zu veräußern. Denn die Griechen wissen diese
Dinge, die uns nur wenig bedeuten, in erstaunlichem Maße zu
schätzen. Daher haben unsere Vorfahren gern gelitten, daß
sich dergleichen bei ihnen, soweit sie unsere Bundesgenossen
sind, in größter Zahl befindet, damit sie sich unter unserer
Herrschaft in üppigster Pracht entfalten könnten; denen aber,

eos autem quos vectigalis aut stipendiarios fecerant tamen haec relinquebant, ut illi, quibus haec iucunda sunt
quae nobis levia videntur, haberent haec oblectamenta et
solacia servitutis. Quid arbitramini Reginos, qui iam ci-   135
ves Romani sunt, merere velle ut ab iis marmorea Venus
illa auferatur? quid Tarentinos, ut Europam in tauro
sedentem amittant, ut Satyrum qui apud illos in aede
Vestae est, ut cetera? quid Thespiensis ut Cupidinis signum, propter quod unum visuntur Thespiae, quid
Cnidios ut Venerem marmoream, quid ut pictam Coos,
quid Ephesios ut Alexandrum, quid Cyzicenos ut Aiacem
aut Medeam, quid Rhodios ut Ialysum, quid Athenien-
sis ut ex marmore Iacchum aut Paralum pictum aut ex
aere Myronis buculam? Longum est et non necessarium
commemorare quae apud quosque visenda sunt tota Asia
et Graecia; verum illud est quam ob rem haec comme-
morem, quod existimare vos hoc volo, mirum quendam
dolorem accipere eos ex quorum urbibus haec auferantur.

Atque ut ceteros omittamus, de ipsis Syracusanis co-   136
gnoscite. Ad quos ego cum venissem, sic primum existi-
mabam, ut Romae ex istius amicis acceperam, civitatem
Syracusanam propter Heracli hereditatem non minus
esse isti amicam quam Mamertinam propter praedarum
ac furtorum omnium societatem; simul et verebar ne mulierum nobilium et formosarum gratia, quarum iste arbi-
trio praeturam per triennium gesserat, virorumque quibuscum illae nuptae erant, nimia in istum non modo

die sie steuer- oder abgabepflichtig gemacht hatten, beließen sie gleichwohl diese Dinge: da sie ihnen Freude bereiten, während sie uns gleichgültig lassen, sollten sie darin eine Annehmlichkeit und einen Trost für die Knechtschaft finden. Was, glaubt ihr wohl, würden die Reginer, die bereits römische Bürger sind, dafür verlangen, wenn man ihnen die berühmte marmorne Venus wegnehmen wollte? Was die Tarentiner, wenn sie die auf dem Stiere reitende Europa, wenn sie den Satyr, der bei ihnen im Tempel der Vesta steht, wenn sie die übrigen Werke einbüßen sollten? Was die Thespier für das Standbild des Cupido (allein wegen dieses Werkes pflegt man ja Thespiai zu besuchen)? Was die Knidier für das Marmorbild, was die Koer für das Gemälde der Venus? Was die Ephesier für den Alexander, was die Kyzikener für den Aias oder die Medea, was die Rhodier für den Ialysos? Was die Athener für den Iakchos aus Marmor oder das Gemälde des Paralos oder die bronzene Kuh von Myron[120]? Es ist zeitraubend und unnötig aufzuzählen, was allerorten in ganz Asien und Griechenland sehenswert ist. Doch der Grund, weshalb ich dies erwähne, ist, daß ich euch gern hiervon überzeugt wüßte: diejenigen sind ungemein schmerzlich berührt, aus deren Städten man solche Werke wegnimmt.

Und um auf die anderen nicht näher einzugehen, laßt euch namentlich über die Syrakusaner belehren. Als ich zu ihnen kam, da glaubte ich zuerst, wie ich es in Rom von den Freunden des Verres vernommen hatte, die Gemeinde Syrakus sei wegen der Erbschaft des Heraclius[121] nicht weniger eng mit Verres befreundet als die mamertinische wegen der Teilnahme an allen Beutezügen und Diebereien. Zugleich befürchtete ich auch, der Einfluß der vornehmen und schönen Damen, nach deren Gutdünken Verres drei Jahre lang die Prätur verwaltet hatte, sowie das Übermaß an Gleichgültigkeit oder vielmehr an Großmut, das deren Ehegatten dem Verres gegenüber erzeig-

lenitudine sed etiam liberalitate oppugnarer, si quid ex litteris Syracusanorum conquirerem. Itaque Syracusis 137 cum civibus Romanis eram, eorum tabulas exquirebam, iniurias cognoscebam. Cum diutius in negotio curaque fueram, ut requiescerem curamque animi remitterem, ad Carpinati praeclaras tabulas revertebar, ubi cum equitibus Romanis, hominibus ex illo conventu honestissimis, illius Verrucios, de quibus ante dixi, explicabam; a Syracusanis prorsus nihil adiumenti neque publice neque privatim exspectabam, neque erat in animo postulare.

Cum haec agerem, repente ad me venit Heraclius, is qui tum magistratum Syracusis habebat, homo nobilis, qui sacerdos Iovis fuisset, qui honos est apud Syracusanos amplissimus. Agit mecum et cum fratre meo ut, si nobis videretur, adiremus ad eorum senatum; frequentis esse in curia; se iussu senatus a nobis petere ut veniremus. Primo nobis fuit dubium quid ageremus; deinde cito ve- 138 nit in mentem non esse vitandum illum nobis conventum et locum; itaque in curiam venimus. Honorifice sane consurgitur; nos rogatu magistratus adsedimus. Incipit is loqui qui et auctoritate et aetate et, ut mihi visum est, usu rerum antecedebat, Diodorus Timarchidi, cuius omnis oratio hanc habuit primo sententiam: senatum et populum Syracusanum moleste graviterque ferre quod ego, cum in ceteris Siciliae civitatibus senatum populumque docuissem quid iis utilitatis, quid salutis adferrem, et cum ab omnibus mandata, legatos, litteras testimoniaque

ten [122], möchten mir hinderlich sein, wenn ich aus den Urkunden der Syrakusaner etwas erfahren wollte. Daher hielt ich mich in Syrakus an die römischen Bürger, prüfte ihre Bücher und nahm ihre Beschwerden zur Kenntnis. Nachdem ich mich längere Zeit angelegentlich mit dieser Aufgabe befaßt hatte, wandte ich mich wieder den vortrefflichen Büchern des Carpinatius zu, um mich auszuruhen und von der geistigen Anspannung zu erholen. Damals brachte ich gemeinsam mit den angesehensten römischen Rittern des Bezirks Licht in eine schon erwähnte Sache, in die Verrukier des Carpinatius [123]. Von den Syrakusanern erwartete ich keinerlei Unterstützung, weder von der Gemeinde noch von Einzelpersonen, und ich hatte auch nicht die Absicht, irgend etwas zu beanspruchen.

Während ich hiermit beschäftigt war, kam auf einmal Heraclius [124] zu mir, der damals in Syrakus ein Amt innehatte, ein vornehmer Mann, einst Priester des Jupiter – diese Würde gilt bei den Syrakusanern sehr viel. Er schlägt mir und meinem Vetter [125] vor, wir möchten, wenn es uns recht sei, in ihren Gemeinderat kommen; die Mitglieder seien zahlreich im Rathaus versammelt; er bitte uns im Auftrage des Rates um unser Erscheinen. Zuerst wußten wir nicht recht, was wir tun sollten. Dann kam uns rasch der Gedanke, daß wir uns der Versammlung und dem Orte nicht entziehen dürften; so gingen wir denn ins Rathaus. Man erhebt sich mit großer Ehrerbietung; wir nehmen auf die Bitte des Vorsitzenden Platz. Da beginnt der zu sprechen, der sich durch sein Ansehen und Alter und, wie mir schien, durch seine Erfahrung hervortat, Diodoros, der Sohn des Timarchides. Dessen ganzer Vortrag hatte zunächst sinngemäß folgenden Inhalt: der Rat und das Volk von Syrakus seien betroffen und betrübt, daß ich zwar in den übrigen sizilischen Gemeinden den Rat und das Volk unterrichtet hätte, welchen Vorteil, welche Wohltat ich ihnen erwiese, und daß ich von ihnen allen Aufträge und Abgeord-

sumpsissem, in illa civitate nihil eius modi facerem. Respondi neque Romae in conventu Siculorum, cum a me auxilium communi omnium legationum consilio petebatur causaque totius provinciae ad me deferebatur, legatos Syracusanorum adfuisse, neque me postulare ut quicquam contra C. Verrem decerneretur in ea curia in qua inauratam C. Verris statuam viderem.

Quod posteaquam dixi, tantus est gemitus factus aspectu statuae et commemoratione ut illud in curia positum monumentum scelerum non beneficiorum videretur. Tum pro se quisque, quantum dicendo adsequi poterat, docere me coepit ea quae paulo ante commemoravi, spoliatam urbem, fana direpta, de Heracli hereditate, quam palaestritis concessisset, multo maximam partem ipsum abstulisse; neque postulandum fuisse ut ille palaestritas diligeret, qui etiam inventorem olei deum sustulisset; neque illam statuam esse ex pecunia publica neque publice datam, sed eos qui hereditatis diripiendae participes fuissent faciendam statuendamque curasse; eosdem Romae fuisse legatos, illius adiutores improbitatis, socios furtorum, conscios flagitiorum; eo minus mirari me oportere si illi communi legatorum voluntati et saluti Siciliae defuissent. 139

Ubi eorum dolorem ex illius iniuriis non modo non minorem sed prope maiorem quam Siculorum ceterorum esse cognovi, tum meum animum in illos, tum mei consili negotique totius suscepti causam rationemque pro- 140

nete empfangen, Urkunden und Zeugnisse entgegengenommen
hätte, in ihrer Gemeinde jedoch nichts von dieser Art unter-
nähme. Ich antwortete: weder hätten sich in Rom bei der Versammlung der Sizilier, als man mich nach dem gemeinsamen
Beschluß aller Gesandtschaften um Hilfe anging und mir die
Sache der ganzen Provinz übertrug, Abgeordnete der Syrakusaner eingefunden[126], noch wolle ich darauf dringen, daß man
gegen C. Verres in dem Sitzungssaal Beschlüsse fasse, in dem
ich ein vergoldetes Standbild des C. Verres erblicken müsse.

Als ich das gesagt hatte, da seufzte man beim Anblick und
der Erwähnung der Statue so vernehmlich, daß es schien, als
habe man sie im Rathause aufgestellt, um seiner Verbrechen,
nicht seiner Wohltaten zu gedenken. Da begann mich ein
jeder mit aller Beredsamkeit, die ihm zu Gebote stand, über
das zu unterrichten, was ich soeben erwähnt habe: geplündert sei die Stadt, ausgeraubt die Tempel; von der Erbschaft
des Heraclius, die er den Ringkämpfern zugewiesen habe, sei
der weitaus größte Teil in seinen eigenen Besitz gelangt; man
habe auch gar nicht erwarten dürfen, daß der den Ringkämpfern geneigt sei, der sogar den göttlichen Erfinder des Ölbaums[127] weggenommen habe. Die Statue sei ihm weder aus
öffentlichen Mitteln noch von Gemeinde wegen gewidmet
worden; vielmehr hätten die Teilnehmer an der Plünderung
der Erbschaft sie anfertigen und aufstellen lassen; dieselben
Leute seien als Abgeordnete in Rom gewesen, die Helfershel-
fer seiner Skrupellosigkeit, die Genossen seiner Diebstähle, die
Mitwisser seiner Schandtaten; um so weniger dürfe ich mich
wundern, wenn sie sich dem gemeinsamen Wunsche der Gesandten und dem Wohle Siziliens entzogen hätten.

So bemerkte ich denn, daß ihre Empörung über die Ungerechtigkeiten des Verres nicht geringer, ja beinahe noch grö-
ßer war als die der übrigen Sizilier. Da legte ich dar, wie ich
ihnen gegenüber eingestellt, was der Grund und Zweck mei-

posui, tum eos hortatus sum ut causae communi sa-
lutique ne deessent, ut illam laudationem, quam se vi ac
metu coactos paucis illis diebus decresse dicebant, tollerent. Itaque, iudices, Syracusani haec faciunt, istius clientes atque amici. Primum mihi litteras publicas, quas in
aerario sanctiore conditas habebant, proferunt; in quibus
ostendunt omnia quae dixi ablata esse perscripta, et plura etiam quam ego potui dicere; perscripta autem hoc
modo: Quod ex aede Minervae hoc et illud abesset, quod
ex aede Iovis, quod ex aede Liberi – ut quisque iis rebus
tuendis conservandisque praefuerat, ita perscriptum erat
– cum rationem e lege redderent et quae acceperant tradere deberent, petisse ut sibi, quod eae res abessent,
ignosceretur; itaque omnis liberatos discessisse, et esse
ignotum omnibus. Quas ego litteras obsignandas publico signo deportandasque curavi.

De laudatione autem ratio sic mihi reddita est. Pri- 141
mum, cum a C. Verre litterae aliquanto ante adventum
meum de laudatione venissent, nihil esse decretum; deinde, cum quidam ex illius amicis commonerent oportere
decerni, maximo clamore esse et convicio repudiatos;
postea, cum meus adventus adpropinquaret, imperasse
eum qui summam potestatem haberet ut decernerent;
decretum ita esse ut multo plus illi laudatio mali quam
boni posset adferre. Id adeo, iudices, ut mihi ab illis demonstratum est, sic vos ex me cognoscite.

nes Vorgehens und der ganzen von mir übernommenen Mühe sei; da schärfte ich ihnen ein, sie sollten sich der gemeinsamen Sache und dem Wohle aller nicht entziehen, sie sollten die Belobigung widerrufen, die sie, wie sie sagten, unter der Einwirkung von Gewalt und Furcht wenige Tage zuvor beschlossen hätten. So tun denn die Syrakusaner, die Schutzbefohlenen und Freunde des Verres, folgendes, ihr Richter: zuerst bringen sie mir die amtlichen Urkunden, die sie in der Geheimkammer ihres Schatzhauses aufbewahrten. Sie zeigen mir, wie dort alles aufgeführt ist, was ich als geraubt erwähnt habe, und sogar noch mehr, als ich habe erwähnen können – aufgeführt in folgender Weise: Im Tempel der Minerva fehle dieses und jenes, ebenso im Tempel des Jupiter, ebenso im Tempel des Liber; (das Verzeichnis führte die Gegenstände nach den Personen auf, die jeweils für ihre Bewachung und Erhaltung verantwortlich waren:) als sie vorschriftsgemäß Rechenschaft ablegen und übergeben sollten, was sie in Empfang genommen hatten, da hätten sie gebeten, man möge ihnen das Fehlen dieser Gegenstände nicht anrechnen; so seien alle frei ausgegangen und man habe niemanden zur Verantwortung gezogen. Diese Urkunde ließ ich mit dem amtlichen Siegel versehen und hierher bringen.

Wegen der Belobigung aber wurde mir folgende Auskunft erteilt. Zuerst, als einige Zeit vor meiner Ankunft ein Schreiben des C. Verres wegen der Belobigung eingetroffen sei, habe man nichts beschlossen; als daraufhin einige seiner Freunde drängten, man müsse einen Beschluß fassen, da seien sie unter lauten Rufen und Beschimpfungen abgewiesen worden; hernach, als meine Ankunft nahe bevorstand, habe derjenige, der die höchste Gewalt ausübe[128], die Beschlußfassung befohlen; der Beschluß sei so ausgefallen, daß die Belobigung ihm viel eher schaden als Vorteil bringen könne. Laßt euch dies von mir ebenso mitteilen, ihr Richter, wie sie es mir dargelegt haben.

Mos est Syracusis ut, si qua de re ad senatum referant, 142
dicat sententiam qui velit; nominatim nemo rogatur, et
tamen, ut quisque aetate et honore antecedit ita primus
solet sua sponte dicere, itaque a ceteris ei conceditur; sin
aliquando tacent omnes, tunc sortito coguntur dicere.
Cum hic mos esset, refertur ad senatum de laudatione
Verris. In quo primum, ut aliquid esset morae, multi in-
terpellant; de Sex. Peducaeo, qui de illa civitate totaque
provincia optime meritus esset, sese antea, cum audissent
ei negotium facessitum, cumque eum publice pro pluri-
mis eius et maximis meritis laudare cuperent, a C. Verre
prohibitos esse; iniquum esse, tametsi Peducaeus eorum
laudatione iam non uteretur, tamen non id prius de-
cernere quod aliquando voluissent quam quod tum
cogerentur. Conclamant omnes et adprobant ita fieri
oportere.

Refertur de Peducaeo. Ut quisque aetate et honore 143
antecedebat, ita sententiam dixit ex ordine. Id adeo ex
ipso senatus consulto cognoscite; nam principum sententiae perscribi solent. Recita. QUOD VERBA FACTA SUNT
DE SEX. PEDUCAEO. Dicit qui primi suaserint. Decernitur. Refertur deinde de Verre. Dic, quaeso, quo modo.
QUOD VERBA FACTA SUNT DE C. VERRE – quid postea
scriptum est? – CUM SURGERET NEMO NEQUE SENTEN-
TIAM DICERET – quid est hoc? – SORS DICITUR. Quam
ob rem? nemo erat voluntarius laudator praeturae

Wenn in Syrakus irgend etwas im Gemeinderat behandelt wird, dann ist es üblich, daß jeder, der will, seine Meinung äußert. Niemand wird namentlich befragt [129], und doch pflegt ein jeder von sich aus an der Stelle zu sprechen, die ihm sein Alter und Ansehen vorschreibt, und dies wird ihm auch von den anderen zugestanden. Wenn sich einmal niemand äußert, dann sind sie verpflichtet, nach der Entscheidung des Loses zu sprechen. Während man es so zu halten pflegte, wird beim Rat die Belobigung des Verres beantragt. Da erheben, um einigen Aufschub zu bewirken, viele Mitglieder Einspruch: Sex. Peducaeus [130] habe sich um ihre Gemeinde und um die ganze Provinz große Verdienste erworben; als sie gehört hätten, daß man ihm Schwierigkeiten bereite, und als sie ihn im Namen der Gemeinde für seine zahlreichen und großen Verdienste belobigen wollten, da seien sie vorher von C. Verres daran gehindert worden; Peducaeus bedürfe jetzt zwar ihres Lobes nicht mehr; gleichwohl sei es billig, zunächst zu beschließen, was sie einst beabsichtigt hätten, und dann erst, wozu sie jetzt gezwungen würden. Alle rufen und stimmen zu: so solle es geschehen.

Man behandelt den Antrag über Peducaeus. Nach Maßgabe des Alters und Ansehens, das ein jeder hatte, äußerten sie der Reihe nach ihre Meinung. Dies mögt ihr dem Senatsbeschluß selbst entnehmen. Denn die Äußerungen der Vornehmsten pflegen aufgezeichnet zu werden. Lies vor. – (Betrifft die Verhandlung über Sextus Peducaeus.) – Dann verlautet, wer sich zuerst für den Antrag ausgesprochen habe. Man faßt den Beschluß. Darauf behandelt man den Antrag über Verres. Sag bitte, wie! (Betrifft die Verhandlung über C. Verres.) – Wie lautet das Weitere? «Da niemand sich erhob und seine Meinung äußerte» – was ist das? –, «wird das Los gezogen.» Weshalb? War kein freiwilliger Lobredner deiner Prätur da, kein Beschützer in deiner Bedrängnis, zumal er sich doch beim

tuae, defensor periculorum, praesertim cum inire a praetore gratiam posset? Nemo. Illi ipsi tui convivae, consi-
liarii, conscii, socii verbum facere non audent. In qua curia statua tua stabat et nuda fili, in ea nemo fuit, ne quem
nudus quidem filius nudata provincia commoveret.

Atque etiam hoc me docent, eius modi senatus con-   144
sultum fecisse laudationis ut omnes intellegere possent
non laudationem sed potius inrisionem esse illam quae
commonefaceret istius turpem calamitosamque praeturam. Etenim scriptum esse ita: QUOD IS VIRGIS NEMINEM
CECIDISSET – a quo cognostis nobilissimos homines atque
innocentissimos securi esse percussos; QUOD VIGILANTER
PROVINCIAM ADMINISTRASSET – cuius omnis vigilias in
stupris constat adulteriisque esse consumptas; QUOD
PRAEDONES PROCUL AB INSULA SICILIA PROHIBUISSET –
quos etiam intra Syracusanam insulam recepisset.

Haec posteaquam ex illis cognovi, discessi cum fratre   145
e curia, ut nobis absentibus, si quid vellent, decernerent.
Decernunt statim primum ut cum Lucio fratre hospitium publice fieret, quod is eandem voluntatem erga
Syracusanos suscepisset quam ego semper habuissem. Id
non modo tum scripserunt, verum etiam in aere incisum
nobis tradiderunt. Valde hercule te Syracusani tui, quos
crebro commemorare soles, diligunt, qui cum accusatore
tuo satis iustam causam coniungendae necessitudinis putant quod te accusaturus sit et quod inquisitum in te

jetzigen Prätor Dank verdienen konnte? Nein, keiner. Selbst
deine Tafelfreunde, Ratgeber, Mitwisser und Genossen wagen
kein Wort vorzubringen. In dem Sitzungssaal stand dein Bildnis und ein entblößtes von deinem Sohne, und doch war dort
niemand, den trotz der entblößten Provinz wenigstens der
entblößte Sohn gerührt hätte[131].

Und auch dies machen die Syrakusaner mir deutlich: sie
hätten den Senatsbeschluß über die Belobigung so abgefaßt,
daß jedermann einsehen könne, es handele sich gar nicht um
ein Lob, sondern eher um eine Verhöhnung, die an seine
schändliche und unheilvolle Prätur erinnere. Denn es heiße
dort folgendermaßen: «Weil er niemanden mit Ruten habe
schlagen lassen» – der, wie ihr wißt, die angesehensten und
unschuldigsten Leute mit dem Beile hingerichtet hat –, «weil
er wachsam die Provinz verwaltet habe» – der doch seine
ganze Wachsamkeit auf Unzucht und Ehebruch verwendet
hat –, «weil er die Seeräuber weit von der Insel Sizilien fern-
gehalten habe» – die er doch selbst bis zur Insel von Syrakus
hat vordringen lassen[132].

Nachdem ich dies von ihnen erfahren hatte, entfernte ich
mich mit meinem Vetter aus dem Rathaus, damit sie in unserer Abwesenheit ungehindert Beschlüsse fassen könnten. Sie
beschließen sofort und an erster Stelle, mit meinem Vetter
Lucius solle im Namen der Gemeinde Gastfreundschaft unterhalten werden[133], weil der den Syrakusanern gegenüber
dieselbe Geneigtheit gezeigt habe, wie sie mir seit jeher zu
eigen gewesen sei. Dieser Beschluß wurde damals nicht nur
aufgezeichnet, sondern auch auf einer Erztafel eingeschrieben
und uns ausgehändigt. Wahrhaftig, gar sehr lieben dich deine
Syrakusaner, die du so oft im Munde führst – glauben sie doch,
es sei ein hinlänglich triftiger Grund für sie, mit deinem Ankläger Freundschaft zu schließen, daß er dich anklagen wolle
und daß er erschienen sei, die Voruntersuchung gegen dich zu

venerit. Postea decernitur, ac non varie sed prope cunctis
sententiis, ut laudatio quae C. Verri decreta esset tolleretur.

In eo cum iam non solum discessio facta esset, sed   146
etiam perscriptum atque in tabulas relatum, praetor appellatur. At quis appellat? magistratus aliqui? Nemo. Senator? Ne id quidem. Syracusanorum aliqui? Minime.
Quis igitur praetorem appellat? Qui quaestor istius fuerat, P. Caesetius. O rem ridiculam! o desertum hominem,
desperatum, relictum! A magistratu Siculo, ne senatus
consultum Siculi homines facere possent, ne suum ius
suis moribus, suis legibus obtinere possent, non amicus
istius, non hospes, non denique aliquis Siculus, sed
quaestor populi Romani praetorem appellat! Quis hoc
vidit, quis audivit? Praetor aequus et sapiens dimitti iubet
senatum. Concurrit ad me maxima multitudo. Primum
senatores clamare sibi eripi ius, eripi libertatem, populus
senatum laudare, gratias agere, cives Romani a me nusquam discedere. Quo quidem die nihil aegrius factum est
multo labore meo quam ut manus ab illo appellatore abs-
tinerentur.

147

Cum ad praetorem in ius adissemus, excogitat sane
acute quid decernat; nam ante quam verbum facerem, de
sella surrexit atque abiit. Itaque tum de foro, cum iam ad-
vesperasceret, discessimus. Postridie mane ab eo postulo
ut Syracusanis liceret senatus consultum, quod pridie
fecissent, mihi reddere. Ille enim vero negat et ait in-

führen. Hernach beschließt man, und zwar nicht mit geteilter Meinung, sondern fast einstimmig, die Belobigung, die man für C. Verres beschlossen habe, sei nichtig.

Nachdem man nicht nur abgestimmt, sondern den Beschluß bereits aufgeschrieben und im Protokoll vermerkt hatte, wird in dieser Sache Beschwerde beim Prätor eingelegt. Doch wer beschwert sich? Eine Amtsperson? Nein. Ein Ratsherr? Auch nicht. Ein Bürger von Syrakus? Keineswegs. Wer beschwert sich also beim Prätor? Der einstige Quästor des Verres, P. Caesetius. Welch lächerliche Geschichte! Der unmögliche, der hoffnungslose und verlorene Mann! Damit Sizilier keinen Beschluß ihres Gemeinderats zustande bringen können, damit sie nicht ihr Recht, wie ihre Gewohnheiten, ihre Gesetze es vorsehen, handhaben können, deshalb legt nicht ein Freund des Verres, nicht ein Gastgeber, überhaupt nicht irgendein Sizilier, sondern ein Quästor des römischen Volkes gegen eine sizilische Behörde Beschwerde beim Prätor ein! Hat man das schon gesehen, das schon gehört? Der gerechte und weise Prätor erklärt die Sitzung des Rats für aufgehoben. Eine große Menschenmenge kommt zu mir gelaufen. Zuerst rufen die Ratsherren, man raube ihnen ihr Recht, man raube ihnen die Freiheit; das Volk lobte den Rat und sagte ihm Dank; die römischen Bürger wichen nicht mehr von meiner Seite. Nichts bereitete mir mehr Mühe an diesem Tage, als unter großer Anstrengung zu erreichen, daß man diesem Beschwerdeführer keine Gewalt antat.

Als wir beim Prätor vor Gericht erschienen, dachte der sich eine recht schlaue Maßnahme aus. Denn ehe ich noch ein Wort vorbrachte, erhob er sich von seinem Sessel und ging fort. Und so verließen auch wir den Markt, da es bereits zu dämmern begann. Am folgenden Morgen beantrage ich bei ihm, er möge den Syrakusanern erlauben, mir den Senatsbeschluß vom Vortage auszuhändigen. Er aber lehnt ab und

dignum facinus esse quod ego in senatu Graeco verba fe-
cissem; quod quidem apud Graecos Graece locutus
essem, id ferri nullo modo posse. Respondi homini ut
potui, ut debui, ut volui. Cum multa tum etiam hoc me
memini dicere, facile esse perspicuum quantum inter
hunc et illum Numidicum, verum ac germanum Metellum, interesset; illum noluisse sua laudatione iuvare L.
Lucullum, sororis virum, quicum optime convenisset,
hunc homini alienissimo a civitatibus laudationes per vim
et metum comparare.

Quod ubi intellexi, multum apud illum recentis nun-   148
tios, multum tabellas non commendaticias sed tributarias
valuisse, admonitu ipsorum Syracusanorum impetum in
eas tabulas facio in quibus senatus consultum per-
scripserant. Ecce autem nova turba atque rixa, ne tamen
istum omnino Syracusis sine amicis, sine hospitibus,
plane nudum esse ac desertum putetis! Retinere incipit
tabulas Theomnastus quidam, homo ridicule insanus,
quem Syracusani Theoractum vocant; qui illic eius modi
est ut eum pueri sectentur, ut omnes cum loqui coepit
inrideant. Huius tamen insania, quae ridicula est aliis,
mihi tum molesta sane fuit; nam cum spumas ageret in
ore, oculis arderet, voce maxïma vim me sibi adferre
clamaret, copulati in ius pervenimus.

Hic ego postulare coepi ut mihi tabulas obsignare ac   149
deportare liceret; ille contra dicere, negare esse illud senatus consultum in quo praetor appellatus esset, negare

erklärt, es sei ein unwürdiges Betragen, daß ich vor einem griechischen Gemeinderate gesprochen hätte; daß ich gar vor Griechen in griechischer Sprache geredet, das sei gänzlich unerträglich. Ich antwortete dem Manne, wie ich konnte, wie ich mußte, wie ich wollte. Ich erinnere mich, außer vielem anderen auch folgendes gesagt zu haben: es sei leicht erkennbar, welch großer Unterschied zwischen ihm und dem Numidicus, einem wahren und echten Meteller, bestehe; der habe den L. Lucullus[134], den Gatten seiner Schwester, mit dem er im besten Einvernehmen stand, nicht durch sein Lob unterstützen wollen; er hingegen suche einem gänzlich fremden Menschen durch Gewalt und Einschüchterung Belobigungen von seiten der Gemeinden zu verschaffen.

Als ich erkannte, wieviel bei ihm die jüngsten Nachrichten, wieviel die Briefe vermocht hatten, die keine Empfehlungen, sondern Versprechungen enthielten[135], da bemächtige ich mich auf Anraten der Syrakusaner auf eigene Faust der Protokolle, in denen man den Beschluß des Rates aufgezeichnet hatte. Doch siehe, da entsteht aufs neue Lärm und Streit; ihr dürft nicht glauben, Verres sei in Syrakus gänzlich ohne Freunde und Gastgeber, er sei dort völlig entblößt und verlassen. Ein gewisser Theomnastos macht Anstalten, mir die Protokolle vorzuenthalten – ein lächerlicher Narr, den die Syrakusaner Theoraktos[136] nennen; er ist ein Mensch, dem die Kinder dort nachlaufen, den alle auslachen, wenn er zu reden beginnt. Doch seine Verrücktheit, die anderen zu lachen gibt, bereitete mir damals wirklich Schwierigkeiten. Denn der Schaum stand ihm vorm Munde, seine Augen glühten, und er schrie aus Leibeskräften, ich wolle ihm Gewalt antun, als wir der eine am anderen zerrend vor Gericht erschienen.

Hier stellte ich den Antrag, man möge mir gestatten, die Protokolle versiegeln zu lassen und mitzunehmen. Der Mensch erhob Einwände; er sagte, das sei kein Ratsbeschluß, gegen

id mihi tradi oportere. Ego legem recitare, omnium mihi
tabularum et litterarum fieri potestatem; ille furiosus
urgere nihil ad se nostras leges pertinere. Praetor intellegens negare sibi placere, quod senatus consultum ratum
esse non deberet, id me Romam deportare. Quid multa?
nisi vehementius homini minatus essem, nisi legis sanc-
tionem poenamque recitassem, tabularum mihi potestas
facta non esset. Ille autem insanus, qui pro isto vehementissime contra me declamasset, postquam non im-
petravit, credo, ut in gratiam mecum rediret, libellum
mihi dat in quo istius furta Syracusana perscripta erant,
quae ego antea iam ab aliis cognoram et acceperam.

Laudent te iam sane Mamertini, quoniam ex tota pro- 150
vincia soli sunt qui te salvum velint, ita tamen laudent ut
Heius, qui princeps legationis est, adsit, ita laudent ut ad
ea quae rogati erunt mihi parati sint respondere. Ac ne
subito a me opprimantur, haec sum rogaturus: navem
populo Romano debeantne? fatebuntur. Praebuerintne
praetore C. Verre? negabunt. Aedificarintne navem onerariam maximam publice, quam Verri dederunt? negare
non poterunt. Frumentum ab iis sumpseritne C. Verres,
quod populo Romano mitteret, sicuti superiores? negabunt. Quid militum aut nautarum per triennium dede-
rint? nullum datum dicent. Fuisse Messanam omnium

den beim Prätor Beschwerde eingelegt sei; er behauptete, man dürfe mir den Beschluß nicht aushändigen. Ich verlas das Gesetz: man sei verpflichtet, mir alle Protokolle und Urkunden zugänglich zu machen. Er aber bestand wütend darauf, daß ihn unsere Gesetze nichts angingen. Der verständige Prätor erklärte, er könne es nicht gutheißen, daß ich einen Ratsbeschluß, den man als ungültig betrachten müsse, mit mir nach Rom nehmen wolle. Wozu viele Worte: wenn ich dem Mann nicht heftiger gedroht, wenn ich nicht die Sicherung und Strafklausel des Gesetzes verlesen hätte, dann wären mir die Protokolle nicht zugänglich gemacht worden. Als nun der Verrückte, der sich für Verres ganz unbändig gegen mich ausgelassen hatte, seinen Zweck nicht erreichte, da gab er mir – ich glaube, um sich wieder Liebkind bei mir zu machen – ein Verzeichnis, in dem sämtliche syrakusanischen Diebereien des Verres aufgezählt waren, die ich schon vorher von anderer Seite erfahren und mitgeteilt bekommen hatte.

Jetzt mögen dich die Mamertiner immerhin loben, da sie ja in der ganzen Provinz die einzigen sind, die deine Rettung wünschen [137] – unter der Voraussetzung allerdings, daß Heius, das Haupt ihrer Gesandtschaft, zugegen ist und daß sie bereit sind, mir auf meine Fragen zu antworten. Und damit sie nicht plötzlich von mir überfallen werden – ich will sie nach folgendem fragen: ob sie dem römischen Volke ein Schiff schuldig seien. Das werden sie zugeben. Ob sie es während der Prätur des C. Verres geliefert hätten. Das werden sie verneinen. Ob sie das große Lastschiff, das sie dem Verres lieferten, auf öffentliche Kosten gebaut hätten. Das werden sie nicht bestreiten können. Ob sich C. Verres wie seine Vorgänger Getreide von ihnen habe geben lassen, um es dem römischen Volke zu senden. Das werden sie verneinen. Wie viele Soldaten oder Seeleute sie in den drei Jahren gestellt hätten. Sie werden sagen: keinen. Sie werden nicht leugnen können,

istius furtorum ac praedarum receptricem negare non
poterunt; permulta multis navibus illinc exportata, hanc
navem denique maximam, a Mamertinis datam, onustam
eum isto profectam fatebuntur.

Quam ob rem tibi habe sane istam laudationem Ma- 151
mertinorum; Syracusanam quidem civitatem ut abs te
adfecta est ita in te esse animatam videmus, apud quos
etiam Verria illa flagitiosa sublata sunt. Etenim minime
conveniebat ei deorum honores haberi qui simulacra
deorum abstulisset. Etiam hercule illud in Syracusanis
merito reprehenderetur, si, cum diem festum ludorum de
fastis suis sustulissent celeberrimum et sanctissimum,
quod eo ipso die Syracusae a Marcello captae esse dicuntur, idem diem festum Verris nomine agerent, cum iste a
Syracusanis quae ille calamitosus dies reliquerat ademisset. At videte hominis impudentiam atque adrogantiam,
iudices, qui non solum Verria haec turpia ac ridicula ex
Heracli pecunia constituerit, verum etiam Marcellia tol-
li imperarit, ut ei sacra facerent quotannis cuius opera
omnium annorum sacra deosque patrios amiserant, eius
autem familiae dies festos tollerent per quam ceteros quoque festos dies recuperarant.

daß Messana der Speicher aller seiner Diebereien und Beute-
züge gewesen ist. Sie werden zugeben müssen, daß von dort
vielerlei Dinge auf zahlreichen Schiffen ausgeführt wurden,
daß schließlich das große Schiff, das die Mamertiner geliefert
haben, schwer beladen gemeinsam mit Verres abgegangen ist.

Darum behalte nur deine Belobigung der Mamertiner. Die
Gemeinde Syrakus sehen wir jedenfalls so gegen dich eingestellt, wie du sie behandelt hast. Dort hat man auch das
schmachvolle Verres-Fest wiederaufgehoben. Es war ja wirklich ungehörig, daß jemand, der Götterbilder geraubt hatte,
göttliche Ehren genoß. Wahrhaftig, man hätte die Syrakusaner
auch deshalb mit Recht tadeln können: sie hatten einen stark
besuchten und hochheiligen Festspieltag von ihrem Kalender
gestrichen, weil, wie es heißt, an diesem Tage Syrakus von
Marcellus erobert worden ist; wie sollten sie dann einen Fest-
tag für Verres begehen, der den Syrakusanern geraubt hatte,
was ihnen an jenem Unglückstage noch geblieben war? Und
seht die Unverschämtheit und Anmaßung dieses Burschen,
ihr Richter: er hat nicht nur mit dem Gelde des Heraclius das
schandbare und lächerliche Verres-Fest gestiftet, sondern
auch die Aufhebung des Marcellus-Festes befohlen [138]; sie
sollten alljährlich dem zu Ehren eine Feier begehen, durch
dessen Treiben sie alle Jahresfeiern und die angestammten
Götter verloren hatten, und zugleich die Festtage *der* Familie
tilgen, durch die ihnen auch die übrigen Festtage zurück-
geschenkt worden waren.

ANHANG

EINFÜHRUNG

Das Zeitalter der Bürgerkriege

Die Spanne von Ciceros Leben (106–43 v. Chr.) fiel in das Zeitalter der Bürgerkriege, in die Epoche des Übergangs von der Adelsrepublik zur Monarchie (133–30 v. Chr.).

Daß der römische Staat für ein volles Jahrhundert in eine schwere Krise, in ein Labyrinth des Zwistes geriet, war nicht zuletzt, so paradox es klingt, durch eine Kette von Erfolgen verursacht. Rom hatte im 3. und 2. Jahrhundert v. Chr. die Herrschaft über den gesamten Mittelmeerraum errungen. Von den Früchten all der Siege und Eroberungen profitierte indes fast nur die römische Oberschicht, insbesondere die Senatsaristokratie. Der bäuerliche Mittelstand verlor infolge der ständigen Kriegsdienste weithin seine Existenzgrundlage, und die italischen Bundesgenossen, denen die gleichen Lasten aufgebürdet wurden wie den römischen Bürgern, erhielten nicht den gleichen Lohn. Tiberius und Gaius Gracchus und deren Nachfolger versuchten, den Bauernstand auf Kosten des Großgrundbesitzes zu regenerieren und den Bewohnern Italiens das römische Bürgerrecht zu verschaffen. Die Versuche scheiterten; sie wurden von der Senatsaristokratie unterdrückt.

So kam es im Jahre 91 v. Chr. zum ersten großen Flächenbrand des Krisenzeitalters, zum Bundesgenossenkrieg und im unmittelbaren Anschluß daran zum Bürgerkrieg zwischen den Anhängern Sullas und des Marius. Seitdem bestimmten weniger sachliche Ziele als die Machtkämpfe der großen Revolutionsführer die Ereignisse. Eine Notmaßnahme des Cimbernkrieges (113–101 v. Chr.) hatte hierfür die Voraussetzung geschaffen: Da es an Soldaten fehlte, wurden die mittellosen Bürger, die nicht zu dienen

brauchten, als Söldner angeworben. Nunmehr bedrohten
oder beherrschten die jeweiligen Feldherren und ihre
Truppen, durch ein wechselseitiges Treueverhältnis zu
beiderseitigem Nutzen miteinander verbunden, den zivi-
len Staatsapparat. Sulla griff zum ersten Male mit Truppen
in die innenpolitischen Auseinandersetzungen ein, und
hieraus erwuchs in den folgenden Jahren eine Klimax der
Greuel, die in den sullanischen Proskriptionen (82–81
v. Chr.) gipfelte.

Auf die Schreckenszeit der achtziger Jahre folgten drei
Dezennien verhältnismäßiger Ruhe (80–49 v. Chr.). Obwohl auch damals einzelne Große – zunächst Pompeius
allein, seit Caesars Konsulat (59 v. Chr.) das Bündnis der
Triumvirn Caesar, Pompeius, Crassus – die politische
Bühne beherrschten, war es die letzte Periode, in der die
republikanische Verfassung mit ihren Wahlen und jährlich
wechselnden Beamten noch recht und schlecht funktio-
nierte.

Erst Caesars Konflikt mit dem Senat (49 v. Chr.) führte
abermals in den Bürgerkrieg und schließlich, nach Caesars
Sieg, in eine ständige Diktatur. Doch der Diktator wurde
ermordet (15. März 44 v. Chr.); das ungeheure Ringen, das
dieses Ereignis nach sich zog, zerrieb die letzten Kräfte der
Republik und mündete über das Interim der Dreimännerherrschaft von Oktavian, Antonius und Aemilius Lepidus
endgültig in die Monarchie (30 v. Chr.).

Cicero

Marcus Tullius Cicero, der Politiker, Redner, Philosoph
und Prosaschriftsteller, wurde am 3. Januar 106 v. Chr. in
Arpinum, einer Volskerstadt am Liris, etwa 100 km südöstlich von Rom, geboren, in demselben Ort, aus dem auch

der Cimbernsieger und Revolutionsführer Marius stammte. Der Vater, der dem Ritterstand angehörte, lebte dort
still und zurückgezogen auf dem bescheidenen Gut der Familie. Er plante die Erziehung seiner beiden Söhne – des
Marcus und des jüngeren Quintus – mit Sorgfalt; hierbei
waren ihm Beziehungen zu den beiden bedeutendsten
Rednern der Zeit von Nutzen, zu Lucius Licinius Crassus
und Marcus Antonius. Die Brüder wurden nach Rom geschickt, wo Marcus sofort durch seine große Begabung auf-
fiel.

Wer den Fünfzehn- bis Sechzehnjährigen mit den An-
fangsgründen der Rhetorik vertraut gemacht hat, ist nicht
bekannt. Cicero lernte vor allem auf dem Forum, indem
er den Rednern, die dort auftraten, zuhörte. Im Jahre
89 v. Chr., während des Bundesgenossenkrieges, hat er seinen Militärdienst geleistet, zunächst im Heer des Gnaeus
Pompeius Strabo, beim Vater des berühmten Pompeius,
dann unter Sulla. Hiermit fand seine militärische Karriere
ein rasches Ende; er war keine soldatische Natur und
machte kein Hehl daraus.

Die Jahre der marianisch-sullanischen Wirren (88–82
v. Chr.) hat Cicero benutzt, sich intensiv mit den beiden
griechischen Bildungsmächten, mit Rhetorik und Philosophie, zu beschäftigen. Unter den Redelehrern, bei denen
er damals übte, ragte Apollonios Molon aus Rhodos hervor; bei ihm hat er später, während seiner Bildungsreise in
den Osten, noch einmal studiert, um seine Sprechtechnik
zu verbessern.

Sein wichtigster philosophischer Lehrer jener Zeit war
Philon aus Larissa, Repräsentant der sogenannten skeptischen Akademie – der skeptischen, weil die Schule Platons
damals die Möglichkeit unumstößlich sicherer Wahrheits-
erkenntnis bestritt. Bald darauf, mit Antiochos von Aska-

lon, kehrte sie allerdings zu ihrer ursprünglichen Position, zum Glauben an unwiderlegliches Wissen, zurück. Doch Cicero ist zeit seines Lebens skeptischer Akademiker geblieben: Die skeptische Methode, durch Erörterung des Für und Wider die jeweils wahrscheinlichste Lösung ausfindig zu machen, war ihm, dem Redner und Politiker, gemäßer als jedweder Dogmatismus.

Cicero, der nicht schon kraft seiner Geburt der Senatsaristokratie angehörte, der als Ritter ein *homo novus*, ein «Neuling» war, mußte sich, wenn er die politische Laufbahn einschlagen und dort gar die höchsten Stufen erreichen wollte, durch besondere Leistungen hervortun. Für ihn, den rednerisch Begabten, kam der Beruf des *patronus*, des Anwalts in Betracht, und so begann er, etwa fünfundzwanzigjährig, nachdem der Bürgerkrieg beendet war und Sulla der Senatsaristokratie, den Optimaten, wieder zu sicherem Besitz der Macht verholfen hatte, seine öffentliche Wirksamkeit, indem er als Verteidiger auftrat.

Die zweite der aus dieser Zeit erhaltenen Reden, für einen gewissen Sextus Roscius aus Ameria, der des Vatermords angeklagt war, wirft ein düsteres Licht auf die Zustände unmittelbar nach den Proskriptionen Sullas, den Vogelfreierklärungen politischer Gegner (80 v. Chr.). Sie war ein großer Erfolg. Cicero hatte in den Angriffen, die er gegen einen Günstling Sullas vortrug, Mut bewiesen: Er stand ganz und gar auf seiten des siegreichen Senatsregimes, ging jedoch schonungslos gegen Exzesse und Rechtsbrüche vor.

Er war damals von schwächlicher Konstitution; er übernahm sich und geriet in eine physische Krise; zumal seine Stimme schien gefährdet. Er unterbrach die Anwaltstätigkeit und trat eine Erholungs- und Bildungsreise an, die ihn nach Griechenland und an die kleinasiatische Küste führte

– Hauptziel der etwa zweijährigen Unternehmung (79–77 v. Chr.) war die Schulung der Stimme.

Nach seiner Rückkehr begann Cicero aufs neue, sich als Prozeßbeistand zu betätigen; außerdem war er nunmehr alt genug, die republikanische Ämterleiter zu erklimmen: Er wurde im Jahre 75 v. Chr. Quästor, im Jahre 69 v. Chr. Ädil und drei Jahre darauf Prätor. In die Jahre 71/70 v. Chr. fiel der größte Prozeß seines Lebens, das Verfahren gegen Gaius Verres, den erpresserischen Statthalter Siziliens, worin er ausnahmsweise die Rolle des Anklägers übernahm. Er wurde mit Umsicht und Tatkraft aller Hindernisse Herr, die eine ganze Clique ihm bereitete; er galt, nachdem er Verres in die Verbannung getrieben hatte, als der erste Anwalt Roms. Seine politische Linie stimmte mit der, nach der er sich zehn Jahre zuvor gerichtet hatte, überein: Er stand fest zur überkommenen Adelsrepublik, suchte jedoch Schäden, die sich durch Machtmißbrauch und Korruption einzufressen drohten, von ihr abzuwehren.

Seine erste politische Rede hielt er während seiner Prätur: Er empfahl die Annahme eines Gesetzesantrags, der für Pompeius, damals Roms erfolgreichsten General, im Kampf gegen Mithridates VI. von Pontos (Kleinasien) außerordentliche Vollmachten vorsah. Er wollte sich hiermit den einflußreichen Mann verpflichten; andererseits erregte seine Ansprache Argwohn bei der Senatsaristokratie. Gleichwohl erreichte er dank seinem Geschick und seinem Eifer – und nicht zuletzt dank der Fragwürdigkeit seines Rivalen Catilina – für das Jahr 63 v. Chr. das Konsulat.

Mit dem höchsten Jahresamt war Cicero ans Ziel seines Strebens gelangt. Er erhielt hinlänglich Gelegenheit, sich zu bewähren: Der marode römische Staat provozierte wiederholt zweifelhafte Kräfte zum Bruch der Verfassung. Einen Gesetzesantrag zur Bodenreform – der nicht mehr, wie

zur Zeit der Gracchen, einem echten Notstand abhelfen
sollte – wußte Cicero dadurch aus dem Felde zu schlagen,
daß er behauptete, die für die Durchführung vorgesehene
Kommission werde, wenn sie erst am Ruder sei, mit unumschränkter Gewalt regieren können. Vor allem gelang
es ihm, den Putschisten Catilina unschädlich zu machen:
Er entlarvte seine Pläne und ließ fünf seiner Helfer verhaf-
ten und, nachdem er sie überführt hatte, hinrichten. Die
Senatsaristokratie feierte ihn daraufhin als Retter des Va-
terlandes, und er selbst überschätzte die Bedeutung seines
Erfolges – er glaubte, daß die seit der Zeit der Gracchen
schwärende Krise des Staates nunmehr endgültig überwunden sei. Sein politischer Slogan lautete *Concordia ordi-
num*, «Eintracht der Stände», d. h. zwischen Senatsaristokratie und Ritterschaft; hierbei machte er sich von der Zuverlässigkeit und dem politischen Einfluß dieser Schichten
eine falsche Vorstellung.

Die fünf Catilinarier waren standrechtlich, ohne ein or-
dentliches Verfahren, hingerichtet worden, und so sah sich
Cicero nach seinem Konsulat von den erstarkenden revolutionären Kräften einer zunehmend heftigen Kritik ausgesetzt. Die Mächtigsten im Staate, Caesar, Pompeius und
Crassus, schlossen sich damals zum sogenannten Ersten
Triumvirat zusammen, zu einem Revolutionskomitee, das,
auf Truppen gestützt, die Politik bestimmte, während die
republikanische Verfassung zum Scheine bestehen blieb
(60/59 v. Chr.).

Als Cicero sich weigerte, mit dem Dreibund gemeinsame Sache zu machen, erhielt sein persönlicher Todfeind,
der damalige Volkstribun Clodius, freie Hand, ihn wegen
der Catilinarier zur Rechenschaft zu ziehen – Cicero ging,
ohne den Prozeß abzuwarten, in die Verbannung nach
Thessalonike (58 v. Chr.).

Nach etwa anderthalb Jahren des Klagens über sein
schweres Los durfte er zurückkehren – abermals verkann-
te er die Lage und wähnte, daß die Krise des Staates für immer überwunden sei. Die Triumvirn aber ließen ihn wissen, daß sein Verbleiben in Rom von seinem politischen
Wohlverhalten abhänge. Auf ihre Weisung hin mußte er
selbst ehemalige Gegner vor Gericht verteidigen; er war
sich seiner mißlichen Lage bewußt und wagte gleichwohl
nicht, sich die volle Wahrheit einzugestehen.

Cicero fand Trost in der Schriftstellerei: Damals entstanden seine selbständigsten, am wenigsten von griechischen Quellen abhängigen Dialoge, das rhetorische
Hauptwerk *De oratore* sowie die nur zu Teilen erhaltene
staatsphilosophische Schrift *De re publica*. Als sich schon der
caesarische Bürgerkrieg zusammenbraute, erhielt er den
Auftrag, als Prokonsul die Provinz Kilikien zu verwalten
(51 v. Chr.); am Vorabend des Krieges kehrte er zurück
(Ende 50 v. Chr.).

Er hoffte, zwischen dem Senat und Caesar vermitteln zu
können; als er sich endlich von der Unerfüllbarkeit seiner
Friedenswünsche überzeugt hatte, schlug er sich mit halbem Herzen auf die Seite der Senatspartei und des Pompeius und ging in deren Machtbereich, nach Griechenland.
Im Sommer 48 v. Chr. kam es bei Pharsalus in Thessalien
zur Entscheidungsschlacht. Die Truppen der Senatspartei
unterlagen, und Pompeius, der sich nach Ägypten zu retten suchte, wurde umgebracht. Cicero kehrte nach Italien
zurück; er mußte etwa ein Jahr lang in Brundisium aushar-
ren, bis ihm die Begnadigung durch Caesar – der ihn stets
mit Respekt und Takt behandelt hatte – die Bewegungs-
freiheit zurückgab (47 v. Chr.).

Cicero geriet nunmehr, während der Diktatur Caesars,
in das Fahrwasser von dessen Versöhnungspolitik: Er setz-

te sich durch Antichambrieren, Korrespondieren und Plädoyers für die Begnadigung politischer Gegner Caesars
ein. Hauptsächlich aber oblag er der philosophischen
Schriftstellerei. Er hat in etwa zweieinhalb Jahren (Ende
47–44 v. Chr.), in einer Schaffensperiode, die auch durch
den Tod der geliebten Tochter Tullia nicht lange unter-
brochen wurde, die Mehrzahl seiner philosophischen und
rhetorischen Schriften verfaßt.

Die Ermordung Caesars an den Iden des März 44 v. Chr.
führte eine weitere Peripetie in Ciceros wechselvollem Leben herbei – es sollte die letzte sein. Cicero leitete vom Dezember 44 bis zum Frühjahr 43 v. Chr. die Geschicke der
römischen Republik; er unternahm gemeinsam mit den
Caesarmördern Brutus und Cassius noch einmal einen Ver-
such, die überlieferte Verfassung allen revolutionären Ge-
walten zum Trotz zu bewahren. Er beging hierbei den ver-
hängnisvollen Fehler, sich im Kampf gegen den Caesarianer Antonius auf den Caesarerben, den jungen Oktavian
und nachmaligen Kaiser Augustus, als Bundesgenossen
einzulassen; die vierzehn «Philippiken», sein letztes red-
nerisches Werk, halten diesen verzweifelten Kampf in allen
Phasen fest. Im Sommer 43 v. Chr. machten Antonius und
Oktavian ihrer Gegnerschaft ein Ende; sie schlossen sich
mit Aemilius Lepidus zu einem Dreimänner-Komitee zusammen. Die von ihnen beschlossenen Proskriptionen erklärten Cicero für vogelfrei; er wurde am 7. Dezember
43 v. Chr. ermordet.

Zur antiken Rede

Die antike Rede ist eine eigenartige Erscheinung. Man hat
stets Reden gehalten und wird stets Reden halten; doch in
Griechenland und Rom konnten aus derlei Reden zu be-

stimmten Zeiten Literaturwerke hervorgehen, ja die Rede wurde zur antiken Prosagattung par excellence.

Die antike Rhetorik pflegte drei Arten von Reden zu unterscheiden: die politische Ansprache, das Plädoyer vor Gericht und den Festvortrag. Dieses durch seine Einfachheit bestechende Schema trügt, weil es Ungleichartiges zusammenfaßt. Denn nur die politische Ansprache und das Plädoyer vor Gericht sind wirkliche ‹Rede›, der es nur zu bestimmten Zeiten gelungen ist, etwas schriftlich Fixiertes und als Buch Verbreitetes und damit ‹Literatur› zu werden. Der Festvortrag hingegen und alles, was mit ihm verwandt ist, ähnelt zwar der eigentlichen Rede in der Weise der Darbietung; doch der Sache nach gehört er stets und von Anfang an zur Literatur.

Echte Rede ist in der Antike nur an zwei Orten und in zwei Perioden zu Literatur geworden. Die griechische Beredsamkeit war in Athen beheimatet, und sie entfaltete sich dort in dem Jahrhundert von etwa 430 bis 330 v. Chr. Die römische Beredsamkeit beschränkte sich auf die Hauptstadt Rom; sie hatte ihren Schwerpunkt in der Krisenzeit von 133 bis 30 v. Chr. Die Entwicklung der echten Rede, die zu Literatur wurde, erstreckte sich also jeweils über vier bis fünf Generationen; ihr ging beide Male eine lange nicht-literarische Phase voraus.

Wie in Athen, so nahm die politische Eloquenz auch in Rom ein jähes Ende, das durch äußere Ereignisse bedingt war: Die staatlichen Institutionen, die sie ermöglicht und hervorgebracht hatten, verloren ihre Handlungsfreiheit. Die attische Beredsamkeit büßte durch eine außenpolitische Wende, den Beginn der makedonischen Vorherrschaft, ihr Daseinsrecht ein; in Rom entzog ein innenpolitisches Ereignis, der Übergang zur Monarchie, den republikanischen Staatsorganen die bisherige Selbständigkeit.

Chaironeia und Philippi, die Schlachten der Jahre 338 und 42 v. Chr., besiegelten jeweils das Schicksal einer Blütezeit der politischen Rede.

Alle echte Rede, auch die, die paradoxerweise zu Literatur wurde, ist von Hause aus nicht-literarisch; sie ist eine Spezies des Handelns. Sie will, wie schon die antike Theorie feststellte, überreden; sie sucht die Hörer zu einem bestimmten, vom Redner gewünschten Verhalten zu veranlassen, indem sie bei ihnen die Überzeugung weckt, daß gerade dieses Verhalten richtig sei. Der Zweck der echten Rede erschöpft sich niemals darin, etwas Allgemeines, zum Beispiel ethische Maximen oder juristische Grundsätze, zu propagieren – dergleichen gehört bereits zur Domäne der festlichen Rede, des Vortrags.

Die echte Rede zielt auf die unverzügliche Entscheidung eines einzelnen Problems oder Falles. Sie ist daher an eine konkrete Situation gebunden, die mehrere Möglichkeiten des Verhaltens zuläßt, und die Hörer sind aus irgendeinem Grund verpflichtet, die eine oder andere Möglichkeit zu wählen. Sie ist also von Hause aus nur für den Augenblick bestimmt, und sie geht unter, sobald sie ihren Zweck erfüllt oder verfehlt hat, wie jede Phase menschlichen Handelns im kontinuierlichen Strom des Geschehens untergeht. Sie ist außerdem ihrem Wesen nach auf Alternativen hin angelegt: Da die Situation, auf die sie sich bezieht, mehrere Möglichkeiten eröffnet, kann ein Redner diese, ein anderer jene Möglichkeit vorschlagen; zu jeder Rede gehört potentiell mindestens eine Gegenrede.

Aus diesen Merkmalen ergibt sich, daß die echte und noch nicht literarisierte Rede ein anderes Verhältnis zur Wahrheit hat als ein Literaturwerk. Die Wahrheit eines von Anfang an literarischen Erzeugnisses bestimmt sich aus ihm selbst, die Wahrheit einer Rede hingegen aus dem

Rohstoff der Wirklichkeit, den sie für eine Entscheidung zubereitet. Das Literaturwerk bringt seine Wahrheit gleichsam aus sich hervor; die Rede reproduziert gegebene Tatsachen. Nicht als ob deshalb die Wahrheit bei der Rede besonders gut aufgehoben wäre; im Gegenteil, aus ihrem spezifischen Verhältnis zur Wirklichkeit folgt, daß sie die Wahrheit viel gründlicher entstellen kann als jedes Literaturwerk. In gewisser Weise gehört die Entstellung der Wahrheit sogar zu ihren Obliegenheiten. Eine gute Rede wird allerdings weder etwas behaupten, was jedermann widerlegen kann, noch leugnen, was jedermann weiß; durch so grobe Mittel würde sie sich sofort um ihre Überzeugungskraft bringen. Sie soll vielmehr den Spielraum der Bedeutungen ausnutzen, den die einzelnen Tatsachen dem Deutenden zu gewähren pflegen, und soll hieraus eine in sich widerspruchsfreie Deutung des Ganzen ableiten.

So etwa steht es mit der echten Rede; nunmehr fragt sich, wie aus ihr bei den Griechen und Römern zu bestimmten Zeiten nicht nur historische oder biographische Dokumente (was immer und überall möglich ist), sondern wirkliche Literaturwerke hervorgehen konnten. Die wichtigste Voraussetzung, die es ermöglichte, daß die Rede die trennende Kluft zum Literaturwerk überwand, war sicherlich die Form. Nun hat gewiß alle zusammenhängende menschliche Rede irgendwelche Form, und zwar sowohl im ästhetischen als auch im logischen Sinne, als Form des Wortes und als Form des Gedankens. Die Griechen und hernach auch ihre Schüler, die Römer, haben jedoch den Kult der Form auf die Spitze getrieben; sie huldigten ihm mit Methode und brachten einen Standard der bis in alle Einzelheiten formalisierten Rede hervor. Die Technik des Beweisens und die Technik der stilistischen Effekte machten ja den Hauptinhalt des rhetorischen Unterrichts aus;

das Argument und die Pointe, der Trugschluß und der pathetische Erguß waren gleich legitime Mittel der Überredung.

Der Prozeß der Literarisierung war zuallererst durch die Rhetorik bedingt. Sie hat nicht nur bei den Rednern selbst, sondern auch bei vielen Hörern ein hohes Maß an Sensibilität für die Bedeutung der Form erzeugt. Sie verbreitete Konventionen und förderte die Einsicht, daß sich die Form vom Inhalt trennen lasse, daß sie für sich betrachtet und genossen werden könne. Angesichts dieser Gegebenheiten taten die Redner einen wichtigen Schritt: Sie legten den Wortlaut ihrer Erzeugnisse schriftlich fest und verbreiteten ihn als Buch.

Mit der Publikation löste sich die Rede von ihrem ursprünglichen Anlaß und Zweck; sie sollte jetzt nicht mehr eine einzelne, unwiederholbare Entscheidung herbeiführen, sondern allgemein für das advokatorische Können oder die politischen Ideen des Verfassers werben. Diese neue Bestimmung wiederum bewirkte, daß die Form erheblich an Terrain gewann, daß die Rede ‹literarischer› wurde.

Der antike Redner pflegte zunächst nur ein Konzept herzustellen, das er sich gründlich einprägte; er verlas kein Manuskript, sondern sprach frei, so daß viel Raum für Improvisationen blieb. Die Buchausgabe hingegen nötigte ihn, auf alle Einfälle des Augenblicks, die meist von den Umständen abhingen, zu verzichten; die Rede konnte jetzt nur noch aus sich selbst wirken. Sie mußte sich daher der Kritik des Lesers in vollendeter Gestalt präsentieren, bis ins einzelne ausgearbeitet und sorgfältiger Feile unterworfen.

Immerhin befand sich die solchermaßen dem Literaturwerk angenäherte Rede nunmehr, da sie lediglich für ihren Urheber werben sollte, noch im verletzlichen Stadium der

Flugschrift, der Broschüre: Der Redner hatte erreicht, daß sein Erzeugnis den ursprünglichen Anlaß überlebte; doch daß es ihn selbst überlebte, lag zunächst weder in seiner Absicht noch in seiner Macht.

Jetzt nahm sich die Allgemeinheit der Sache an, insbesondere die Schule. Die Rede wurde pädagogischen Zwecken dienstbar gemacht, und dieser Schritt vollendete ihre Literarisierung. Die Lehrer benutzten die Werke bestimmter Redner als Muster für ihren rhetorischen Unterricht, und bei ihrer Wahl ließen sie sich wohl nicht nur von der exemplarischen Form leiten, sondern auch vom exemplarischen Stoff, zum Beispiel von der heroischen oder patriotischen Haltung des Autors; schließlich wurde die ganze Epoche, die die großen Redner hervorgebracht hatte, zum ästhetischen und moralischen Paradigma. So wuchs der ursprünglich für den Augenblick konzipierten Rede immer mehr Dauer und Allgemeingültigkeit zu.

Dieser Prozeß der Monumentalisierung brachte freilich eine unliebsame Begleiterscheinung mit sich: Die wachsende historische Distanz bewirkte, daß man sich immer schlechter mit den Prämissen auskannte, die eine jede Rede bedingt hatten. Man bemühte sich daher, die konkrete Wirklichkeit wieder einzufangen, aus der die Rede einst erwachsen war; der Text wanderte in das Studierzimmer des Philologen und kehrte von dort mit einem historischen Kommentar versehen in die Öffentlichkeit zurück.

Zu den Reden Ciceros

Aus Athens großer Zeit sind Werke der zehn zum «Kanon» gehörenden Redner erhalten. Im Falle Roms muß sich die Nachwelt mit dem einen Cicero begnügen; für sie repräsentieren seine Erzeugnisse die ganze Gattung.

Immerhin sind von ihm 54 Reden erhalten, einige davon allerdings nur ziemlich fragmentarisch. Dieses Corpus gliedert sich, chronologisch betrachtet, in die folgenden fünf Gruppen:

1. die Reden der Aufstiegszeit (81–64 v. Chr.: die vor dem Konsulat gehaltenen Reden);

2. die Reden vom Konsulat bis zum Exil (63–58 v. Chr.: die Reden des Konsulatsjahres und aus der Zeit der vergeblichen Verteidigung der Konsulatspolitik);

3. die Reden von der Rückkehr aus dem Exil bis zur Statthalterschaft in Kilikien (57–52 v. Chr.: die Reden aus der Zeit der Abhängigkeit von der Politik der Triumvirn);

4. die Reden unter Caesars Diktatur (46–45 v. Chr.);

5. die vierzehn Reden gegen Antonius, die Philippischen Reden (44–43 v. Chr.).

Diese Rubrizierung ist nicht nur von äußerlicher Art. Die Gruppen 2–5 sind jeweils durch längere Intervalle voneinander getrennt; währenddessen aber hatten sich die politischen Verhältnisse und demzufolge auch Ciceros eigene Position stark verändert, und all dies pflegt sich in den Reden zu spiegeln. Die Gruppen unterscheiden sich durch die jeweilige Gesamtatmosphäre; da Cicero sich oft wiederholte, sind die Reden einer jeden Gruppe durch gemeinsame Motive miteinander verbunden.

Ciceros Karriere begann vor Gericht; von den Reden der Aufstiegszeit ist lediglich die für Pompeius – *De imperio Gnaei Pompei* – kein Anwaltsplädoyer. Vier von ihnen haben privatrechtliche Streitigkeiten zum Gegenstand; dergleichen hat Cicero nach dem Jahre 68 v. Chr. nicht mehr übernommen. In einigen Stücken findet seine Erzählergabe Gelegenheit zu farbigen Sittengemälden, vor allem in den beiden Mord-Verteidigungen für Roscius aus Ameria (*Pro Sexto Roscio Amerino*) und für Cluentius Habitus (*Pro Aulo*

Cluentio Habito). Die cause celèbre war die Anklage gegen Verres (*In Gaium Verrem*). Die nicht gehaltene *Actio secunda*, eine fiktive Prozeßrede also, beginnt chronologisch, mit der Vita ante acta des Angeklagten (Buch 1), und führt sodann die Delikte der sizilischen Statthalterschaft nach sachlichen Rubriken geordnet vor (Buch 2–5). Das umfängliche Prozeßmaterial vermittelt ein unvergleichliches Bild von den Zuständen, wie sie in republikanischer Zeit in den römischen Untertanengebieten herrschen konnten.

In der zweiten Phase – vom Konsulat bis zum Exil – sprach Cicero nur noch als Politiker und als Strafverteidiger. Die Reden über das Siedlergesetz (*De lege agraria*) und gegen Catilina (*In Catilinam*) bezeugen zwei erfolgreiche Aktionen des Konsuls: die Abweisung eines Gesetzesantrags zur Bodenreform und den Kampf gegen Catilina. In den Strafprozessen ging es um Hochverrat, unerlaubte Wählerbeeinflussung, Gewaltanwendung, Anmaßung des römischen Bürgerrechts sowie um Untertanenerpressung (*Pro Gaio Rabirio perduellionis reo, Pro Lucio Murena, Pro Publio Sulla, Pro Aulo Licinio Archia poeta, Pro Lucio Flacco*).

Die dritte Gruppe (die Reden aus der Zeit der Dreimännerherrschaft) spiegelt die Spannungen und Risse, die die Politik ihrer Entstehungszeit durchzogen. In den drei ersten Stücken, den Rückkehrreden *Cum senatui/populo gratias egit, De domo sua,* ist Cicero sich selber Gegenstand: Die Konsulatspolitik und das Exil werden zu staatserhaltenden Taten emporstilisiert. Die illusorische Voraussetzung einer von den Dreimännern unabhängigen Politik zeitigt einerseits das Glanzstück der Rede für Sestius (*Pro Publio Sestio*), worin Cicero unter der Devise *cum dignitate otium* («mit Würde gewahrter Friede») seine Vorstellung von der römischen Adelsrepublik zum Ausdruck bringt, und andererseits häßliche Pamphlete: gegen Vatinius und Piso (*In*

Vatinium, In Pisonem) und über das Gutachten der Opfer-
schauer (*De haruspicum responso*).

In den Prozeßreden dieser Gruppe geht es um Gewaltanwendung (*Pro Publio Sestio, Pro Marco Caelio, Pro Tito
Annio Milone*), Anmaßung des Bürgerrechts (*Pro Lucio
Cornelio Balbo*), Untertanenerpressung (*Pro Marco Aemilio
Scauro, Pro Gaio Rabirio Postumo*) und unerlaubte Wählerbeeinflussung (*Pro Gnaeo Plancio*). Die Verfahren, die diesen Plädoyers zugrunde lagen, spielten sich zumeist ab-
seits von der großen Politik, den Auseinandersetzungen
zwischen den Dreimännern und der Senatspartei, ab. Die
Rede für Milo, den rauflustigen Bandenführer, der Clodius
erschlagen hatte, muß allerdings hiervon ausgenommen
werden: In diesem Meisterwerk hat Cicero die Verteidigung gegen den Willen Caesars und des Pompeius übernommen.

Die kleine Gruppe der Caesar-Reden ist von der voran-
gehenden durch sechs Jahre getrennt; die republikanische
Fassade, die in den fünfziger Jahren noch bestanden hatte,
war eingestürzt, und Caesar schaltete als unumschränkter
Inhaber aller Gewalt. Er suchte indes unter der Devise
clementia, «Milde», ehemalige Gegner für den Wiederauf-
bau des Staates zu gewinnen, und Cicero macht sich diese
Devise in den drei Caesar-Reden gern zu eigen: in einer
Dankadresse für eine vollzogene Begnadigung (*Pro Marco
Marcello*) und in zwei Plädoyers für Angeklagte, die hoch-
verräterischer Handlungen bezichtigt wurden (*Pro Quinto
Ligario, Pro rege Deiotaro*).

Die letzte Gruppe der ciceronischen Reden ist ein in sich
geschlossener Block von vierzehn politischen Ansprachen,
den *Orationes Philippicae*. Der Titel, von Cicero selbst ersonnen, spielt auf die berühmten Reden an, die Demosthenes
gegen Philipp von Makedonien gehalten hatte. Haupt-

inhalt der Sequenz ist das Ringen mit Antonius; Cicero glaubte, daß er die einzige Ursache der fortwuchernden revolutionären Übel sei, und versuchte, ihn im Bunde mit Oktavian zu schlagen. Oktavians Allianz mit der Senatspartei war indes nur taktisch bedingt und vorläufig – als sich die beiden Caesarianer miteinander verständigten, fiel Ciceros Konzeption wie ein Kartenhaus zusammen.

Die Reden gegen Verres

Der Angeklagte

Die Laufbahn des Gaius Verres zeigt, was ein durchaus mittelmäßiger Politiker im Zeitalter der untergehenden Republik zu erreichen vermochte, wenn er nur über die nötige Skrupellosigkeit verfügte: Sie war eine Folge von Rechts- und Treuebrüchen, die schließlich in der dreijährigen Ausbeutung Siziliens, einer der wohlhabendsten Provinzen des Reiches, gipfelte. Verres, geboren um 115 v. Chr., also etwa zehn Jahre älter als Cicero, Sohn eines Senators, stammte gleichwohl nicht von einer der adligen Familien ab, die seit Jahrhunderten die Geschicke Roms bestimmten; er war ein *homo novus*, ein «Neuling».

Seine Karriere begann mit einem Parteiwechsel: Er wurde während des Bürgerkriegs der achtziger Jahre Quästor und Verwalter einer Kriegskasse der Marianer; er trat, als Sulla in Italien landete, mitsamt den ihm anvertrauten Geldern auf dessen Seite über (84/83 v. Chr.).

In den Jahren 80/79 v. Chr. hatte Verres seinen nächsten Posten inne: Er war Legat, d. h. Adjutant des Gnaeus Cornelius Dolabella, des Statthalters von Kilikien. Die beiden überboten einander in der Kunst, die Untertanen

auszuplündern; indes, nur Dolabella wurde nach seiner Rückkehr wegen Erpressungen angeklagt, wobei Verres perfide genug war, als Belastungszeuge des einstigen Vorgesetzten aufzutreten.

Einige Jahre darauf bewarb sich Verres mit Erfolg um eine der acht Prätorenstellen, die es damals gab, und das Los spielte ihm die besonders anspruchsvolle Aufgabe der Rechtsprechung zu. Er bereicherte sich nach Kräften, indem er sich bezahlen ließ: sowohl bei seinen Entscheidungen als auch bei der Vergabe öffentlicher Bauaufträge (74 v. Chr.).

Auf die Prätur folgte die seit Sulla obligatorische Proprätur, die Verwaltung einer Provinz – Verres erhielt Sizilien. Unglückliche Umstände, insbesondere der Aufstand des Spartacus, verzögerten seine Ablösung; er konnte drei Jahre lang nach Willkür auf der Insel schalten und walten (73–71 v. Chr.).

Das Bild, das der Ankläger Cicero von dem sizilischen Regiment des Verres zeichnet, ist sicherlich nicht frei von Parteilichkeit; andererseits rechtfertigen die von ihm urkundlich bewiesenen Tatsachen wohl vollauf seine Behauptung, daß die Statthalterschaft des Verres mit ihren Rechtsbeugungen, Steuererpressungen und Kunsträubereien eine Schreckensherrschaft schlimmster Sorte gewesen sei. Offenbar ist sie vor allem durch ihre lange Dauer dazu geworden; Verres hatte hinlänglich Gelegenheit, seine Ausbeuter-Methoden von Mal zu Mal zu vervollkommnen.

Die Umstände, die ein derartiges Regiment ermöglichten, lassen sich allesamt darauf zurückführen, daß sich die Senatsaristokratie der späten Republik als unfähig erwies, in den Untertanengebieten eine dauerhafte Rechts- und Friedensordnung aufrechtzuerhalten. Während die in der

Stadt Rom amtierenden Magistrate stets dem Einspruch eines Kollegen und dem Veto eines Volkstribunen ausgesetzt waren, unterlag die Statthalterschaft in einer Provinz keiner unmittelbaren Gegenwirkung. Die Senatsaufsicht, die zügelnd und mäßigend eingreifen konnte, erlahmte, je mehr die revolutionären Auseinandersetzungen vorrangig die Kräfte beanspruchten. So gab die nahezu unumschränkte Machtvollkommenheit des Provinzialstatthalters Raum für ein Herrenmenschentum, das hemmungslos seinen Instinkten und Passionen nachging. Verres gehörte zu dieser Sorte, und es ist denkbar, daß er sich wie mancher seinesgleichen ungestört seiner Beute hätte erfreuen können, wäre ihm nicht ein so fähiger Ankläger wie Cicero in den Weg getreten.

Immerhin blieb Verres ein reicher Mann, und er verbrachte noch 27 ruhige Jahre im selbstgewählten Exil zu Massilia (Marseille). Sein Ende entspricht dem Zeitgeist, der ihn geprägt hatte: Antonius setzte ihn auf die Liste der Geächteten, angeblich, weil er sich geweigert hatte, ihm seine kostbaren Erzgefäße zu überlassen. So starben der Angeklagte und sein Ankläger durch dasselbe Ereignis: durch die Proskriptionen des Jahres 43 v. Chr.

Sizilien unter römischer Herrschaft

Sizilien, der Schauplatz des dreijährigen Verres-Regimes, hatte bereits eine wechselvolle Geschichte hinter sich, als die Römer dort erschienen. Die Urbevölkerung bestand aus italischen und iberischen Stämmen. Um die Mitte des 8. Jahrhunderts setzte die griechische Kolonisation ein, und die Küsten wurden von einem dichten Kranz von Städten umgeben, die sich im Laufe der Zeit zu glanzvoller Blüte entfalteten. Früh faßten auch die Phönizier auf Sizi-

lien Fuß; ihre Handelsstützpunkte im Westen der Insel wurden Besitzungen Karthagos.

So erklärt sich, daß vom 5. bis zum 3. Jahrhundert der karthagisch-griechische Gegensatz das Geschehen beherrschte; außerdem sorgten innergriechische Spannungen für Konflikte. Während des peloponnesischen Krieges wurde Syrakus, der führende griechische Staat auf Sizilien, das Ziel attischer Großmachtpolitik; der Angriff der Athener endete mit einer Katastrophe (415–413 v. Chr.).

Ein Zwist unter Griechen rief die Römer auf die Insel; er weitete sich aus zu einem großen Ringen zwischen Rom und Karthago, zum Ersten Punischen Krieg (264–241 v. Chr.). Der schwer erkämpfte Sieg brachte Sizilien in römischen Besitz – die Insel wurde Roms ältestes Untertanengebiet (*provincia*). Der Statthalter, der von nun an dort amtierte, war zunächst vor allem Militärgouverneur: Er wachte für die Sicherheit Roms; erst im Laufe der Zeit wuchsen ihm allerlei Aufgaben auf dem Gebiet der Zivilverwaltung zu. Doch in die inneren Angelegenheiten der Gemeinden pflegte er sich nicht einzumischen – die Insel war keine ‹Provinz› im heutigen Sinne, kein nach einheitlichen Grundsätzen verwaltetes Territorium, sondern ein Mosaik von Stadtstaaten, die sich in je verschiedenem Ausmaß selbst regierten.

Auf Sizilien existierten insgesamt vier Stufen der Abhängigkeit von Rom. Die günstigste Stellung hatten Messana und zwei andere Gemeinden inne; sie genossen im Inneren uneingeschränkt Autonomie und brauchten keinerlei Abgaben zu entrichten. Eine Anzahl weiterer Städte hatte dieselben Privilegien, allerdings nicht auf Grund eines Vertrages, sondern lediglich auf Grund von bloßer, jederzeit widerruflicher Duldung durch Rom. Die restlichen Gemeinden waren im strengen Sinn Untertanengebiete:

Sie verwalteten sich zwar ebenfalls selbst und hatten auch ihre eigene Gerichtsbarkeit; indes, der römische Statthalter konnte, wann immer er wollte, in ihre Angelegenheiten eingreifen. Sie hatten teils das Eigentum an ihrem Grund und Boden behalten und schuldeten Rom nur den Zehnten von ihren Ernten; teils (und dies war die vierte Gruppe mit dem ungünstigsten Status) mußten sie außerdem noch einen jährlichen Bodenzins an die römische Staatskasse abführen.

Im allgemeinen hatten sich die römischen Eroberer bemüht, die bestehenden Verhältnisse aufrechtzuerhalten; für die meisten Gemeinden änderte sich daher nur der Herr, nicht auch die Art der Herrschaft. Immerhin hörten die inneren Kriege auf; im 2. Jahrhundert verursachten lediglich zwei Sklavenaufstände ernstliche Störungen (135–132 und 104–101 v. Chr.). Sizilien erfreute sich daher unter dem römischen Regiment eines blühenden Wohlstandes; die Landwirtschaft gedieh, und der Handel warf große Gewinne ab. So wurde die Insel im Laufe der Zeit zur «Vorratskammer» Roms, zur «Ernährerin des römischen Volkes», wie sich der ältere Cato einmal ausgedrückt haben soll, d. h. auf ihr beruhte in zunehmendem Maße die Getreideversorgung der Hauptstadt. Die wirtschaftlichen Beziehungen führten zahlreiche römische Kaufleute und Steuerpächter nach Sizilien; zur Zeit des Verres hatte jede größere Gemeinde eine römische Kolonie. Diese Verflechtung der Interessen vergrößerte den Aufgabenkreis der obersten römischen Behörde: Der Statthalter war nicht mehr lediglich für Sicherheit und Ordnung, sondern auch für das Steueraufkommen und für die Kornzufuhr Roms verantwortlich; überdies oblag ihm die Aufsicht über wichtige Bereiche der Gerichtsbarkeit.

Die rechtlichen Grundlagen des Prozesses

Den Untertanengebieten – der Insel Sizilien ebenso wie
den übrigen Provinzen, die nach und nach hinzukamen –
stand gegen die Willkür der römischen Statthalter eine einzige (dazu meist unzulängliche) Schutzwehr zu Gebote:
die Möglichkeit, gegen die Unterdrücker, sobald sie von
ihrem Amte abgetreten waren, in Rom einen Prozeß anzu-
strengen. Das Verbrechen, um das es dabei ging, hatte den
schwerfälligen Namen *crimen pecuniarum repetundarum*, «Be-
schuldigung wegen wiederzuerstattender Gelder»; gemeint war damit vor allem Untertanenerpressung.

Der Senat war zunächst gegen besonders krasse Einzel-
fälle eingeschritten (seit 171 v. Chr.); aus diesen Maßnah-
men ging bald darauf ein ständiger Gerichtshof für Erpressungssachen hervor (149 v. Chr.). Der Umfang der
strafbaren Handlungen und das Strafmaß waren wiederholt
Gegenstand gesetzlicher Regelungen. Zur Zeit des Verres-
Prozesses galten die Annahme größerer Geschenke und
selbst jeder Kauf, den der Statthalter oder seine Gehilfen
abschlossen, als Erpressung, desgleichen die Aneignung
fremden Gutes durch Raub oder Diebstahl, ferner Steuer-
vergehen wie die Einziehung neuer oder die rechtswidrige
Erhöhung bestehender Abgaben. Mögliche Geschädigte
im Sinne der Erpressungsgesetze waren alle Untertanen
Roms; sie mußten, wenn sie klagen wollten, ihre Sache von
einem römischen Anwalt (*patronus*) verfechten lassen.

Der Gerichtshof für Erpressungssachen war Teil eines
Systems von Geschworenengerichten (*quaestiones perpetuae*,
«ständige Strafgerichte»), die jeweils für eine bestimmte
Verbrechenskategorie zuständig waren. Die Neuordnung
Sullas (81/80 v. Chr.) hatte diesen Tribunalen ihre für die
Zeit Ciceros maßgebliche Form verliehen. Seither bestan-

den insgesamt sieben *quaestiones*: Eine behandelte Mordsachen, eine andere Hochverratsfälle usw. Sie beruhten auf dem Prinzip der Popularanklage, d. h. jeder unbescholtene römische Bürger war befugt, als Ankläger aufzutreten (die Einrichtung des Staatsanwalts ist modernen Ursprungs). Den Vorsitz führte jeweils ein Prätor oder ein eigens bestellter sogenannter *iudex quaestionis*. Jeder Gerichtshof hatte im allgemeinen etwa dreißig bis sechzig Mitglieder, die für jeden einzelnen Prozeß aus einer im voraus aufgestellten Richterliste ausgelost wurden.

Die Zusammensetzung der Richterliste bemaß sich nach ständischen Kriterien, die seit gracchischer Zeit einen Gegenstand heftigen Streites bildeten. Gaius Gracchus schloß die Senatoren und deren nächste Angehörige vom Richteramt aus (122 v. Chr.); die Gerichtshöfe rekrutierten sich nunmehr aus Mitgliedern des Ritterstandes, der zweithöchsten Klasse innerhalb der römischen Bürgerschaft. Sulla wiederum machte das Geschworenenamt zur ausschließlichen Domäne der Senatsaristokratie. Auch das Gericht, das über Verres urteilte, bestand lediglich aus Senatoren; eine *lex Aurelia* indes, die noch im gleichen Jahre eingebracht wurde, wies die Mitgliedschaft in den *quaestiones* zu gleichen Teilen drei verschiedenen Gruppen zu: den Senatoren, den Rittern sowie den Ärartribunen, einer Rangklasse, von der die Quellen im übrigen so gut wie nichts zu berichten wissen.

Der Prozeß

Der Prozeß gegen Verres bekundet, was damals ein noch so schuldiger Statthalter ins Werk setzen konnte, dem Laufe der Gerechtigkeit zu entgehen. Die von dem Angeklagten praktizierten Kunstgriffe und Quertreibereien waren

überhaupt nur möglich, weil nahezu jeder Senator von
einigem Rang einer bestimmten Gruppe oder Clique angehörte, deren Mitglieder sich auf Gedeih und Verderb zu
wechselseitiger Unterstützung verbanden. Daß die Anschläge des Verres und seiner Genossen schließlich doch
nicht zu dem gewünschten Erfolge führten, ist vornehmlich das Verdienst des Anklägers Cicero, seines taktischen
Geschicks, seiner Energie und seiner advokatorischen
Fähigkeiten.

Bereits im Jahre 71 v. Chr. waren Gesandte fast aller sizilischen Gemeinden in Rom erschienen; sie baten Cicero,
den einstigen Quästor der Insel, er möge sie in dem ge-
planten Prozeß gegen Verres vertreten. Cicero sagte zu,
obwohl ihm die Rolle des Anklägers wenig behagte; andererseits erblickte er, der aufstrebende Redner und Politiker,
in dem Verfahren eine günstige Gelegenheit, von sich reden zu machen. Die Gegner, Verres und seine Helfer, hatten von Anfang an mit einem Prozeß gerechnet – Cicero
bekam das zu spüren, als er den ersten Schritt tat, der für
die Anhängigmachung des Verfahrens erforderlich war: als
er bei dem für Erpressungssachen zuständigen Prätor An-
zeige erstattete. Dort sah er sich einem Konkurrenten
gegenüber: Quintus Caecilius Niger, ein Gefolgsmann des
Verres, sein ehemaliger Quästor, wollte ebenfalls als Ankläger zugelassen werden. Cicero war genötigt, sein
besseres Anrecht plausibel zu machen; er tat dies erfolgreich und mit gewohnter Souveränität – so entstand das
erste Stück des Verrinen-Corpus, die *Divinatio in Caecilium*
(«Rede im Vorverfahren gegen Caecilius»). Die Klage war
jetzt angenommen; Cicero reiste unverzüglich nach Sizilien, um zu ermitteln und Beweise zu beschaffen; hierfür
hatte er sich beim Prätor eine Frist von 110 Tagen ausbe-
dungen.

Auf Sizilien erging es Cicero nicht besser; seine von Staats wegen autorisierte Tätigkeit wurde nach Kräften behindert. Man suchte ihm Urkunden vorzuenthalten; man verbot Zeugen, vor ihm auszusagen; man bedrängte die Kommunen, nichts gegen Verres zu unternehmen. Hinter all dem Treiben stand Lucius Caecilius Metellus, der Nachfolger des Verres; und sein Verhalten war durch eine unheilige Allianz bestimmt, die Verres zustande gebracht hatte. Denn Quintus Metellus, ein Bruder des Lucius, bewarb sich ebenso wie Hortensius, der Verteidiger des Verres, um das Konsulat des Jahres 69 v. Chr., und Verres hatte versprochen, den Wahlen mit seinem Geld zu dem gewünschten Ziel zu verhelfen, und auch Marcus Metellus, ein weiterer Bruder des Lucius, sollte sich nicht vergebens um die Prätur bewerben. Cicero erreichte gleichwohl seinen Zweck; er brachte in rastloser Arbeit innerhalb von knapp zwei Monaten das Material zusammen, das den Inhalt der Bücher 2–5 der *Actio secunda* («Zweite Verhandlung gegen Verres») ausmacht, und so konnte er vor Ablauf der Frist wieder beim Prätor vorstellig werden.

Doch die Verres-Clique hatte längst eine neue Barrikade vor ihm aufgebaut, wozu ihr ein Gerichtsbrauch die Möglichkeit geboten hatte. Der Prätor pflegte nämlich die Verhandlungstermine nach Maßgabe der jeweils von den Anklägern erbetenen Ermittlungsfristen festzusetzen. So war denn unmittelbar nach der Zulassung des von Cicero erstrebten Verfahrens ein anderer Ankläger erschienen; dieser hatte für seine Sache, einen angeblichen Erpressungsfall in Griechenland, eine Frist von 108 Tagen, von zwei Tagen weniger als Cicero, verlangt. Folglich kam nun zunächst der Scheinprozeß wegen der griechischen Erpressungen zur Verhandlung – Cicero, der sich aufs Äußerste beeilt hatte, mußte drei Monate warten, und der Ter-

min des ersten Verhandlungstages rückte von Anfang Mai auf den 5. August.

Der griechische Erpressungsfall war nur ein Teil einer umfassenderen taktischen Konzeption. Das Jahr 70 v. Chr. eignete sich wenig für die Absichten des Verres, insbesondere für eine Bestechung des Gerichts. Pompeius und Crassus, die damals ihr erstes Konsulat bekleideten, steuerten einen scharf popularen Kurs: Sie drohten mit dem Abbau der sullanischen Verfassung und machten Anstalten, den Senatoren die Geschworenengerichte zu nehmen – was noch während ihres Konsulats, wie schon erwähnt, in die Tat umgesetzt wurde. Verres und seine Genossen wollten daher den Prozeß ins folgende Jahr hinziehen; sie hofften auf günstiger gesinnte Magistrate und ein anders zusammengesetztes Gericht. Den erstgenannten Vorteil gedachten sie zu erlangen, weil sich ja Hortensius und zwei Meteller um die Konsulate und eine Prätur bewarben; mit einem anders zusammengesetzten Gericht aber konnten sie rechnen, weil, wer Magistrat war, nicht auch Geschworener sein durfte und sich etliche der Geschworenen im Verres-Gerichtshof um Ämter bewarben – die mußten Anfang 69 v. Chr. ausscheiden, falls ihre Bewerbung erfolgreich war.

Das Verschleppungsmanöver der Verres-Clique wurde durch zwei Umstände begünstigt. Einerseits schrieb das Erpressungsgesetz vor, daß ein Urteil erst nach zweimaliger Behandlung des Prozeßgegenstandes gefällt werden dürfe; andererseits standen von Mitte August bis Mitte November nur wenige Wochen für die Rechtsprechung zu Gebote, da der größte Teil dieser Zeit durch insgesamt vier längere Festperioden beansprucht wurde.

Ende Juli fanden die Wahlen für das Jahr 69 statt. Hortensius und Q. Metellus, die Verbündeten des Verres, er-

reichten ihr Ziel. Auch M. Metellus, der sich um die Prätur bewarb, war erfolgreich; ja der Zufall wollte es, daß ihm die Verlosung der Amtsbereiche den Vorsitz im Gerichtshof für Erpressungssachen einbrachte. Verres empfing bereits die Glückwünsche seiner Anhänger; die Freude über den Erfolg wurde auch dadurch nur wenig getrübt, daß es einige Tage später nicht gelang, Ciceros Wahl zum Ädilen zu verhindern. Im ganzen hatte sich die Lage des Angeklagten erheblich verbessert, und mehr denn je hingen seine weiteren Aussichten von dem Gelingen des Verschleppungsplanes ab.

Am Nachmittag des 5. August begann die erste Verhandlungsperiode. Cicero trat auf; statt das übliche, den gesamten Prozeßstoff darlegende Plädoyer einzuleiten, erklärte er in einer etwa einstündigen Ansprache – der Rede, die als *Actio prima* («Erste Verhandlung») in das Verres-Werk eingegangen ist –, daß er sich sofort der Vorführung der Beweise zuwenden wolle. So geschah es auch; vom 6. August an wurde Punkt für Punkt durch Zeugen und Urkunden dargetan, daß Verres während seiner dreijährigen Statthalterschaft insgesamt 40 Millionen Sesterzen erpreßt habe. Es war Ciceros erklärte Absicht, auf diese Weise den Prozeß zu beschleunigen und den Verschleppungsplan der Gegenseite zu durchkreuzen. Das Verfahren hatte vollauf den gewünschten Erfolg; Verres und sein Verteidiger Hortensius wurden geradezu überrumpelt, und die erste Verhandlung war bereits am 13. August beendet.

In die folgenden Wochen fielen zwei Festperioden; der Prozeß ruhte. Als das Gericht um den 20. September zur zweiten Verhandlung zusammentrat, hatte Verres aus dem Scheitern seines Planes die Konsequenzen gezogen; er war mitsamt seinen Reichtümern ins Ausland entwichen. Das

Gericht hielt die Schuld des Angeklagten für erwiesen und
wandte sich dem letzten Abschnitt des Verfahrens zu, der
«Festsetzung der Entschädigungssumme» (*litis aestimatio*).
Hierüber weiß Plutarch mitzuteilen (Cicero-Biographie 8,
1), daß Verres nur drei Millionen Sesterzen habe zurück-
zahlen müssen; wahrscheinlich nennt dieser Betrag den
Erlös der Werte, die man noch hatte beschlagnahmen können. Die Sizilier zeigten sich gleichwohl von den Erfolgen
ihres Anwalts befriedigt, und mit Recht: Der Prozeß hatte
die Karriere des Verres vernichtet und für künftige Statthalter ein Exempel statuiert. Cicero selber überwand nicht
nur den Angeklagten, sondern auch dessen Verteidiger
Hortensius; dieser Sieg machte ihn zum ersten Gerichts-
redner Roms.

Den gewaltigen Anklagestoff aber, den er zusammenge-
tragen hatte, der nun nicht mehr in einem Plädoyer vorgetragen werden konnte, veröffentlichte er alsbald in Buch-
form, wobei er das Werk so herrichtete, als handele es sich
um eine wirklich gehaltene Rede, um die *Actio secunda*
(«Zweite Verhandlung»), mit dem Vorleben des Angeklagten im ersten Buch und mit den eigentlichen Anklage-
punkten, den Verfehlungen der sizilischen Statthalterschaft, in den Büchern 2–5.

SCHEMATISCHE ÜBERSICHT
ÜBER DEN INHALT DER REDEN

ERSTE REDE GEGEN C. VERRES

Einleitung (1-3)
Der Prozeß gegen Verres gibt den senatorischen Gerichten Gelegenheit, sich von ihrem üblen Rufe zu befreien.

Hauptteil (3-56)
  1. Verres und seine Clique; ihre Machenschaften und Pläne (3-32).
     a) Die Verbrechen des Verres; Geld als seine einzige Hoffnung (3-15).
     b) Die Machenschaften und Pläne der Verres-Clique: die Wahlen (Konsuln, Prätoren, Ädilen); der Plan der Prozeßverschleppung (15-32).
  2. Ciceros Gegenmaßnahmen (32-56).
     a) Verzicht auf ein zusammenhängendes Plädoyer; sofortige Beweisaufnahme (32-34).
     b) Warnung an Hortensius (34-42).
     c) Appell an das Gericht (43-52).
     d) Ciceros Verfahren bei der sofortigen Beweisaufnahme (53-56).

ZWEITE REDE GEGEN C. VERRES
VIERTES BUCH

Einleitung (1-2)
Das Thema: Verres hat aus Sizilien sämtliche Kunstgegenstände geraubt, sowohl privates als auch öffentliches Eigentum.
Hauptteil (3-151)
A. Raub von privaten Kunstgegenständen (3-72).
  1. Die Beraubung des Heius von Messana: vier Statuen; Sofadecken (3-28).
     a) Der Raub der Statuen (3-7).
     b) Widerlegung des Einwandes, die Werke seien gekauft (8-14).
     c) Das Zeugnis des Heius; die Gesandtschaft der Mamertiner; die Komplizenschaft Messanas (15-26).
     d) Der Raub der Sofadecken (27-28).
  2. Kleinere Affären: Raub von Pferdeschmuck, Silber u. a. (29-45).
     a) Der Pferdeschmuck des Phylarchos u. a. (29).
     b) Die Brüder aus Kibyra, die Gehilfen des Verres, und Pamphilos von Lilybaeum (30-34)
     c) Weitere Räubereien in Lilybaeum (35-37).
     d) Die Becher des Diodoros von Melita (38-41).
     e) Die Trinkhörner des Ritters Calidius (42-45).
  3. Die Jagd nach Silber, insbesondere nach Treibarbeiten (46-60).
     a) Raub von Schüsseln, Schalen und Weihrauchgefäßen (46-53):
     α) bei Einzelnen (46-49);
     β) in ganzen Gemeinden (49-53).

ERSTE REDE GEGEN VERRES

Einleitung

Die erste Verres-Rede wurde am Nachmittag des 5. August
70 v. Chr. vorgetragen; mit ihr begann die erste öffentliche
Verhandlung gegen den erpresserischen Statthalter. Sie ist
die wichtigste Quelle für den Verlauf, den der Prozeß bis
dahin genommen hatte, und für die politischen Verhältnisse, die ihn bedingten.

Die Geschworenengerichte arbeiteten in der Weise, daß
für jeden einzelnen Prozeß nach bestimmten Vorschriften
ein besonderer Gerichtshof gebildet wurde. Dieser Akt
hatte beim Verfahren gegen Verres in der zweiten Hälfte
des Juli stattgefunden, vor den Wahlen für das Jahr 69, die
den 27. Juli und die folgenden Tage in Anspruch nahmen.
Zunächst hatte das Los aus den Mitgliedern des Senats, denen nach der sullanischen Ordnung das Geschworenenamt
zukam, einen engeren Personenkreis bestimmt; hierbei
wurde wohl einfach eine der «Zehntschaften» (*decuriae*)
ausgelost, in die der Senat sich gliederte. Dann mußten
bestimmte Personen, zum Beispiel Verwandte des Angeklagten, von Gesetzes wegen ausgeschlossen werden.
Vor allem hatten die Beteiligten, zuerst der Angeklagte
und dann der Ankläger, das Recht, eine bestimmte Zahl
von Geschworenen abzulehnen (*reicere*); Cicero nennt
insgesamt sechs Richter, die Verres verworfen habe, sowie
einen, den er selbst zurückwies.

Der Angeklagte wurde von dem berühmten Sachwalter

Q. Hortensius Hortalus (114–50 v. Chr.) vertreten. Weiterhin standen ihm zwei Angehörige erlauchter Familien bei:
P. Cornelius Scipio Nasica, der nachmalige Schwiegervater
des Pompeius (Konsul 52 v. Chr.), sowie L. Cornelius Sisenna, der sich vor allem als Historiker der marianisch-
sullanischen Bürgerkriege einen Namen gemacht hat (Prätor 78 v. Chr.). Die Anklage wurde allein von Cicero geführt; doch vielleicht hatte sich ihm sein Vetter Lucius, der
ihm bei den Ermittlungen auf Sizilien geholfen hatte, als
Mitankläger (*subscriptor*) angeschlossen. Vorsitzender des
Gerichtshofs war der für Erpressungssachen zuständige
Prätor M'. Acilius Glabrio (Konsul 67 v. Chr.), ein red-
licher, aber energieloser Mann. Der Gerichtshof mag aus
etwa zwanzig Mitgliedern bestanden haben. Hiervon
sind insgesamt dreizehn namentlich bekannt, darunter die
hochangesehenen Konsuln der Jahre 79 und 78 v. Chr.,
P. Servilius Vatia Isauricus und Q. Lutatius Catulus. Ein
gut Teil der Richter hatte sich erfolgreich um Ämter des
Jahres 69 v. Chr. beworben; diese Männer hätten ausscheiden und durch Nachlosung ersetzt werden müssen, wenn
sich der Prozeß über den Jahreswechsel hinaus hingezogen
hätte. Gemessen am damals Üblichen war das Gericht,
das über Verres befinden sollte, durchaus rechtschaffen
und unparteiisch; einzig von M. Caecilius Metellus, dem
künftigen Prätor für Erpressungssachen, konnte man vermuten, daß er bedenkenlos zum Vorteil des Angeklagten
urteilen werde.

Die ziemlich kurze Rede diente lediglich als Einleitung;
die eigentliche Anklage setzte erst am folgenden Tage mit
der Vorführung der Beweismittel ein. Cicero hat daher auf
das gebräuchliche Schema verzichtet. In lockerer Fügung
geht er von einem Gedanken zum anderen über; er hat es
gleichwohl verstanden, zielstrebig und einprägsam darzu-

tun, was ihm für seine Zwecke wesentlich schien. Die Rede
setzt sich in der Hauptsache aus drei Motiven zusammen.
Sie gibt einmal eine erste Charakteristik des Angeklagten;
sie sucht einen vorläufigen Eindruck von dem Ausmaß seiner Verbrechen und von seiner Gefährlichkeit zu vermitteln. Sie deckt weiterhin die Machenschaften und Pläne der
Verres-Clique auf und leitet hieraus den Verzicht auf ein
ausführliches Plädoyer als einzig wirksame Gegenmaßnah-
me ab. Sie sucht schließlich das Gericht zu korrektem Verhalten zu bestimmen; sie bringt hierbei effektvoll die politische Situation ins Spiel.

Das Vertrauen in die seit Sulla mit Senatoren besetzten
Gerichte sei erschüttert, erklärt Cicero zu Beginn; der
eklatante Fall des Verres gebe Gelegenheit, die erregte
öffentliche Meinung zu beschwichtigen (1–3). Nunmehr
folgt ein ziemlich geschlossener Argumentationszusam-
menhang. Ein Überblick über das Sündenregister des Angeklagten begründet die Aussichtslosigkeit seiner Lage.
Folglich kämpfe er, heißt es sodann, nicht mit erlaubten
Waffen, sondern einzig mit seinem Gelde; folglich habe er
einen raffinierten Plan erdacht, sich dem Laufe der Gerechtigkeit zu entziehen: er wolle den Prozeß ins kom-
mende Jahr verschleppen, weil er dann, unter anderen politischen Bedingungen und vor einem anders zusammengesetzten Gericht, einen Freispruch erwirken zu können
hoffe. Bis hierhin reicht ein erster Abschnitt, der den
Handlungen und Zielen der Gegenseite gewidmet ist
(3–32). Aus diesen Darlegungen ergibt sich mit suggestiver
Evidenz das Hauptthema des zweiten Abschnitts: Cicero
erklärt, er wolle Zeit sparen, er verzichte auf den üblichen
zusammenhängenden Vortrag, er werde sofort die Beweise
vorführen. Der Redner deutet seine Absicht zunächst nur
vage an. Die genauere Eröffnung wird kunstvoll hintan-

gehalten: Cicero warnt Hortensius; er droht, er werde
jeden Skandal politisch ausnutzen; er appelliert an die Geschworenen und zumal an den Verhandlungsleiter Glabrio;
erst ganz am Schluß seiner Ausführungen beschreibt er
faßlich und präzise, wie er verfahren wolle (32–56).

Ciceros Zeitplan sah vor, daß die erste Verhandlung vor
Beginn der ersten Festperiode (16. August bis 1. September) zu Ende gehe, so daß nach der zweiten Festzeit (5. bis
19. September) sofort die gesetzlich vorgeschriebene zweite Verhandlung eröffnet werden konnte. Cicero erreichte
seinen Zweck; das Gericht erklärte am 13. August nach
neuntägiger Beweiserhebung die erste Verhandlung für
abgeschlossen. Cicero erreichte noch mehr, und man darf
vermuten, daß er diese Wirkung von Anfang an einkalku-
liert hat, wenn er auch begreiflicherweise nichts darüber
verlauten läßt: Seine ungewöhnliche Maßnahme, die sogleich die Zeugen und Urkunden in den Mittelpunkt rückte, überzeugte das Gericht in kurzer Zeit von der Berech-
tigung seiner Anklage und verhalf dem Fall des Verres in
der Öffentlichkeit zu größtem Aufsehen. Die Verteidigung
wurde völlig überrumpelt. Der Angeklagte blieb vom dritten Tage an der Verhandlung fern. Hortensius protestierte
vergebens gegen Ciceros Vorgehen; er griff nur selten in
die Zeugenbefragung ein; bald gab er den Widerstand
gänzlich auf; er verzichtete auf eine Entgegnung. Verres
zog die Konsequenzen: Er begab sich ins Exil, ehe das Gericht zur zweiten Verhandlung zusammentrat.

Erläuterungen

1 D. h. bei den Untertanen in den Provinzen.

2 Pompeius hatte schon unmittelbar nach seiner Wahl zum Konsul des Jahres 70 v. Chr. versprochen, daß er sich des korrupten Gerichtswesens annehmen wolle; im Senat kam die Angelegenheit zur Sprache, als über die Wiederherstellung der von Sulla eingeschränkten tribunizischen Gewalt verhandelt wurde (Januar 70 v. Chr.). Seither war der Plan, den Senatoren das Richteramt zu nehmen, Gegenstand der öffentlichen Diskussion; im September, also einige Wochen nach der ersten Verhandlung gegen Verres, schlug der Prätor L. Aurelius Cotta das Gesetz vor, das den Sitz in den Gerichten paritätisch auf die Senatoren, Ritter und Ärartribunen verteilte. Vgl. 43 ff.

3 Hinweis auf die Laufbahn des Verres: auf die Quästur, das Legatenamt im Osten, die Stadtprätur und die sizilische Statthalterschaft.

4 Angeblich war Cicero auf seiner Rückreise von Sizilien Nachstellungen durch Leute des Verres ausgesetzt.

5 Der Doppelausdruck bezeichnet die Gesamtheit der Untertanen, die in einem je verschiedenen Abhängigkeitsverhältnis zu Rom standen. Die «Bündner» (*socii*) brauchten im allgemeinen keine Steuern zu entrichten, während die «auswärtigen Nationen» (*exterae nationes*) tributpflichtig zu sein pflegten.

6 Vgl. die Einführung, S. 251 f. Die Namen des Angeklagten und seines Anklägers sind nicht zuverlässig überliefert.

7 Bedeutende Hafenstadt an der Adriaküste Süditaliens, Endpunkt der appischen Straße (heute Brindisi). Von dort aus pflegte man nach Griechenland überzusetzen.

8 Durch den Scheinprozeß wegen der achäischen Erpressungssache.

9 Die Parenthese beruft sich auf die Meinungen, die laut wurden, als Verres und Cicero das ihnen von Gesetzes wegen zustehende Recht ausübten, eine bestimmte Anzahl von Richtern abzulehnen.

10 *In seiner Quästur:* zur Laufbahn des Verres, deren Stationen hier aufgezählt werden, vgl. die Einführung, S. 243 f. Cn. Papirius Carbo war als Konsul 84 v. Chr. und Prokonsul im Jahre darauf der Vorgesetzte des Quästors und Proquästors Verres. *Die Provinz, von der aus Verres zu Sulla übertrat: Gallia Cisalpina* (Oberitalien nördlich des Rubikon). *Die heilige, durch das Los begründete Bindung:* Das Los bestimmte die Amtsbereiche der Prätoren und Quästoren; es galt als heilig, weil man glaubte, daß es den Willen der Götter bekunde. *Cn. Cornelius Dolabella:* als Prokonsul Statthalter von Kilikien (80/79 v. Chr.). *Seinen*

altbewährten Quästorenstreich: Er verriet zweimal seinen Vorgesetzten, als Quästor Carbo und als Legat Dolabella.

11   Dieser Abschnitt faßt zusammen, was im 2., 3. und 5. Buch der zweiten Rede gegen Verres ausführlich dargestellt ist. *Häfen, Städte, Flotten:* Die Plurale übertreiben; gemeint sind die in der zweiten Rede, 5, 80 ff., geschilderten Vorgänge.

12   Diese Partie gibt den Inhalt des 4. Buches der zweiten Rede gegen Verres wieder. *Von den reichsten Königen:* Cicero denkt vor allem an die Herrscher von Syrakus. *Von unseren siegreichen Feldherren:* von M. Claudius Marcellus (Konsul 222. 215. 214. 210. 208 v. Chr.), der zwar keine Kunstwerke stiftete oder zurückgab, wohl aber in dem von ihm eroberten Syrakus einen großen Teil der dort befindlichen Schmuckstücke beließ (vgl. die zweite Rede, 4, 120 ff.), sowie vom jüngeren Scipio (vgl. ebendort 73 ff. 93. 97 f.).

13   D. h. weil man ihre Einstellung, ihren Charakter kennt. *Von Adel - bekannt:* unübersetzbares Wortspiel (*nobiles - noti*). Cicero meint vor allem die Verteidiger des Verres und die drei Brüder Metellus.

14   Nicht mit dem Gerichtshof selbst, dessen Zusammensetzung damals, im Januar, noch gar nicht feststand. Es gab Leute, die aus der Bestechung von Gerichtshöfen und Wahlkörperschaften ein Gewerbe gemacht hatten; vgl. 22.

15   Anspielung auf einen Skandal, der sich einige Jahre zuvor zugetragen hatte: Die Stimmtafeln der bestochenen Richter waren mit andersfarbigem Wachs überzogen worden; die Bestechenden wollten auf diese Weise kontrollieren, ob die Bestochenen der Vereinbarung gemäß gestimmt hatten.

16   *Marsfeld:* die vom Tiberbogen eingefaßte Niederung westlich der Stadt; dort wurden die höheren Beamten gewählt. *C. Scribonius Curio:* Konsul 76 v. Chr.; Ciceros Floskeln sollen den angesehenen Konsular, der als Statthalter von Makedonien einen Triumph über einen illyrischen Volksstamm errungen hatte (72 v. Chr.), eher gespielt als ernsthaft schonen.

17   Vor der Regia, dem Amtshause des Pontifex Maximus, an der Stelle, wo die heilige Straße auf das Forum mündete; der Erbauer des Bogens war Q. Fabius Maximus (Konsul 121 v. Chr.), der Sieger über die Allobroger.

18   Die Senatoren.

19   *Für meine Wahl:* um durch Bestechung die Wahl Ciceros, der für das Amt des Ädilen kandidierte, zu hintertreiben. Die jeweils für einen bestimmten Wahlbezirk zuständigen «Austeiler» (*divisores*) hatten an

sich eine durchaus legale Aufgabe: Sie verabfolgten die mannigfachen Geld- und Getreidespenden, die dem Volk von Angehörigen der Aristokratie dargebracht wurden. In spätrepublikanischer Zeit vermittelten sie auch die Bestechung von Wahlen; die vereinbarte Summe wurde meist bei einem Vertrauensmann hinterlegt, der sie auszahlte, wenn das erwünschte Wahlergebnis eingetreten war.

20 Die 35 römischen *tribus* (Abteilungen der Bürgerschaft, die als Wahlbezirke und zu Verwaltungszwecken dienten) waren wie die romilische nach alten Geschlechtern benannt, andere nach Örtlichkeiten. Die Angabe der *tribus* gehörte zum vollständigen Namen eines jeden Bürgers.

21 Vgl. 25. Auch an anderer Stelle behauptet Cicero, der Vater Verres habe sich ursprünglich als Geldausteiler betätigt; später war er Senator.

22 Cicero hätte also seine Drohungen gar nicht wahr machen können.

23 Die Konsuln wurden nach Zenturien, d. h. durch eine Form der Volksversammlung gewählt, die aus 193 Stimmabteilungen (*centuriae*) bestand. Zuerst stimmten die Zenturien der Ritter und der ersten Vermögensklasse, dann der Reihe nach die übrigen Klassen. Aus der ersten Klasse wurde eine Abteilung erlost, die mit der Wahl begann; sie hieß *centuria praerogativa* («zuerst stimmende Zenturie»). Sie pflegte den Ausgang der Wahl zu bestimmen; hieraus ergab sich die Bedeutung *praerogativa* = «Vorzeichen». Der Text spielt mit dem übertragenen und dem ursprünglichen Sinn des Wortes: Q. Metellus gab dem Verres eine «Prärogative», wie er sich während seines Konsulats zu verhalten gedenke, und zwar zum Lohne dafür, daß Verres ihm bei den Wahlen die Prärogative besorgt hatte.

24 Anspielung auf einen Vers des Dichters Naevius (um 265–190 v. Chr.). Der Vers lautete: *fato Metelli Romae fiunt consules* («Das Schicksal macht in Rom zu Konsuln die Meteller»). Angeblich beantwortete Q. Caecilius Metellus (Konsul 206, Diktator 205 v. Chr.) die Bosheit mit den Worten: *dabunt malum Metelli Naevio poetae* («Dem Naevius dem Dichter tun Übles die Meteller»); Naevius, heißt es, sei eingekerkert und verbannt worden.

25 M. Caesonius war wie Cicero zum Ädilen des Jahres 69 v. Chr. gewählt. Wegen der Unvereinbarkeit von Magistratur und Geschworenentätigkeit mußte er aus dem Gerichtshof ausscheiden, sobald er sein Ädilenamt antrat. *Jene schändliche Tat:* Anspielung auf eine Bestechungsaffäre, die sich im Jahre 74 v. Chr. an dem von C. Iunius geleiteten Gerichtshof zugetragen haben soll; vgl. 38 f.

26 *5. Dezember:* An diesem Tage traten die Quästoren ihr Amt an. *L. Cassius:* offenbar ein Nachkomme des L. Cassius Longinus Ravilla (Konsul 127 v. Chr.), eines gefürchteten Richters. *Militärtribunen:* Offiziere, sechs je Legion; die ersten 24 wurden durch Volkswahl bestimmt, die übrigen von den Oberbefehlshabern ernannt.

27 *Sextilis:* der ursprüngliche Name des achten Monats, der im Jahre 8 v. Chr. nach Augustus umbenannt wurde. *Um die achte Stunde:* etwa um zwei Uhr nachmittags, da die Römer die Tagesstunden von Sonnenaufgang an zählten.

28 *Votivspiele:* außerordentliche Spiele, die Pompeius für seinen Sieg über den aufständischen Offizier Q. Sertorius gelobt hatte; sie dauerten vom 16. August bis zum 1. September. *Römische Spiele,* auch Große Spiele genannt: vom 5. bis zum 19. September. *Spiele der Victoria:* von Sulla für den Sieg am collinischen Tor gestiftet (82 v. Chr.); vom 26. Oktober bis zum 1. November. *Plebejische Spiele:* vom 4. bis zum 17. November.

29 Die Richter wurden vereidigt, der das Gericht leitende Prätor hingegen nicht.

30 Die Senatoren.

31 Cicero meint die Rednerbühne (*rostra*) auf dem Forum.

32 Vgl. 22 f.

33 *In den nahezu fünfzig Jahren:* von C. Gracchus bis Sulla (122–81 v. Chr.); vgl. die Einführung, S. 249. *Alle Gewalt des römischen Volkes ...:* Ehe die Geschworenengerichte eingeführt wurden, war es Sache der Volksversammlung, schwere Verbrechen abzuurteilen; Sulla schaffte diese Verfahrensform endgültig ab. *Calidius sagte nämlich ...:* Q. Calidius (Prätor 79 v. Chr.) war Statthalter im diesseitigen Spanien. Er wurde nach seiner Rückkehr wegen Erpressungen angeklagt und von bestochenen Richtern verurteilt. Die Geringfügigkeit der Bestechungssumme veranlaßte ihn zu dem von Cicero erwähnten sarkastischen Ausspruch. *Den Senator P. Septimius ...:* P. Septimius Scaevola wurde im Jahre 72 v. Chr. wegen Erpressungen verurteilt, weil er sich zwei Jahre zuvor in einem Mordprozeß hatte bestechen lassen; Hortensius war Vorsitzender der hierfür zuständigen Geschworenenbank.

34 C. Herennius, C. Popilius und M. Atilius Bulbus wurden wegen anderer Verbrechen verurteilt; in den Prozessen scheint auch der Umstand eine Rolle gespielt zu haben, daß sie für ihre Stimme in einem Geschworenengericht Geld empfangen haben sollten. C. Verres hatte als Prätor für die stadtrömischen Zivilsachen auch die Geschworenengerichte zu besetzen. Der hier von Cicero geäußerte Vorwurf gilt

einem Senator namens C. Fidiculanius Falcula, der in einem Skandalprozeß des Jahres 74 v. Chr. mit Billigung des Verres nachgelost wurde. *Daß sich sogar ein Senator fand ...:* C. Aelius Staienus Paetus (Quästor 77 v. Chr.), der bei demselben Prozeß mitgewirkt hatte wie Septimius Scaevola und Falcula.

35 Vgl. 17.

36 Vgl. 1 und 4.

37 *Den ganzen Stand, wir:* die Senatoren.

38 Vgl. Anm. 2. *Q. Lutatius Catulus:* Konsul 78 v. Chr., damals der erste Mann im Senat.

39 Er wartete dort auf die Bewilligung eines Triumphes; er hatte den Aufrührer Q. Sertorius besiegt.

40 Seit die Konsuln Pompeius und Crassus den Tribunen die einstigen Befugnisse zurückgegeben hatten (Anfang 70 v. Chr.).

41 Nämlich die Ritter.

42 Das Erpressungsgesetz, das der Volkstribun M'. Acilius Glabrio, ein Anhänger des C. Gracchus, im Jahre 122 v. Chr. einbrachte, berief zugleich die Ritter zum Geschworenenamt. Sein Wortlaut ist teilweise auf den Bruchstücken einer Bronzetafel erhalten, die jetzt im Neapler Museum bewahrt werden.

43 *Scaevola:* Q. Mucius Scaevola (Augur; Konsul 117 v. Chr.) oder P. Mucius Scaevola (Konsul 133). Beide waren bedeutende Juristen. *Scaurus:* M. Aemilius Scaurus (Konsul 115), zu seiner Zeit der erste Mann im Senat.

44 Die Vermögensschätzung (*census*) wurde von den Zensoren Cn. Cornelius Lentulus Clodianus und L. Gellius Publicola (Konsuln 72 v. Chr.), den ersten seit Sulla, vorgenommen.

ZWEITE REDE GEGEN VERRES
VIERTES BUCH

Einleitung

Das vierte Buch gilt einer eigenartigen Materie: den Erpressungen und Gewalttaten, durch die sich Verres Kunstgegenstände aller Art anzueignen wußte. Seine Bedeutung erschöpft sich nicht im vordergründigen Geschehen; sie erschöpft sich auch nicht in der Meisterschaft der Darstellung, die ihm seit jeher einen bevorzugten Platz im literarischen Œuvre Ciceros gesichert hat. Das vierte Buch ist für den modernen Leser in besonderer Weise Dokument. Es behandelt eine pathologische Erscheinung innerhalb eines großen und bedeutsamen Vorgangs; es zeigt, welche Exzesse dieser Vorgang, die Hellenisierung Roms, mit sich bringen konnte.

Rom hatte von Anfang an dem Einfluß der griechischen Zivilisation offengestanden; es hatte schon in früher Zeit die Schrift, die Münze, allerlei Rechts- und Kulteinrichtungen sowie manches andere von den Griechen Süditaliens übernommen. Seit den Punischen Kriegen war dieser Prozeß in eine neue, in die entscheidende Phase eingetreten. «Griechenland wurde genommen; es nahm seinerseits den rohen Sieger und brachte die Künste ins bäurische Latium» – so lautet eine lapidare Formel, auf die Horaz den Vorgang brachte. Die römische Aristokratie begann, sich sämtlicher Bereiche der griechischen Kultur – der Kunst, der Literatur, der Philosophie – zu bemächtigen; sie ergriff

diese Dinge und machte sie sich dienstbar: für Propaganda
und Repräsentation, aber auch als Instrument verfeinerten
Lebensgenusses sowie als Schlüssel für eine der Selbstkri-
tik fähige, differenzierte Geisteshaltung.

Die Kunst wurde zunächst mit barbarischer Gewaltsamkeit herbeigeholt: Sie war die Beute des Siegers, der sie im
Triumphzug der staunenden Menge zeigte, der sie dann in
Rom und in den Städten Italiens aufstellte, als Zierde der
Tempel und öffentlichen Plätze. Dem Prunk der Triumphe
folgten friedlichere Formen der Aneignung. Griechische
Künstler und Kunsthandwerker erhielten römische Aufträge; sie kamen nach Rom und richteten dort ihre Werkstät-
ten ein. Zugleich etablierte sich in der Hauptstadt ein
blühender Kunsthandel, und die römischen Auktionshal-
len boten schlechthin alles feil, was griechische Künstler-
hände je hervorgebracht hatten: monumentale Plastiken,
Gemälde, Statuetten, kostbares Gerät und erlesenen
Schmuck. Gegen Ende des 2. vorchristlichen Jahrhunderts
war Griechenland ‹Provinz› und Rom das Zentrum der
griechischen Kunst.

Die Römer ergriffen die großen Gattungen, zumal die
Plastik, als etwas Fertiges, als Erzeugnis einer längst vollendeten Vergangenheit. Roms Kunstgesinnung war klas-
sizistisch. Die Werke der hellenistischen, bis in die eigene
Gegenwart reichenden Epoche lehnte man ab; man bewunderte die Meister des 6. bis 4. Jahrhunderts, der ar-
chaischen und besonders der klassischen Zeit. Diese Grund-
richtung des Geschmacks war nicht so eng, daß sie jede
Assimilation des Überkommenen verhindert hätte: In einigen Bereichen, beim historischen Relief und beim Porträt,
brachten die politisch-propagandistischen Motive der römischen Auftraggeber eine durchaus eigenständige Entwicklung hervor. Im übrigen aber diente die Kunst dem

privaten Luxus; sie wurde als Schmuck, als Dekoration der
Stadtpaläste und Villen verwendet. Gerade dort bekundete
sich die klassizistische Haltung des römischen Publikums.
Sie bedingte, daß man um jeden Preis klassischer Meisterwerke habhaft zu werden versuchte; sie rief eine rege
Kopiertätigkeit ins Leben. Die stets wachsende Nachfrage
ließ sich gar nicht anders befriedigen als durch unverdros-
senes Wiederholen der berühmten Muster; die Künstler
brachten es hierin zu solcher Fertigkeit, daß der Handel
manche Imitation als Original abzusetzen vermochte.

Im Zeitalter der Revolution wuchs die Sammelleiden-
schaft der römischen Aristokratie. Es wurde geradezu
Mode, dem Besucher ein kleines Museum erlesener Gegenstände vorzuführen. Der Redner Crassus besaß kostbare Vasen sowie Metallgefäße mit Treibarbeiten, die er
wegen ihres Wertes nicht zu benutzen wagte. Sulla, Lucullus und andere bargen in ihren Villen Statuen und Gemälde von erstem Rang. M. Aemilius Scaurus, der Schwiegersohn Sullas, richtete sich als erster ein Gemmenkabinett
ein; derselbe Scaurus ließ sämtliche Gemälde des berühmten Pausias von Sikyon (4. Jahrhundert) nach Rom schaffen. Das Vorbild der adligen Herren machte Schule bei den
Parvenüs: Chrysogonus, der Günstling Sullas, hatte sein
Haus mit den schönsten Dingen aus dem Besitz Geächte-
ter angefüllt, mit Statuen und Gemälden, mit Teppichen,
kostbarem Metallgeschirr und zisliertem Silber.

Von diesen Gepflogenheiten der Zeit unterschied sich
die Sammelwut des Verres weniger im Prinzip als in den
Ausmaßen und Methoden. Cicero sucht zwar seinen Gegner als unwissenden Tölpel hinzustellen, als Banditen, der
Kennerschaft nur vortäusche und sich in Wahrheit allein
durch Gewinnsucht zu seinem Tun habe bestimmen lassen;
er beruft sich hierfür insbesondere auf die Tatsache, daß

Verres einmal von seinen eigenen Agenten betrogen worden sei (30 ff.). Das Gegenteil ist richtig: Verres besaß die Passion für Kunstdinge, die seine Freunde ihm zuschrieben, und die Kennerschaft, die sein Ankläger ihm streitig machen wollte. Er war kein Neuling mehr, als er das mit Schätzen gefüllte Sizilien betrat; er hatte bereits während seines Aufenthaltes in Asien manch Probestück von seinem Sachverstand – allerdings nicht minder von seiner Skrupellosigkeit – abgelegt. So entlarvt auch manches Indiz des vierten Buches seine angebliche Dummheit als rhetorisches Klischee; er hatte ein hinlänglich sicheres Urteil und ging bei seinen Räubereien mit Plan und Überlegung zu Werke. In einem anderen Punkte freilich verdient die ciceronische Darstellung vollauf Zustimmung: Schon die Ausmaße lassen vermuten, daß Verres mit seinen Kunstdiebstählen nicht nur der eigenen Leidenschaft frönte, sondern zugleich darauf bedacht war, sich mit wirksamen Geschenken für seine Freunde und Standesgenossen zu versehen.

Verres besaß am Ende seiner sizilischen Zeit kein kleines, sondern ein wahrhaft stattliches Museum. Schon im Osten hatten – ein Beweis für seine Kennerschaft – archaische Kunstwerke seine Aufmerksamkeit erregt; er ging dieser Neigung auch in Sizilien nach und brachte eine Anzahl ehrwürdiger Kultbilder in seine Gewalt: die uralten Ceresstatuen von Catina und Henna (99 ff. 105 ff.), die Diana von Segesta, den Merkur von Tyndaris (72 ff. 84 ff.). Die Hochklassik, das mittlere 5. Jahrhundert, war in seiner Sammlung durch Meisterwerke ersten Ranges repräsentiert: durch einen bronzenen Herkules und einen Apoll des Myron (5 ff. 93), ferner durch zwei bronzene Kanephoren des Polyklet (5 ff.). Auch die Spätklassik, das 4. Jahrhundert, fehlte nicht: Verres hatte sich einen Cupido (Eros)

des Praxiteles sowie ein Sapphobildnis des Silanion verschafft (4 ff. 125 ff.); derselben Zeit entstammten wohl
noch einige andere Kunstwerke, deren Schöpfer Cicero
nicht anzugeben weiß (37. 127 f.). Zu diesen Großplastiken
gesellten sich weitere Kostbarkeiten: Statuetten (95 f. 110),
Elfenbeinschnitzereien (103 f. 124) und Gemälde, vor allem eine Reihe von Porträts der sizilischen Könige (122 f.).
Schließlich hatte Verres nicht vergessen, sich mancherlei
Schmuck und andere Kleinkunst anzueignen; Cicero erwähnt vor allem einige *phalerae*, das heißt Pferde- und
Brustzierate, sowie eine ganze Kollektion von Fingerrin-
gen mit geschnittenen Steinen (29. 57 f.).

Dieser künstlerischen Ausstattung entsprach der Prunk
der Möbel und Geräte. Verres besorgte sich die kostbar-
sten Tische, die das Luxusbedürfnis der hellenistischen
Zeit ersonnen hatte, Tische aus Lebensbaumholz und
Marmor (37. 131). Bronzene Speisesofas samt Polstern und
Decken ließ er in Mengen für sich und seine Freunde anfertigen (58 ff.); die wertvollsten Decken verschaffte er sich
wie üblich durch Raub (27 f.). Auch Leuchter galten ihm
als Massenware (60); doch das Prunkstück seines Hauses
machte der meisterlich gearbeitete, mit Edelsteinen verzierte goldene Kandelaber aus, den er dem durchreisenden
König Antiochos von Syrien abgenommen hatte (64 ff.).
Am reichlichsten war er mit Metallgefäßen versehen; er
hatte ganze Städte darnach durchsuchen lassen (50 ff.). So
besaß er allerlei Kannen, darunter ein Werk des berühmten Silberschmiedes Boëthos, ferner Schüsseln, Schalen
und Becher in Fülle sowie Mischkrüge und Räucherpfan-
nen (32. 35 ff. 46 ff. 63. 97 f. 131). Auf zwei Dinge hatte er
sich mit der größten Leidenschaft geworfen. Einmal war
er besonders auf sogenannte korinthische Gefäße erpicht;
dieser begehrte Artikel bestand aus einer Kupferlegierung,

der Gold und Silber beigemischt wurden (50. 97 f. 131).
Zum anderen machte Verres hemmungslos Jagd auf alles
Silber, an dem sich Treibarbeiten befanden. Die Reliefs
waren meist auf Emblemen angebracht, das heißt auf
besonderen Metallstreifen, die man nach der Bearbeitung
in das Behältnis eingelassen hatte. Verres trachtete vor
allem, diesen figürlichen Schmuck in seinen Besitz zu
bringen: Er riß ihn ab und behielt ihn für sich; die kah-
len Gefäße gab er gewöhnlich den Eigentümern zurück
(37. 46 ff. 51 f.). Die zahllosen Embleme, deren er sich auf
diese Weise bemächtigt hatte, ließ er in einer eigenen
Werkstatt von Meisterhand an goldenen Bechern und
Schalen anbringen (54 f.). Schließlich verschmähte er auch
Kuriositäten nicht: Der Besucher seiner Sammlungen
konnte dort mit künstlerischem Zierat versehene Waffen
sowie Elefantenzähne und riesige Bambusstangen be-
staunen, lauter Dinge, die er aus Tempeln entwendet hatte
(97. 103 f. 125).
    Cicero breitet das Vielerlei der von Verres erpreßten Ge-
genstände in bunter Folge vor dem Leser aus; er reiht
Diebstahl an Diebstahl und scheint sich hierbei ganz seinen Assoziationen zu überlassen. Er hat jedoch in zweifa-
cher Hinsicht mit Bedacht disponiert. Der Stoff ist einerseits auf zwei Hauptabschnitte verteilt: Der erste Teil erörtert die Vergehen, deren sich Verres einzelnen Personen
gegenüber schuldig gemacht hatte; der zweite behandelt
den Raub von Tempel- und Gemeindegut (3–72. 72–151).
Andererseits wird die Fülle der Episoden unverkennbar
durch drei Höhepunkte der Darstellung eingefaßt und ge-
gliedert. Am Anfang und am Ende des Buches stehen die
ausführlichen Partien über Heius von Messana und über
Syrakus (3–28. 115–151). Diese Anordnung läßt deutlich
hervortreten, wie Verres selbst den Gemeinden mitgespielt

hatte, die sich als einzige nicht an der Klage der Sizilier beteiligten; sie entwertet effektvoll das Verhalten der beiden Städte und zumal das lobende Zeugnis, das die von Heius geleitete Gesandtschaft der Mamertiner dem Angeklagten zu erteilen suchte. Die Mitte des Buches nimmt der Abschnitt über Antiochos ein (60–72); der Autor schildert dort einen ebenso niederträchtigen wie politisch bedenklichen Streich, der ihm ein vorzügliches Bindeglied zwischen dem ersten und zweiten Hauptteil an die Hand gibt.

Cicero sucht vor allem zu Beginn seiner Darlegungen geflissentlich den Eindruck hervorzurufen, daß ihm der Gegenstand des Buches, die griechische Kunst, einigermaßen fremd sei. Er erwähnt Praxiteles nicht ohne den Hinweis, er habe sich erst jetzt, bei der Vorbereitung des Prozesses, in diese Materie eingearbeitet; er tut, als sei ihm der Name Polyklets entfallen; er beteuert, daß er für seine Person den Wert von Kunstwerken niedrig veranschlage (4 f. 13; vgl. 94). Diese Äußerungen wollen nicht als bare Münze genommen werden. Cicero hat sie eingefügt, um einer überkommenen, auch zu seiner Zeit noch verbreiteten Auffassung die schuldige Reverenz zu erweisen: daß der römische Aristokrat seine Würde beschädige, wenn er der Kunst und anderen unnützen Dingen allzuviel Aufmerksamkeit widme. Die Wirklichkeit unterschied sich erheblich von diesem traditionellen Leitbilde, und Cicero selbst war nicht nur mit der Philosophie und Literatur, sondern auch mit der Kunst der Griechen gründlicher vertraut als die meisten seiner Zeitgenossen. So bezeugt das vierte Buch allenthalben seine Kennerschaft, und zumal seine Urteile und Beschreibungen machen deutlich, daß es ihm auch an Empfänglichkeit für den Reiz der vollendeten Form nicht gefehlt hat.

Erst dieses Rüstzeug setzte ihn in den Stand, eine zwei-

te, wichtigere und mit der Maske des unwissenden Laien kaum verträgliche Rolle wahrzunehmen: die Rolle des Mittlers zwischen griechischem Kunstsinn und einem breiteren römischen Publikum, dem der verhandelte Gegenstand unwichtig erscheinen und das daher die Beschwerden der Sizilier für überspannt halten mochte. Cicero rechnete mit derartigen Vorbehalten und war bestrebt, ihnen auf mancherlei Weise entgegenzuwirken: Er flocht erläuternde Hinweise ein, um den Rang eines Kunstwerks darzutun (4. 129 f.); er insistierte auf dem Marktpreis, den die von ihm genannten Dinge nun einmal zu erzielen pflegten (13 f.); er suchte religiöse Empfindungen zu mobilisieren (4 f. 46 f. 64 ff. u. ö.) und berief sich auf das politische Argument, daß es unklug sei, den Griechen ein Linderungsmittel ihrer Knechtschaft zu nehmen (134).

Erläuterungen

1 Begehrte Luxusartikel, die aus bestimmten Kupferlegierungen hergestellt wurden.

2 *Messana:* das heutige Messina. *Mamertiner:* die Bewohner Messanas;
vgl. 15 ff. und 150.

3 *Praxiteles:* der führende Bildhauer der Spätklassik (4. Jahrhundert).
Thespiai: Stadt in Böotien, zirka 15 km westlich von Theben. *L. Mummius,* der Zerstörer Korinths (146 v. Chr.), ließ zahlreiche Kunstwerke aus Griechenland fortschaffen. *Die Thespiaden:* die neun Musen;
Thespiai lag am Fuße des Musenberges Helikon. *Felicitas:* die Göttin
des glücklichen Gelingens; der von L. Licinius Lucullus (Konsul 151
v. Chr.) erbaute Tempel stand im Velabrum, dem Viertel zwischen Kapitol, Forum und Palatin.

4 Neben Phidias und Polyklet der berühmteste Bildhauer der Hochklassik (etwa 480–430).

5 *Kanephoren:* «Korbträgerinnen», Mädchen, die bei Prozessionen Körbe mit Kultgeräten auf dem Kopfe trugen. *Polyklet:* der berühmte Bildhauer (2. Hälfte des 5. Jahrhunderts).

6 C. Claudius Pulcher (Konsul 92 v. Chr.) war im Jahre 99 Ädil. Es
war üblich, das Forum während der Festperioden mit Statuen zu
schmücken, die zum Teil aus den Provinzen entliehen wurden.

7 Der Glücksgöttin (Tyche), deren Kult in hellenistischer Zeit stark
zugenommen hatte.

8 Der Chelidon («Schwalbe»), der Geliebten des Verres während seiner
stadtrömischen Prätur. Sie hatte ihn offenbar zu ihrem Erben einge-
setzt; vgl. 71.

9 Mit den ein Beil umschließenden Rutenbündeln, dem römischen
Symbol der Befehlsgewalt. Verres durfte als Statthalter keinerlei
Handelsgeschäfte tätigen.

10 D. h. als Statthalter oder Quästor oder als Adjutant eines Statthalters.

11 Die Kunstkenner.

12 Wenn das Kaufen so geringe Kosten verursacht. Die Redensart be-
sagte in Wahrheit, daß man große Scheu habe, sich durch die Äußerung einer Bitte zu erniedrigen.

13 D. h. 1600 Sesterzen (1 Denar = 4 Sesterzen).

14 Bei Erpressungsprozessen gegen Statthalter pflegte die Verteidigung
dafür zu sorgen, daß möglichst viele Gemeinden der geschädigten
Provinz lobende Beschlüsse zugunsten des Angeklagten ergehen und
durch eigene Gesandtschaften während der Beweisaufnahme vortra-

gen ließen. Im Falle des Verres hatte sich lediglich Messana zu einer *laudatio* bereit gefunden. Vgl. 150.

15 *Centuripae:* im Inneren der Insel, zirka 30 km südwestlich des Ätna (heute Centuripe). *Catina:* an der Ostküste, südlich des Ätna (heute Catania). *Halaesa:* an der Nordküste, in der Nähe des heutigen Tusa. *Tyndaris:* ebenfalls an der Nordküste, zirka 50 km westlich von Messina (heute S. Maria di Tindaro). *Henna:* in der Mitte der Insel (heute Castrogiovanni, Enna). *Agyrion:* im Inneren der Insel, zirka 25 km nordöstlich von Henna (heute Agira).

16 Die Sizilier mußten im Bedarfsfalle außer dem Zehnten sogenanntes Kaufgetreide an Rom liefern, für das ein vom Senat festgesetzter Preis gezahlt wurde; dieser Verpflichtung unterlagen auch die abgabenfreien Gemeinden.

17 *Phaselis:* Stadt an der Südküste Kleinasiens, im Grenzgebiet von Lykien und Pamphylien. P. Servilius Vatia Isauricus bekämpfte als Statthalter von Kilikien erfolgreich die dort ansässigen Seeräuber (78–74 v. Chr.).

18 C. Porcius Cato (Konsul 114 v. Chr.) wurde verurteilt, weil er in seiner Provinz Makedonien Erpressungen begangen haben sollte. Seine Großväter waren L. Aemilius Paullus, der Sieger von Pydna (Konsul 182 und 168), und der Zensor M. Porcius Cato (Konsul 195), sein Oheim der jüngere Scipio (Konsul 147 und 134).

19 Den Aufwand (Quartier, Beförderung, Lebensmittel) hätten sie dem Statthalter geschuldet, sooft er in Messana Station machte. Ihre Verpflichtung zu Hand- und Kriegsdiensten ergab sich aus dem Bündnisvertrag; sie mußten insbesondere ein bemanntes Kriegsschiff stellen.

20 Verdiente Statthalter wurden manchmal durch ihnen gewidmete Feste geehrt; zum Schicksal der *Verria* vgl. 151.

21 Den P. Gavius: Hiervon handelt Cicero ausführlich im 5. Buch der zweiten Rede, 158–170.

22 D. h. bei den Untertanen in den Provinzen; vgl. die erste Rede gegen Verres, 1 und 4.

23 Basiliscus und die Percennier hatten auf Betreiben des Pompeius das römische Bürgerrecht erhalten; sie trugen nunmehr seinen Namen.

24 L. Tullius Cicero, der den Redner begleitete und ihm bei seinen Ermittlungen half; vgl. 137 und 145.

25 Die Bewohner von Regium (an der Meerenge von Messina; heute Reggio) hatten während des Bundesgenossenkrieges (91–88 v. Chr.) das römische Bürgerrecht erhalten.

26 Eigentlich «attalische Decken». Sie waren mit Gold durchwirkt und hießen nach ihrem angeblichen Erfinder, einem der pergamenischen Könige namens Attalos.

27 Zierscheiben am Zaumzeug. Seit dem 2. Jahrhundert v. Chr. dienten die *phalerae* auch als militärische Auszeichnung, die auf der Brust getragen wurde.

28 Cicero meint wohl den zweiten syrakusanischen König dieses Namens, den Schöpfer der sizilischen Steuerordnung (275–215 v. Chr.).

29 Stadt im südlichen Phrygien, an der Grenze nach Lykien.

30 Q. Tadius wird auch im 1. Buch der zweiten Rede gegen Verres, 128, als Belastungszeuge des Verres erwähnt.

31 Ein Bildhauer und Silberschmied des 3. Jahrhunderts.

32 Verres pflegte die Sklaven des Venustempels (auf dem Eryx im Westen Siziliens) zu allerlei Diensten zu verwenden.

33 Während der Römischen Spiele; vgl. die erste Rede gegen Verres, 31. L. Cornelius Sisenna: der Mitverteidiger des Verres; vgl. 43. Er war damals Ädil und somit Veranstalter der hier erwähnten Zirkusspiele.

34 Es war Sitte, Schauspieler, die besonders gefallen hatten, durch einen silbernen Kranz oder eine ähnliche Gabe auszuzeichnen. Da der Wert, den diese Angebinde haben durften, von Gesetzes wegen begrenzt war, pflegte man sie so niedrig wie möglich zu taxieren.

35 Während der sizilischen Statthalterschaft.

36 Vgl. 25. Q. Lutatius Catulus (Konsul 78 v. Chr.) war Mitglied des Gerichtshofes, der über Verres zu befinden hatte; vgl. 69 f.

37 Aus dem wohlriechenden Holze des orientalischen Lebensbaumes (Thuia orientalis).

38 Hafenort an der Nordwestspitze Siziliens (heute Trapani).

39 Cicero streift diese Affäre auch im 2. Buch der zweiten Rede, 140; dort handelt es sich lediglich um ein Mündel, und der Komplize heißt A. Claudius.

40 C. Claudius Marcellus (Prätor 80 v. Chr.) hatte im Jahre 79 v. Chr. die Provinz Sizilien verwaltet.

41 Heute Malta.

42 *Theriikleische Becher:* Trinkschalen mit zwei Henkeln; der Name wurde auf einen korinthischen Töpfer, der Therikles geheißen habe, zurückgeführt. *Mentor:* ein berühmter Silberschmied aus unbekannter Zeit; seine Werke wurden von den Römern sehr geschätzt.

43 Eine Episode aus der Sage von den Ödipussöhnen. Adrastos, König von Argos, suchte seinen Schwiegersohn Polyneikes nach Theben zurückzuführen. Sein Schwager, der Seher Amphiaraos, wußte, daß

niemand den Feldzug überleben werde; er hielt sich verborgen, um nicht teilnehmen zu müssen. Polyneikes bestach Eriphyle, die Frau des Amphiaraos, mit einer kostbaren Halskette, ihm das Versteck ihres Gemahls zu verraten. Amphiaraos mußte sich nunmehr an dem Zuge beteiligen.

44 Cicero verwendet scherzhaft Ausdrücke der militärischen Sprache; das Wort «Gerätschaften» (*vasa*) bezeichnet hier die Prunkgefäße des Diodoros.

45 Einen seiner Agenten; vgl. 30 und 47.

46 Um notfalls das Gericht zu bestechen. Der Prozeß gegen Sthenius ist ein Hauptthema im 2. Buch der zweiten Rede, 82–118.

47 Q. Arrius (Prätor 73 v. Chr.) gelangte nicht nach Sizilien, wo er Verres ablösen sollte; er beteiligte sich am Krieg gegen Spartacus und starb.

48 D. h. Trinkhörner, deren Spitze in einen Pferdekopf auslief.

49 *L. Papirius Potamo:* war bei Caecilius, dem Quästor des Verres, als Schreiber tätig.

50 *Geldausteiler:* vgl. die erste Rede gegen Verres, 22 ff. Daß Verres sich die Prätur erkauft habe, verlautet auch in der ersten Rede, 23. Mit dem Ankläger ist die Person gemeint, die ihn daraufhin wegen unerlaubter Wählerbeeinflussung (*ambitus*) belangen wollte.

51 Vgl. 25.

52 Stadt an der Nordküste Siziliens, zirka 20 km östlich von Halaesa. L. Licinius Lucullus (Konsul 74 v. Chr.) führte damals den Krieg gegen Mithridates VI. von Pontos.

53 Stadt nahe der Nordküste, zirka 30 km westlich von Tyndaris (heute S. Marco d'Alunzio).

54 *Everriculum:* ein unübersetzbares Wortspiel mit dem Namen des Verres.

55 Anspielung auf *verres,* «Eber, Schwein».

56 Cn. Cornelius Lentulus Marcellinus (Konsul 56 v. Chr.) war von Hause aus, ehe er von einem Lentulus adoptiert wurde, ein Marceller. Vgl. Anm. 77.

57 D. h. in einer Tracht, die eines römischen Statthalters unwürdig war.

58 Cicero nennt drei Männer namens L. Calpurnius Piso Frugi. Der Großvater (Konsul 133 v. Chr.) erließ das erste Erpressungsgesetz. Der Vater verwaltete als Prätor die Provinz Spanien (im Jahre 113 oder 112 v. Chr.). Der Sohn war – ebenfalls als Prätor – Kollege des Verres und schritt häufig gegen dessen Entscheidungen ein.

59 *Verres:* vgl. 53. Pisos Beiname Frugi bedeutet «rechtschaffen, redlich».

60 *Segesta:* im Nordwesten der Insel, etwa auf halbem Wege zwischen

Panormos und Drepanon. *Netum:* im Inneren Siziliens, zirka 30 km südwestlich von Syrakus (heute Noto antica). *Ätna:* Stadt am Südhang des gleichnamigen Berges. *Heloros:* im Südosten der Insel, an der Mündung des gleichnamigen Flusses.

61 König Antiochos X. Eusebes von Syrien, der Vater der hier genannten Könige, wurde im Jahre 83 v. Chr. von seinem armenischen Nachbarn Tigranes (97–56) aus seinem Reich vertrieben. Etwa im Jahre 74 begaben sich die Söhne, Antiochos XIII. Asiatikos und dessen Bruder, nach Rom. Offenbar hatten sie damals ihr väterliches Erbe bereits zurückgewonnen; sie beanspruchten nunmehr auch den Thron Ägyptens, da ihre Mutter Kleopatra Selene eine Ptolemäerin war. Der Senat jedoch ließ sie nicht einmal vor, weil er sich, wie Cicero andeutet, mit wichtigeren Dingen zu befassen hatte: mit den Kriegen gegen Sertorius (in Spanien), gegen König Mithridates VI. (in Asien), gegen die Seeräuber sowie gegen die Gladiatoren unter Spartacus. Antiochos XIII. war der letzte regierende Seleukide; Pompeius setzte ihn ab, und sein Land wurde römische Provinz (64 v. Chr.).

62 Der Jupitertempel auf dem Kapitol war im Jahre 83 v. Chr. abgebrannt. Das neue Gebäude, das Sulla zu errichten begonnen hatte, wurde erst im Jahre 69 von Q. Lutatius Catulus (Konsul 78; vgl. 37) vollendet und geweiht. Vgl. 69 f.

63 Sie haben Catulus beauftragt, das Bauwerk zu vollenden.

64 Vgl. 7.

65 Hinweis auf Räubereien des Legaten Verres, die Gegenstand des I. Buches der zweiten Rede, 45 ff., sind. *Perge:* Stadt in Pamphylien.

66 Da sie, wie die Römer, von den Trojanern des Aeneas abzustammen behaupteten. Vgl. Vergil, Äneis 5, 700 ff.

67 Der Fall Karthagos beendete den vom jüngeren Scipio geführten Dritten punischen Krieg (149–146 v. Chr.)

68 Im 2. Buch der zweiten Rede, 85 ff.

69 *Gela:* bedeutende Stadt an der Südküste Siziliens (heute ebenfalls Gela). *Phalaris:* Tyrann von Agrigent (6. Jahrhundert v. Chr.); seine Grausamkeit gab Anlaß zu der Legende vom ehernen Stier.

70 Im Jahre 75 v. Chr.

71 D. h. Nichtgriechen, Sikaner oder Punier, die vor allem im Westen der Insel ansässig waren.

72 P. Cornelius Scipio Nasica (Konsul 52 v. Chr.); er gehörte zu den Beiständen des Verres. Er wurde später von Q. Caecilius Metellus Pius (Konsul 80) adoptiert und nannte sich seither Q. Caecilius Metellus Pius Scipio Nasica.

73 Bei den Nachkommen. Nur Adlige durften Porträtmasken ihrer Ahnen in der Vorhalle des Hauses aufstellen (*ius imaginum*).

74 P. Servilius Vatia Isauricus, Richter im Prozeß des Verres: vgl. 21.
Nach Ciceros Worten suchte er damals den Kunstwerken, die er in
seinem Triumph über die Seeräuber vorgeführt hatte (74 v. Chr.),
einen dauernden Standort zu verschaffen.

75 Der Jupitertempel auf dem Kapitol. Vgl. 69 f.

76 Vgl. 17.

77 Die Marceller, die Nachkommen des Eroberers von Syrakus (vgl.
hierzu die erste Rede gegen Verres, Anm. 12), waren die prominen-
testen Schutzherren Siziliens; vgl. 89 ff. *C. Claudius Marcellus:* vgl. 37.

78 *M. Claudius Marcellus Aeserninus:* ein anderes, im übrigen unbekanntes
Mitglied der Familie.

79 Ein städtischer Beamter, der das Gymnasium (die Turnschule) beauf-
sichtigte.

80 Vgl. 5.

81 D. h. den städtischen Beamten, die ähnliche Aufgaben hatten wie die
römischen Quästoren und Ädilen: Die «Quästoren» verwalteten die
Tempeleinkünfte; die «Ädilen» waren für die öffentliche Sicherheit
verantwortlich.

82 Der Fang des Ebers vom Erymanthos gehörte zu den zwölf Arbeiten,
die Herkules im Dienste des Eurystheus vollbringen mußte. Zum
Wortspiel Verres – *verres* («Eber, Wildschwein») vgl. 53.

83 *Assoros:* innersizilisches Städtchen zwischen Henna und Agyrion
(heute Assaro). *Henna:* vgl. 17. *Chrysas:* der heutige Dittaino.

84 *Engyon:* Städtchen im Inneren der Insel; die Lage ist unbekannt. *Der
Großen Mutter:* der Kybele, einer kleinasiatischen Fruchtbarkeitsgöt-
tin. Cicero hat sich indes geirrt; der Tempel zu Engyon war vielmehr
kretischen Gottheiten geweiht, die «Göttliche Mütter» genannt wurden.

85 D. h. aus einer bestimmten Kupferlegierung. Vgl. 1.

86 Vgl. 38.

87 M. Antonius Creticus (Prätor 74 v. Chr.) hatte sich in den Jahren
74–71 vergebens bemüht, sie zu beseitigen; erst Pompeius machte
dem Unwesen ein Ende (67 v. Chr.).

88 Des Königs von Numidien (gestorben 148 v. Chr.). Er trat im 2. Punischen Krieg von den Karthagern zu den Römern über und war seitdem Karthagos erbittertster Feind.

89 D. h. der Demeter, der Göttin des Getreides, und deren Tochter Persephone (lateinisch Proserpina).

90 Von Hades/Pluton, dem Gott der Unterwelt, der sie zu seiner Ge-
   mahlin machte. Demeter suchte vergebens die geraubte Tochter; sie
   zog sich zurück und ließ kein Getreide mehr wachsen. Zeus vermit-
   telte daraufhin ein Abkommen: Persephone solle ein Drittel des Jahres in der Unterwelt und die übrige Zeit bei den olympischen Göttern zubringen.

91 Der lateinische Name des Pluton.

92 Insbesondere die eleusinischen Mysterien. Das Hauptfest fand im
   September statt. Eine Prozession zog von Athen nach Eleusis; sie
   feierte dort die Wiederkehr Persephones und ihre Vereinigung mit der
   Mutter.

93 Die sibyllinischen Bücher waren eine Sammlung von Orakelsprü-
   chen; sie wurden im Tempel des kapitolinischen Jupiter aufbewahrt.
   Der römische Staat zog sie in kritischer Lage, wenn böse Vorzeichen
   sich einstellten, zu Rate: das für sie zuständige Priesterkollegium, die
   «Zehnmänner» (*decemviri*; seit Sulla *quindecimviri*, «Fünfzehnmän-
   ner»), erhielt den Auftrag, geeignete Sühnemaßnahmen aus ihnen zu
   erschließen. P. Mucius Scaevola und L. Calpurnius Piso Frugi waren
   im Jahre 133 v. Chr. Konsuln. Der römische Cerestempel stand am
   westlichen Ende des Circus Maximus.

94 Ein attischer Heros; er brachte den Menschen den Ackerbau, den er
   von Demeter erlernt hatte.

95 Lorbeer- oder Olivenzweige, die mit Wollbinden umwunden waren,
   dienten als Kennzeichen Schutzsuchender.

96 Ein anderer lateinischer Name des Hades/Pluton.

97 P. Popilius Laenas und P. Rupilius waren im Jahre 132 v. Chr. Konsuln.
   Rupilius eroberte Tauromenion und Henna und schlug hiermit den
   1. sizilischen Sklavenaufstand nieder; vgl. die Einführung, S. 247.

98 *Centuripae, Agyrion:* vgl. 17. *Ätna:* vgl. 59. *Herbita:* im Inneren Siziliens; die Lage ist unbekannt.

99 Von den ruinösen Folgen der Steuerpolitik des Verres handelt Cicero
   im 3. Buch der zweiten Rede, besonders 46 ff. und 120 ff.

100 Der Demeter-Kult ist wohl von Unteritalien aus nach Rom gelangt;
    die römischen Ceresfeiern ahmten in allen Einzelheiten griechische
    Riten nach.

101 Vgl. die erste Rede gegen Verres, 13. Zu M. Marcellus, dem Erobe-
    rer von Syrakus (212 v. Chr.), vgl. ebendort, Anm. 12.

102 Am landeinwärts gelegenen Ende. Hierdurch wird die «Insel» vom
    Festlande abgeschnitten.

103 Bis zur Mündung und Zufahrt an der Seeseite.

104 Ein Amtsgebäude griechischer Städte.

105 Tyche oder tycha bedeutet *fortuna*, «Glück»; Neapolis bedeutet
«Neustadt».

106 Nach einem Bezirk, der Temenos hieß.

107 Ein Doppeltempel der «Ehre» und der «Tapferkeit»; er stand im Sü-
den der Stadt, in der Nähe der Porta Capena.

108 Eines Königs von Syrakus (317–289 v. Chr.).

109 Den erwähnten Doppeltempel des Honos und der Virtus; Marcellus
hatte ihn bereits zehn Jahre zuvor, in einer Schlacht gegen die Gal-
lier, gelobt.

110 Ein bedeutender Bildhauer der Spätklassik (4. Jahrhundert).

111 *Tempel der Felicitas:* vgl. 4. *Siegesdenkmal des Catulus:* ein von dem Kim-
bernsieger Q. Lutatius Catulus (Konsul 102 v. Chr.) erbauter Fortuna-
tempel; dort stand eine Athene des Phidias. *Säulenhalle des Metellus:*
von Q. Caecilius Metellus Macedonicus (Konsul 143) errichtet; sie
stand auf dem Marsfelde, südlich des Circus Flaminius. *Tusculanum:*
ein – nur für sehr Wohlhabende erschwinglicher – Landsitz bei
Tusculum (Stadt in Latium, zirka 25 km südöstlich von Rom, heute
Frascati). *Das Forum in seinem Schmuck ...:* vgl. 6.

112 *Päan:* ein Heilgott, der oft mit Apoll identifiziert wurde. *Liber:* der
lateinische Name des Dionysos. *Aristaios:* Sohn des Apoll, ein bäuer-
licher Segensgott.

113 Der Beiname bedeutet «der günstigen Fahrwind sendet».

114 T. Quinctius Flamininus, der Sieger über König Philipp V. von Makedonien (Konsul 198 v. Chr.).

115 Bevor es durch den Brand des Jahres 83 v. Chr. vernichtet wurde.
Vgl. 64.

116 An der Mündung des Bosporus. *Pontus:* das Schwarze Meer.

117 Der berühmte Mathematiker wurde bei der Eroberung der Stadt von
einem römischen Soldaten erschlagen.

118 Kostbare Prunktische, die ihren Namen von der Ähnlichkeit mit einem delphischen Dreifuß erhalten hatten.

119 L. Licinius Crassus, der berühmte Redner, und Q. Mucius Scaevola
Pontifex, die Konsuln des Jahres 95 v. Chr., hatten auch das Ädilenamt gemeinsam verwaltet (um 100 v. Chr.). *C. Claudius Pulcher:* vgl. 6.

120 *Regium:* vgl. 26. *Thespiai, Cupido:* vgl. 4. *Knidos:* Stadt auf der weit vor-
springenden Südwestspitze Kleinasiens; die knidische Venus war das
berühmteste Werk des Praxiteles (4. Jahrhundert). *Kos:* Insel der
südlichen Sporaden, vor der Südwestküste Kleinasiens; die koische
Venus war ein berühmtes Werk des Apelles (4. Jahrhundert). *Alexan-*

der: eine Darstellung Alexanders des Großen, ebenfalls von Apelles. *Kyzikos:* Hafenstadt am Südufer des Marmarameeres. *Ialysos:* ein Heros, der die gleichnamige Stadt auf Rhodos gegründet hatte. *Iakchos:* Kultname des Dionysos. *Paralos:* ein attischer Heros, dem man die Erfindung des Dreiruderers zuschrieb. *Myron:* vgl. 5; die Kuh war eines seiner berühmtesten Werke.

121 Hiervon handelt Cicero im 2. Buch der zweiten Rede, 35 ff.

122 Anspielung auf Affären, mit denen sich Cicero im 3. Buch, 77 ff., und im 5. Buch, 81 f., der zweiten Rede befaßt.

123 Hinweis auf eine Urkundenfälschung, die Gegenstand des 2. Buches der zweiten Rede, 186 ff., ist.

124 Dieser Heraclius ist nicht mit dem soeben erwähnten Syrakusaner gleichen Namens identisch.

125 Vgl. 25.

126 Außer Syrakus beteiligte sich auch Messana nicht an dem Hilfegesuch bei Cicero. Die letztere Gemeinde entbot überdies zum Prozeß eine Gesandtschaft, die der Statthalterschaft des Verres ein Lob erteilte; vgl. 15.

127 Vgl. 128. Die griechischen Ringkämpfer pflegten sich mit Öl einzureiben.

128 L. Caecilius Metellus, der Nachfolger des Verres; vgl. die Einführung, S. 251.

129 Die römischen Senatoren wurden nach Rangstufe und Anciennität befragt; der Vorsitzende rief die Namen auf.

130 Der zweite Amtsvorgänger des Verres (76–75 v. Chr.).

131 Wortspiel mit der wörtlichen und der übertragenen Bedeutung von *nudus*; ebenso bereits das 2. Buch der zweiten Rede, 154.

132 Andeutung von Vorgängen, die im 5. Buch der zweiten Rede, 103 ff. und 95 ff., ausführlich geschildert werden.

133 Cicero selbst genoß dieses Vorrecht schon seit seiner Quästur.

134 *Q. Cacilius Metellus Numidicus:* Konsul 109 v. Chr. *L. Licinius Lucullus:* der Vater des berühmten Lucullus, Prätor 104 v. Chr.; er wurde nach seiner sizilischen Statthalterschaft wegen Unterschlagung angeklagt und verurteilt.

135 Anspielung auf die Angebote des Verres, den Metellern bei den Wahlen zu helfen; vgl. die Einführung, S. 251.

136 «Von Gott mit Wahnsinn geschlagen».

137 Vgl. 15 ff.

138 Vgl. 24.

ZEITTAFEL

58–51	Caesars gallische Statt-halterschaft; gallischer Krieg	58–57	Exil in Thessalonike und Dyrrhachion
56	Erneuerung des Triumvirats	56–52	Politik im Dienste der Triumvirn; erste Phase der philosophischen Schriftstellerei («Über den Redner», «Über den Staat»)
55	2. Konsulat des Pompeius und Crassus		
53	Partherfeldzug; Untergang des Crassus		
52	Pompeius *consul sine collega*		
		51–50	Statthalterschaft in Kilikien
49–45	Pompejanisch-caesari-scher Bürgerkrieg	49–48	Aufenthalt im pompeja-nischen Hauptquartier
48	Ermordung des Pom-peius		
48–44	Diktatur Caesars		
		47	Begnadigung durch Caesar
		46–44	Zweite Phase der philosophischen Schrift-stellerei
		45	Tod der Tochter Tullia
44	Ermordung Caesars		
44–43	Mutinensischer Krieg	44–43	Kampf gegen Antonius («Philippische Reden»)
43	Bündnis des Antonius, Lepidus und Oktavian (2. Triumvirat)	43	Ermordung Ciceros

LITERATURHINWEISE

Ausgaben mit Übersetzungen:
Cicero, Die Reden gegen Verres / In C. Verrem, lateinisch –
deutsch, herausgegeben, übersetzt und erläutert von M. FUHR-
MANN, 2 Bde., Zürich 1995.
Cicero, Reden gegen Verres, lateinisch–deutsch, übersetzt und
herausgegeben von G. KRÜGER, 6 Bde., Stuttgart 1983–94.
Cicéron, Discours, T. 2–6, Texte établi et traduit par H. DE LA
VILLE DE MIRMONT, J. MARTHA, H. BORNECQUE, G. RA-
BAUD, Paris 1960–67$^{2-5}$.

Kommentierte Ausgaben:
K. HALM – G. LAUBMANN, Ciceros Rede gegen Q. Caecilius und
der Anklagerede gegen C. Verres 4. und 5. Buch (Ciceros aus-
gewählte Reden, Bd. II), Berlin 1900^{10}.
R. G. C. LEVENS, Cicero: The Fifth Verrine Oration, London
1946.
T. N. MITCHELL, Cicero: Verrines II, 1, Warminster 1986 [mit
engl. Übers.].

Abhandlungen:
H. DEGENKOLB, Die Lex Hieronica und das Pfändungsrecht der
Steuerpächter, Berlin 1861 (Nachdruck Amsterdam 1968).
TH. ZIELINSKI, Verrina – Chronologisches, Antiquarisches,
Juristisches, in: Philologus 52 (1893), S. 248–294.
A. HOLM, Geschichte Siciliens im Alterthum, Bd. 3, Leipzig 1898.
H. RAUBER, Die agrarischen Verhältnisse Siziliens im Altertume,
besonders zur Zeit Ciceros, Diss. Erlangen, Bayreuth 1919.
J. CARCOPINO, La loi de Hiéron et les Romains, Paris 1919.
N. MARINONE, Quaestiones Verrinae – Cronologia del processo
di Verre, Turin 1950.

F. PONTENAY DE FONTETTE, Leges repetundarum, Paris 1954.

E. BADIAN, Foreign Clientelae, Oxford 1958.

W. STROH, Taxis und Taktik – Ciceros Gerichtsreden, Stuttgart 1975, S. 174–187 [zur Rede gegen Caecilius].

W. C. MCDERMOTT, The Verrine Jury, in: Rheinisches Museum 120 (1977), S. 64–75.

D. BERGER, Cicero als Erzähler – Forensische und literarische Strategien in den Gerichtsreden, Frankfurt a. M. – Bern – Las Vegas 1978, S. 63–193.

M. I. FINLEY, Das antike Sizilien – Von der Vorgeschichte bis zur Arabischen Eroberung, München 1979.

F. DELLA CORTE, Servi Venerii, in: Maia 31 (1979), S. 225–235.

ATTI DEL IV COLLOQUIUM TULLIANUM – Palermo, 28 settembre – 2 ottobre 1979, Ciceroniana N. S. 4, Rom 1980 [mit 13 Beiträgen über Themen der Verres-Reden].

M. FUHRMANN, Narrative Techniken in Ciceros zweiter Rede gegen Verres, in: Der altsprachliche Unterricht XXIII 3 (1980), S. 5–17.

G. ZIMMER, Das Sacrarium des C. Heius – Kunstraub und Kunstgeschmack in der späten Republik, in: Gymnasium 96 (1989), S. 493–520.

D. SCHMITZ, Zeugen im Verres-Prozeß nach Ciceros Darstellung, in: Gymnasium 96 (1989), S. 521–531.